宁波服装启示
——全球生产网络中的服装业集群升级研究

谭文柱 著

中国纺织出版社

内 容 提 要

本书在全球服装产业转移的背景下，以宁波为例，论述和分析了我国服装企业在集群中的升级问题。本书在回顾相关文献的基础上，构建了服装企业的全球联结、地方联系的制度的三维分析框架。基于此框架，诠释了我国服装业集群的形成原因、挑战及升级方向，并结合宁波集群，分析了全球联结、地方联系和制度三种力量对服装业集群升级的影响。

本书可供服装企业和各相关业界人士阅读参考。

图书在版编目（CIP）数据

宁波服装启示：全球生产网络中的服装业集群升级研究／谭文柱著．—北京：中国纺织出版社，2011.12
ISBN 978-7-5064-8037-6

Ⅰ.①宁… Ⅱ.①谭… Ⅲ.①服装工业—经济发展—研究—宁波市 Ⅳ.①F426.86

中国版本图书馆 CIP 数据核字（2011）第 233424 号

策划编辑：郭慧娟　张晓芳　　责任编辑：魏　萌　　责任校对：楼旭红
责任设计：何　建　　　　　　责任印制：何　艳

中国纺织出版社出版发行
地址：北京东直门南大街6号　邮政编码：100027
邮购电话：010—64168110　传真：010—64168231
http://www.c-textilep.com
E-mail:faxing@c-textilep.com
三河市华丰印刷厂印刷　三河市永成装订厂装订
各地新华书店经销
2011年12月第1版第1次印刷
开本：710 1000　1/16　印张：14.25
字数：228千字　定价：58.00元

凡购本书，如有缺页、倒页、脱页，由本社图书营销中心调换

前言 *Foreword*

在全球服装产业转移的背景下，本文论述了中国服装企业在集群中的升级问题，并以宁波为例，对企业在集群中的升级进行理论和实证分析。

本文在回顾相关文献的基础上，提出了服装企业的全球联结、地方联系和制度的三维分析框架。基于此框架，诠释了中国服装业集群的形成原因、挑战及升级方向，并以宁波集群为例，分析了地方联系、全球联结及制度三种力量对服装业集群升级的影响。

本文的主要创新之处在于：首先，构建了新的服装业集群升级分析框架。基于论文的分析框架，从地方联系、全球联结及制度环境等三种力量来分析产业集群的升级问题，突破了现有产业集群升级研究文献的分析缺陷，为以后研究其他类型地方产业集群的升级问题提供了新的分析方法。其次，利用新的分析框架，分析了地方联系、全球联结与制度对服装业集群升级的影响，得出了一些与现有升级理论不同的结论。

本文的主要结论如下：

1. 我国许多服装业集群在嵌入于全球价值链的同时，存在密切的本地联系，这些地方联系对集群升级具有重要作用。

2. 加入全球价值链，虽然有助于制造环节上实现流程升级和产品升级，但是，企业的功能升级，需要龙头企业的创新战略，并通过地方分包网络、企业的水平联系及集群支撑体系，带动整个集群的升级。

3. 即使服装企业的升级方向大体一致，具体的升级策略却各不相同。这种策略上的差异与企业的历史、产品定位、类型及拥有的资源存在密切联系。

4. 纺织品配额制度虽然从总体上限制了我国服装业集群的出口市场，但是对集群中企业的升级有一定的促进作用。此外，外国客户所制订的行为守则及验厂制度在不同程度上促进了工人工作和生活状况的改善，但是，集群中的企业会根据自己的利益有选择地执行社会责任制度。

  本书经笔者博士论文改编而成，是笔者在服装产业集群方面探索性研究的总结，由于作者水平所限，错误和不当之处一定不少，恳请读者批评指正。如果本书能为服装业及集群升级研究起到抛砖引玉的作用，笔者也就心满意足了。笔者期待更多、更深入的研究成果问世。

谭文柱

2011年10月

Abstract

Upgrading of the Apparel Clusters in Global Production Network: the Case of Ningbo

With the case of apparel cluster in Ningbo, Zhejiang Province, the dissertation studies upgrading of Chinese apparel industrial clusters in global production networks from the theoretical and empirical point.

On the foundation of the related literature review, the dissertation puts forword a three-dimension analytical framework. Based on the framework, the dissertation explores reasons that the apparel clusters in China appear, the challenges that clusters face, and upgrading direction in the future. With the case of Ningbo, Zhejiang Province, the dissertation discusses the impactions of three causes such as the local network, global value chain and the institutions on the upgrading process of apparel clusters.

There are two major innovations in this dissertation. Firstly, the dissertation puts forword a new analytical framework. This framework breaks through the limits of some literatures related upgrading of clusters at present. Secondly, based on the analytical framework, the dissertation draws some new conclusions on the upgrading process of apparel clusters in developing countries in which most clusters are inserted in the global production networks.

There are four major conclusions on the upgrading process of apparel clusters in developing countries in this dissertation.

Firstly, many apparel clusters in China insert in the global value chain, at the same time, there are close local linkages in these clusters, and these linkages have fundmental impactions on the upgrading of these clusters.

Secondly, inserting in the global value chains is helpful for apparel firms to realize process and product upgrading, however, the strategic innovation of the leader firms in apparel clusters is fundamental to realize function upgrading. The strategic innovation of leader firms can promote the whole cluster to improve the competitive capability through the outsourcing network, horizontal linkage, and support system in clusters.

Thirdly, although the upgrading direction of apparel firms is similar, the different firms will choose different upgrading strategies. The differences of upgrading strategies among apparel firms are related with the history of firms, character and type of their products, and the resources which firms have.

Finally, although textile quota system puts limits on the export expansion of Chinese apparel industry, the reasonable quota assignment system can promote the upgrading process of the export firms. The social accoutantbility, to which much attention was drawn for many experts recently, can improve the conditions of the worker partly, but the export firms may abide to the contents selectively according to their benefits.

Key words: apparel industry; cluster; upgrading; global production nework; Ningbo

目 录

第一章 绪 论 ·· 001
  1 研究背景 ··· 001
    1.1 我国服装业面临的升级压力 ··· 001
    1.2 我国服装业的集群特征 ·· 002
    1.3 宁波服装产业集群——中国服装产业集群的缩影 ············ 003
    1.4 产业集群理论与全球化理论之间的联结 ························· 004
  2 研究问题 ··· 005
  3 研究方法 ··· 006
    3.1 文献阅读及整理 ··· 006
    3.2 企业访谈与实地考察 ·· 007
    3.3 全球生产网络分析法 ·· 008
  4 研究内容与本书结构 ·· 009
  5 本书创新点 ··· 011
    5.1 构建新的服装业集群升级分析框架 ······························· 011
    5.2 得出结论,发现、归纳集群中四种不同的企业升级策略 ··· 012
    5.3 深入分析服装业集群的地方联系对集群企业升级的影响机制 ········· 012

第二章 服装业及服装业集群升级研究进展 ································· 013
  1 国外研究现状 ·· 013
    1.1 Fr ebel等的新国际劳动分工理论 ·································· 014
    1.2 全球价值链理论中的服装产业升级研究 ························ 016
    1.3 服装产业集群升级研究进展 ·· 019
    1.4 全球生产网络与区域发展研究 ····································· 022
  2 国内研究现状 ·· 026
    2.1 中国服装业出口障碍及战略研究 ·································· 026
    2.2 中国服装产业竞争力研究 ··· 028
    2.3 中国服装产业集群的案例研究 ····································· 028

3　相关概念及分析框架 ································· 028
　　　　3.1　相关概念的界定 ······························· 028
　　　　3.2　本书的分析框架 ······························· 032

第三章　服装业集群的形成及动因诠释 ··················· 033
　　1　服装业的国际转移 ····································· 033
　　　　1.1　服装制造业的劳动密集型特征 ··················· 033
　　　　1.2　20世纪60年代服装海外加工业的兴起 ············· 034
　　　　1.3　东亚地区服装制造业的发展 ····················· 035
　　　　1.4　服装业的第三次转移浪潮 ······················· 037
　　2　我国服装业的市场化改革 ······························· 040
　　　　2.1　改革开放前的服装业 ··························· 040
　　　　2.2　改革开放后沿海地区服装业的快速发展 ··········· 040
　　3　我国服装业集群形成的动因诠释 ························· 042
　　　　3.1　我国服装业的集群特征及空间分布 ··············· 042
　　　　3.2　我国服装业集群形成的动因诠释 ················· 044
　　4　宁波服装业集群的形成过程 ····························· 049
　　　　4.1　新中国成立前宁波的本帮裁缝、红帮裁缝 ········· 049
　　　　4.2　改革开放后乡镇服装企业的崛起 ················· 052
　　5　本章小结 ··· 056

第四章　服装业集群的升级压力及方向 ··················· 058
　　1　我国服装业集群所面临的挑战 ··························· 058
　　　　1.1　成本上涨的压力 ······························· 058
　　　　1.2　配额纠纷、社会责任及技术壁垒 ················· 060
　　2　全球服装业的等级结构 ································· 062
　　　　2.1　全球服装业金字塔式的等级结构 ················· 063
　　　　2.2　全球服装业的领军企业 ························· 065
　　　　2.3　金字塔式结构与服装业集群升级的方向 ··········· 068
　　3　宁波服装业集群的升级历程 ····························· 069
　　　　3.1　宁波服装企业加工模式的演变 ··················· 069
　　　　3.2　宁波服装企业的设备改造与技术提升 ············· 071
　　　　3.3　宁波服装企业的品牌之路 ······················· 072
　　　　3.4　宁波服装领军企业的多元化战略 ················· 073
　　　　3.5　宁波服装业集群的新困境 ······················· 076
　　4　本章小结 ··· 076

第五章　服装业集群的本地网络 · 078
1　产业集群本地网络的理论讨论 · 078
1.1　有关本地网络的理论讨论 · 078
1.2　地方集群在全球价值链中的升级讨论 · 080
2　宁波服装业集群中企业之间的水平联系与升级 · 082
2.1　水平企业之间的技术、信息扩散与学习 · 082
2.2　水平企业竞争中的差异化战略 · 084
2.3　区域品牌及原材料市场 · 085
3　宁波服装业集群中企业的垂直联系与升级 · 086
3.1　宁波服装企业垂直方向的分包关系 · 086
3.2　垂直分包网络对宁波服装产业集群升级的影响 · 090
4　宁波服装业集群的支撑机构 · 092
4.1　宁波市各级地方政府在服装产业集群中的作用 · 092
4.2　服装学校及教育培训机构 · 093
4.3　宁波国际服装节 · 095
4.4　宁波服装业集群中的服装行业协会 · 099
5　加强本地联系，促进服装业集群升级 · 100
6　本章小结 · 101

第六章　服装业集群的全球联结与升级 · 102
1　服装业集群升级的理论讨论 · 102
1.1　格利菲等的升级理论 · 102
1.2　舒米茨等对功能升级障碍的发现 · 104
2　融入全球价值链的宁波服装业集群 · 105
2.1　宁波服装业集群融入全球服装业的历史过程 · 105
2.2　宁波服装企业在全球服装业中的技术学习 · 108
3　服装领先企业的升级困境及应对策略 · 112
3.1　领先企业在价值链中难于获得设计、品牌方面的经验 · 113
3.2　雅戈尔的升级战略：向面料和营销渠道拓展 · 115
3.3　杉杉的升级战略：强化服装设计和品牌多元化经营 · 118
3.4　爱伊美的升级策略：借加工搭售品牌服装 · 123
3.5　博洋、唐狮的升级策略：到周边国家开设专卖店 · 125
4　宁波企业升级战略的理论解释 · 127
4.1　企业的升级战略与产品类型、企业拥有资源、档次定位密切相关 · 127
4.2　宁波服装企业升级的理论启示 · 129
5　本章小结 · 130

第七章　服装业集群升级中的配额及社会责任制度 ……………… 131
 1 全球纺织品服装贸易制度 ………………………………………… 132
  1.1 《多种纤维协议（MFA）》的形成 …………………………… 132
  1.2 《纺织品和服装协议》及配额制度的废除 …………………… 133
  1.3 纺织品服装贸易制度对服装业集群升级的影响 ……………… 135
 2 公司行为准则及有效性讨论 ……………………………………… 143
  2.1 服装业的全球分包与跨国公司的社会责任运动 ……………… 143
  2.2 公司行为守则有效性的相关讨论 ……………………………… 145
 3 公司行为守则与宁波服装业集群升级 …………………………… 147
  3.1 受访企业公司行为守则的实施情况 …………………………… 147
  3.2 受访企业对"验厂"的评价 …………………………………… 148
  3.3 受访企业接受社会责任的动力机制 …………………………… 151
 4 本章小结 …………………………………………………………… 153

第八章　结论与展望 …………………………………………………… 155
 1 研究结论 …………………………………………………………… 155
 2 有待进一步研究的议题 …………………………………………… 157

参考文献 ………………………………………………………………… 159

附录1 宁波服装业集群受访单位名单 ………………………………… 171
附录2 温州、东莞服装业集群受访单位名单 …………………………… 173
附录3 部分受访单位访谈录音资料 ……………………………………… 174

后　　记 ………………………………………………………………… 216

第一章
绪　论

1　研究背景

1.1　我国服装业面临的升级压力

我国是世界上最大的服装生产国和出口国。在快速工业化阶段，服装业是拉动我国农业、解决农民就业、推进农村城镇化的重要产业。它能直接吸纳大量的劳动力，并关系上游纺织业及棉花种植业的发展；关系到13亿人口的穿衣问题，也是我国出口创汇的重要来源。根据《中国工业发展报告》[1]的分析，改革开放以来，我国纺织品与服装工业以年均13%的速度增长。2005年，我国服装出口已超过世界服装出口总额的20%，服装生产的国际优势十分明显。

我国服装出口总量虽然很大，但大多以加工贸易的方式进入全球市场。我国服装企业主动融入全球服装生产网络，为大量剩余农村劳动力提供了大量的就业机会、增加了我国的外汇收入。但是，经过二十多年的快速发展之后，长期以低成本参与全球竞争的中国服装业凸现出危机。服装加工企业简单依靠低工资、低劳工保障及低质量的工作环境的竞争方式，不仅开始受到其他许多低成本地区的挑战，而且也引起许多国家的反倾销指控及配额限制。许多服装出口加工企业，特别是中小型服装出口加工企业，虽然加入了全球服装价值链，产品进入了发达国家服装市场，但是参与全球经济并没有获得理想的回报，相反，这些企业的处境显得日益艰难。

首先，我国服装制造业的劳动力成本优势呈现弱化趋势。据德国一家公司对世界纺织服装工人工资的调查资料显示，1998年在被调查的58个国家中我国

---

[1] 中国社会科学院工业经济发展研究所. 2004中国工业发展报告——中国工业技术创新. 北京：经济管理出版社，2004：第235页。

列第52位，2000年在被调查的54个国家中我国列第48位。我国纺织服装的劳动力成本仅为日本的2.6%，美国的4.8%，具有明显优势。但是，我国纺织服装制造业的主要竞争对手不是这些国家，而是印度、巴基斯坦、印度尼西亚等，与这些国家比较，我国服装工人的工资成本已经不具有明显优势。我国纺织服装工人的工资水平早在1998年已经超过印度和巴基斯坦，2002年已经是印度的1.12倍、巴基斯坦的1.86倍，这两个国家在低附加值的大众化服装产品上开始成为我国最强劲的竞争对手❶。

其次，我国物美价廉的服装出口面临着各种贸易障碍。我国的服装出口，不仅受到美欧等发达地区的贸易配额限制，而且也引起其他一些服装出口国及生产国的联合抵制，针对我国纺织服装的贸易壁垒频繁发生。据不完全统计，2004年针对我国纺织服装的贸易摩擦共计16起❷。按照"乌拉圭回合"结束时达成的《纺织品服装协议》，服装贸易配额本应该于2005年1月1日起正式取消，但是，在其他国家结束配额限制的情况下，美国与欧盟利用WTO的纺织服装保障条款，继续对我国纺织服装实行配额限制，使我国服装出口处于更加不利的地位。除此之外，我国的服装出口还面临着西方国家各种技术标准、社会标准等非贸易壁垒的挑战。

由此可见，随着我国经济发展和外部环境的变化，我国服装产业过去的低价格竞争道路已经难以为继，全行业面临着紧迫的升级压力。我国要实现从世界服装出口大国向服装强国的转变，需要从长远出发，重新调整发展战略，稳步向服装产业中的更高价值环节攀登。

1.2 我国服装业的集群特征

空间聚集是我国服装业的典型特征。我国服装生产主要集中于沿海地区，长江三角洲（以下简称长三角）、珠江三角洲（以下简称珠三角）及环渤海地区集中了我国绝大部分服装生产企业。2005年，仅广东、浙江、江苏、山东四省的服装产量就占全国产量的73.65%（中国纺织工业协会，2006）。另一方面，在沿海地区内部，服装企业同样呈现明显的空间聚集特点，像虎门、中山、汕头、石狮、温州、宁波、绍兴、常州等都是我国著名的服装产业聚集地。据中国纺织工业协会的统计，全国已经有九十多个纺织服装产业专业镇，

---

❶ http://www.wernertex.com.
❷ 中国纺织工业协会. 2004/2005中国纺织工业发展报告. 北京：中国纺织出版社，2005：第9页。

其中有三十多个服装专业镇[1],这些专业镇主要分布于东南沿海地区,其经济总量占全国纺织经济总量的三成以上,对中国纺织服装产业的发展影响巨大[2]。这些服装专业镇,不仅有众多同行业及相关企业的空间聚集,而且一些聚集地已经形成比较完善的产业配套及本地联系,因此,可以运用产业集群的理论,来分析这些服装聚集地的产业升级问题。

我国服装产业典型的集群特征表明,我国服装产业的国际竞争力,从某种意义上取决于这些服装产业集群的竞争力。服装产业的升级,有待于服装企业所在的产业集群的升级。中国要实现从服装大国向服装强国的转变,从根本上也取决于这些服装集群区域是否逐步培育出具有世界影响力的服装品牌。因此,研究这些服装产业集群的升级,对促进我国服装产业的整体升级具有重要的现实意义。

1.3 宁波服装产业集群——中国服装产业集群的缩影

宁波在全国服装业中占有重要地位。2003年,宁波拥有服装生产企业2000多家,占全国服装行业生产能力的12%左右,是全国名副其实的服装大市,这些服装企业大多集聚在一个不到20千米的"L"区域[3]。宁波不仅拥有像雅戈尔、杉杉、罗蒙、太平鸟、洛兹、爱伊美、唐狮等多个国内知名服装品牌,而且也是我国重要的服装出口基地。宁波服装企业的外向度比较高,2003年,服装出口占整个销售值的比重达70%。改革开放以来,宁波服装业一直是我国沿海服装业的弄潮儿,20世纪80年代乡镇服装企业依靠加工异军突起,90年代早期乡镇服装企业的股份制改造,90年代中后期服装企业的设备改进及品牌战略,21世纪初开始的服装企业差异化及细分化战略,直至最近几年的国际化战略,宁波服装业的每一步几乎都走在全国同行的前面,成为我国沿海地区服装业三十年来发展历程的一个缩影。正因如此,有人形象地将宁波比喻为中国当代服装业的"硅谷"(钱茂伟,1999)。

在三十多年的发展历程中,宁波服装业经历了从小到大,从简单的加工到具有多个国内知名服装品牌,为国内其他服装业集群积累了宝贵的经验。研究

---

[1] 产业集群成为纺织工业引导力量,中国纺织经济信息网,2005年04月05日。
[2] http://www.ccpittex.com/xwzx/yjdt/3575.html,中国纺织服装产业集群地区成为强劲的经济增长点。
[3] 主要包括奉化江两岸的鄞州大道及现在的鄞奉大道两侧,这一区域聚集了杉杉、雅戈尔、培罗成、太平鸟、博洋、狮丹努、布利杰、罗蒙、爱伊美等1000多家服装企业。

宁波服装业集群的升级历程，不仅对宁波服装业的进一步升级具有重要的政策含义，而且也会对我国其他服装集群的升级提供有益的启示。

1.4 产业集群理论与全球化理论之间的联结

自20世纪80年代以来，地方化及区域竞争力一直是经济地理学研究的热点。一些文献研究表明，在资本流动性逐渐增强的全球化时代，区域的重要性并没有降低，建立在地方产业联系及制度网络基础上的地方生产系统，能使区域在"光滑"的空间具有"黏性"，维持地方经济的持续发展（Markusen，1996）。许多研究者基于地方化及地方联系的观点，提出了许多新的区域发展理念，其中以提高、增强地方竞争力的思想最为瞩目。增强系统竞争力、提高集体效率、建立区域创新系统等基本上都源自这一发展理念。特别是20世纪80年代以后，一些以中小企业为主的地方产业群，引起了众多决策者及区域研究者的广泛关注。

20世纪80年代以来，随着全球分包及跨国投资的盛行，出现了制造业的国际转移浪潮。制造业在全球分散的同时，由于集聚经济的作用，在发展中国家的许多地区，如我国的沿海地区，利用国际产业转移的机会，又形成了新的产业集聚，恩斯特将这种聚集现象称为"分散的集中"（Ernst，2002）。与发达国家的产业集群相比，不管是形成机制，还是发展层次，发展中国家的集聚区都存在很大差异。但是，这些集聚区同样具有发达国家产业集群的一些典型特征，如同行业企业及支撑机构的地理聚集、中小企业为主的地方网络等，因此，一些研究者同样将这些聚集区称为产业集群（Schmitz，1999；Bair，2001）。

我国沿海地区的绝大部分服装产业集群，就是这类产业集群的典型代表。这些集群不仅是一种以本地网络联系为特征的地方生产系统，而且也是全球服装业的一个结点。集群中的企业，主要承接国外服装品牌商及零售商的加工订单进入全球市场，具有全球影响力的服装品牌商及零售商，不仅在产品价格、质量、制造流程以及供货时间等方面对集群中的企业做出种种要求，还会在与劳工标准有关的社会责任方面制订相应的规定。

这些服装业集群中的企业，大多从事普通成衣的制造加工。该环节技术要求简单，属于典型的劳动密集环节，进入门槛很低，很容易向全球扩展和转移。集群中的服装加工企业为了争夺加工订单，大多采用压低工资、尽量压缩本以微薄的加工利润相互竞争，结果使此类服装业集群经常陷入价格竞争的困境，一些学者将这种低价竞争方式称为"逐底竞争"（race to bottom）❶。

这些集群如何摆脱低工资竞争的低端道路，走向依靠创新和竞争优势的高端发展道路？地方服装业集群在什么条件下可能成功升级？全球配额及劳工标准究竟怎样影响我国服装业集群的升级？由于这些问题不仅涉及集群的地方联系，而且还与全球服装业的整体结构有关，强调地方联系的集群理论，很难对这些问题做出满意的回答。

现有的全球价值链理论，虽然对上述服装业集群的升级已经做出一些重要结论，但是，由于这些研究受"中心—外围"结构体系的影响较深，普遍存在结构决定论的偏见。这些研究完全从服装业集群的全球联结来分析集群的升级，却忽视了这些集群的地方联系对升级的影响。

综上所述，无论是全球价值链理论的集群升级研究，还是现有的集群理论，在研究我国沿海地区的服装业集群升级时，都存在一定的不足之处。全球价值链的集群升级理论，虽然强调了集群的全球联结对升级的影响，但忽视了集群地方联系；传统的集群理论，虽然强调了集群的地方联系，却又忽略了发展中国家服装业集群的全球联结。因此，为了研究我国服装业集群的升级，需要有新的视角来解决上述理论困境。

2　研究问题

面对新的挑战和各种压力，我国服装业集群要想继续参与全球服装业的竞争，需要重新调整发展战略，在把握全球服装产业发展规律的基础上不断升级。本书在相关文献综述的基础上，提出了全球联结、地方联系、配额制度及社会责任三位一体的理论分析框架，并将该框架所涉及的理论分析，应用于服装业集群的升级理论及案例研究。我国改革开放以来，宁波服装业集群是发展最为迅速且最具自身特色的地区之一，宁波服装业集群的发展变迁为分析地方服装业集群升级提供了一个极好的范本。

---

❶ 又译为"竞次"，指企业依靠低工资、牺牲环境及劳工权益等取得低成本优势，最终表现为出口虽然大幅增加，而企业利润、工人待遇反而下降，即所谓的"悲惨式增长"。有时也将这种竞争方式称为"低端道路"，而将基于技术创新、产品质量改善、效率提高基础上的竞争方式称为"高端道路"。

通过对服装业集群升级的理论研究和案例分析，本书试图回答以下四个命题：

我国服装业集群面临哪些压力？这些压力的背后因素是什么？

在这些压力面前，服装业集群中的企业及支撑系统做出了怎样的反应？

加入全球价值链对产业集群的升级会产生什么样的影响和利弊？

全球纺织品配额制度/跨国公司行为守则/本土供应商的社会责任等全球化的"体制"性约束，怎样影响产业集群的升级前景？对中国服装产业集群的未来发展有何启示？

为了回答上述问题，笔者首先分析了全球服装业转移及我国服装业的市场化改革，诠释我国服装业集群形成的原因，然后从全球服装业的结构分析出发，探讨了我国服装业集群升级压力的主要来源，引出服装业集群的升级方向，然后根据本章的分析框架，分别从集群的地方网络、全球联结及服装制度体系三个方面，分析服装业集群升级与三者的关系，探究三者在地方服装业集群升级中的作用。通过对服装产业集群升级的分析、解释和归纳，探寻我国劳动密集型产业集群升级的一般规律和升级途径。

3 研究方法

本书以经济地理学理论为基础，在综合整理相关文献的基础上，提出服装产业集群升级的分析框架，然后以案例研究的方式分析服装产业集群的升级过程。

3.1 文献阅读及整理

为了建立服装业集群升级的研究方法和理论基础，笔者阅读了大量有关产业集群理论、全球价值链理论及服装研究的中英文文献。此外，笔者还充分利用互联网，通过一些专业的服装网站，如中国第一纺织网（http://www.webtextiles.com）、中国服装网（http://www.efu.com.cn）、中国服装业网（http://dress.qx100.com.cn）、中国纺织工业协会主办的中国纺织经济信息网（http://www.ctei.gov.cn）、中国国际服装纺织网（http://www.modechina.com）以及宁波市政府官方网站（http://www.ningbo.gov.cn）等，收集了有关我国服装业集群及宁波服装业集群的大量相关信息。同时，收集、整理了《中国纺织工业年鉴》，1997年和2002年两次全国工业普查中有关全国服装业及宁波服装业发展的相关数据，以及《宁波市统计年鉴》及《宁波市年鉴》中的服装业相关数据。

3.2 企业访谈与实地考察

研究服装产业集群的升级问题是笔者很早就确定了的研究主题。由于我国服装产业集群数量众多，且因产业集群本身不是一个官方统计单元，所以无法获得直接的统计数据，要想研究全国层面产业集群升级的问题非常困难，所以选择合适的、具有一定代表性的服装集群对本书的研究非常关键。

在选定宁波服装业集群为理想的案例之前，笔者通过前述网站，获取了大量有关我国服装产业基地的初步信息，并利用参与集群研究小组的地方研究课题的机会，多次到广东佛山、东莞虎门、大朗，福建泉州，浙江温州等服装产业集群，进行初步调研和企业访谈，走访温州市经贸委、东莞市科技局、大朗镇民营办、虎门镇科教办、温州服装商会、虎门服装行业协会、大朗服装行业协会等与服装业相关的机构和部门，并参观了在北京举办的"2006中国国际服装服饰博览会"，收集了许多宝贵的资料。这些前期的调研信息为笔者理解我国服装业集群的整体现状提供了很好的背景资料，同时也为以后的宁波服装业集群的调研和企业访谈积累了宝贵的经验。

如前文所述，宁波服装业集群是中国服装业三十年发展的典型缩影，加上宁波服装行业协会对本书的大力支持和帮助，笔者最终选择了宁波服装业集群为研究对象。为了研究宁波服装业集群的升级问题，笔者进行了为期一个月的实地调研（2006年6月26日~28日）。在调研过程中，设计了企业访谈大纲，根据访谈大纲，访谈了30家服装企业和多家行业机构。

受访企业主要通过宁波市服装行业协会的渠道进行联系。由于行业协会的会员大多为一些规模较大、实力较强的服装企业，众多小型加工企业的联系非常困难，因此，本次调研的受访企业主要为一些大型服装企业，从访谈企业的规模层次的代表性看，受访企业集中于大企业确实有些缺憾。但是，考虑到本书所讨论的是服装业集群的升级问题，这些企业大多也是从简单的加工企业起步，受访企业代表性方面的局限，对本书所研究问题的影响不是很大。

在接受访谈的企业中，访谈对象一般为中高层管理人员，甚至包括公司的董事长或总裁。访谈时间一般为1小时左右，并对访谈内容进行了录音。访谈的内容主要根据笔者所设计的访谈大纲进行，但会根据采访内容及研究议题进行灵活调整。除了与企业的管理人员进行访谈交流之外，笔者还曾多次获得机会进入服装生产车间进行实地调研，了解服装生产的具体流程，参观服装企业的生产环境、机器设备及员工的工作环境。

访谈结束之后，笔者用大量时间整理录音及笔录资料，并对这些整理资料进行了编号处理。由于很多访谈资料涉及一些敏感信息，因此，笔者仅将部分录音访谈资料编号附在本书附录3中（引用这些资料时，仅注明了访谈资料的编号）。

除了对企业负责人或管理人员进行访谈外，笔者经常与宁波市服装协会的陈国强会长和张晓峰秘书长交流。这两位先生对宁波服装业的现状非常熟悉，不仅根据笔者的研究议题推荐并帮助联系具有代表性的访谈企业，还与笔者就有关企业采访信息进行交流。另外，笔者在宁波调研期间，还拜访了奉化县服装商会的阮华成会长、象山县针织协会干国华秘书长、象山县爵溪街道办事处邢世杰主任、浙江纺织服装学院科研处杨威处长，并参加了宁波服装协会组织的第十届宁波国际服装节筹备会议，参观了浙江纺织服装职业技术学院毕业生服装设计大赛的比赛过程，参观了宁波服装博物馆，对这些行业部门的访谈和参观，为笔者从不同角度了解宁波服装业的升级过程提供了非常宝贵的资料。

3.3 全球生产网络分析法

本书用全球生产网络的分析方法，解构网络中与服装业集群升级相关的各种行动主体，讨论不同制度环境对这些行动的影响，分析各种不同主体的行为反应及互动关系，进而理解这些行动主体的互动对地方服装产业集群升级的影响。

对于全球与地方互动对地方产业集群升级的影响，现有产业集群理论和全球价值链理论都存在一定的不足。一方面，现有的产业集群理论主要侧重于产业的本地联系的重要性；另一方面，全球价值链理论从全球联系的角度出发，对发展中国家服装产业的升级问题提供了许多有意义的研究结论，但是，价值链的概念本身意味着强调上下游的线性联系，忽略了地方企业之间的水平联系及制度环境，因此全球价值链无法对产业集群的升级提供合理的理论解释。

全球生产网络这种分析方法的意义在于，能够突破上述两种分析方法的局限，从而通过分析全球经济中复杂的网络关系，达到认识产业集群升级机制的目的。笔者在进行企业访谈时，经常运用全球生产网络的分析框架，将配额问题、标准问题、社会责任等纳入访谈内容，从地方服装企业的角度来理解全球与地方互动对地方产业集群升级的影响。

4 研究内容与本书结构

笔者旨在从全球服装生产网络的视角出发，以宁波市服装产业集群升级中的相关行动主体为研究对象，去理解全球生产网络中地方服装产业集群升级过程背后的机制。我国沿海地区的服装产业集群升级所涉及的行动主体及影响因素，既包括服装制造企业、行业协会、服装学校和培训机构、政府机构等，也包括全球服装品牌商和服装零售企业，以及像贸易配额制度、健康标准、社会责任等全球贸易制度，还包括上海或深圳等地的第三方认证机构以及众多的服装贸易公司，甚至包括像中国香港利丰集团那样的跨国供应链管理者或海外服装贸易公司。其网络关系如图1-1所示。

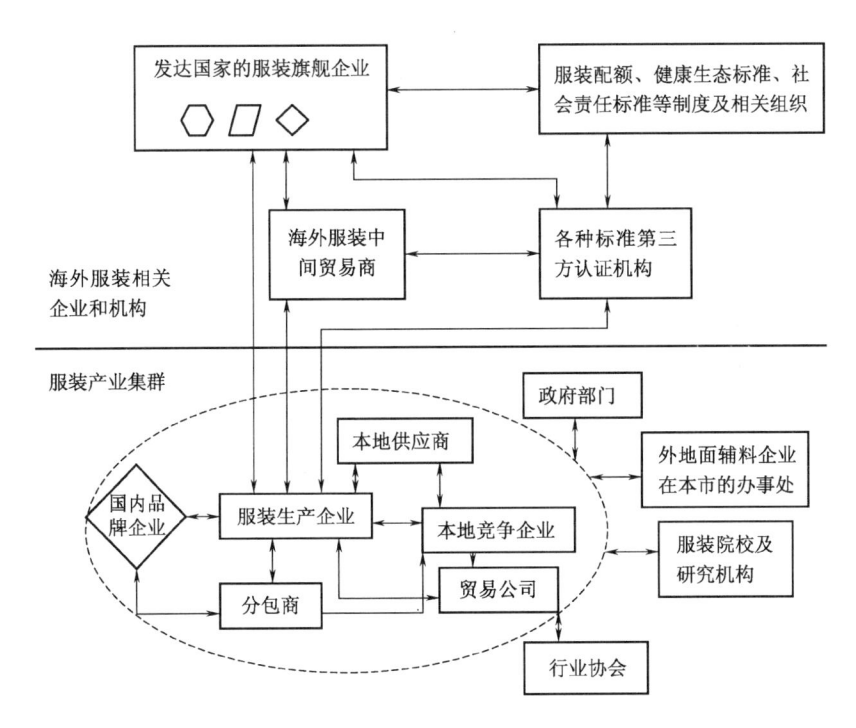

图1-1 服装业集群升级的主要行动主体及网络关系

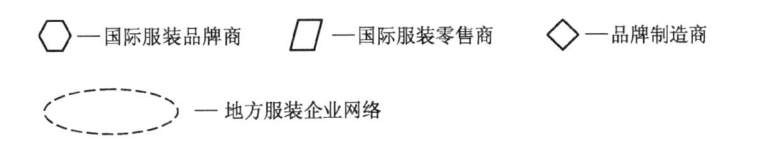

⬡—国际服装品牌商　▱—国际服装零售商　◇—品牌制造商

⬭⬭⬭—地方服装企业网络

本书主要分为三大部分。第一部分为理论基础，包括文献回顾、相关概念界定及论文的分析框架等。第二部分分析服装业集群形成的原因，并从全球服装业的结构，探寻服装业集群面临的压力及挑战的真正来源，指出服装业集群的整体升级方向。第三部分为本书的核心部分，主要从集群的地方网络，分析地方联系对服装产业集群升级的影响过程；从服装集群中企业的全球联结，分析全球联结对服装业集群升级的具体影响；最后考察了配额制度及跨国公司行为守则在服装业集群中的实施过程以及这些制度对服装业集群升级的影响及不同效果。本书具体内容如下：

第一章绪论，讨论我国服装产业集群面临的挑战和升级压力、提出本书的研究问题、研究方法和文章的结构安排，以及介绍创新点。

第二章为有关服装业集群升级的相关理论研究进展。重点回顾了地方产业集群理论、全球价值链理论及全球生产网络理论中有关服装业集群升级的研究进展。在文献回顾的基础上，界定了产业集群升级、全球生产网络等相关概念，引出基于跨空间尺度、多主体互动关系的全球生产网络，作为研究服装业集群的基本分析框架。

第三章为我国服装业集群的形成及动因诠释。首先从国际服装业转移及市场化改革的角度，分析了我国服装业发展的原因；然后从企业家精神及地方政府的角度，分析了我国服装业集群形成的原因，并以宁波服装业集群为例，讨论企业家精神及地方政府在服装业集群形成中的关键作用。

第四章为服装业集群的压力及升级方向。首先简单讨论了服装业集群所面临的种种挑战，对有关挑战的文献进行了简单评述，并从全球服装业的结构层面解释了压力的真正来源。在此基础上，引出服装业集群的总体升级方向，并以宁波服装业集群的发展历程为例，讨论了服装业集群升级的一般路径。

第五章为服装业集群的本地网络分析。首先从集群理论对本地联系的重要性进行了讨论，并对全球价值链理论的集群升级进行了简单讨论，提出从本地联系理解集群升级的观点。然后以宁波服装业集群的本地网络为例，分析本地企业间的水平联系，垂直联系及相关支撑机构在服装业集群升级中的作用。

第六章为服装业集群的全球联结与学习。首先对两种升级理论观点进行了简单介绍，从宁波服装业集群融入全球价值链的历程出发，分析宁波服装业集群在全球价值链中的学习机会及效果。然后在整理企业访谈资料的基础上，介绍宁波服装业集群升级所面临的新障碍，并根据实地访谈资料，总结了四种不同的升级策略。最后以这四种升级策略，对全球价值链的升级观点进行理论探讨，突出功能升级中企业主动战略意识和策略的重要性。

第七章为服装业集群升级中的配额及社会责任制度。首先简单分析了配额制度的演变过程，并以宁波服装企业的访谈资料为基础，详细分析了配额业绩分配制度提高出口价格、扩大市场出口的机制，同时对近期配额分配制度的调整在宁波服装企业中的影响做了调查分析。然后主要对社会责任制度在宁波服装业中的实施过程及效果进行了调查，并解释了宁波服装企业有选择性执行该制度的动因。

第八章为研究结论及展望。

本书的结构安排如图1-2所示。

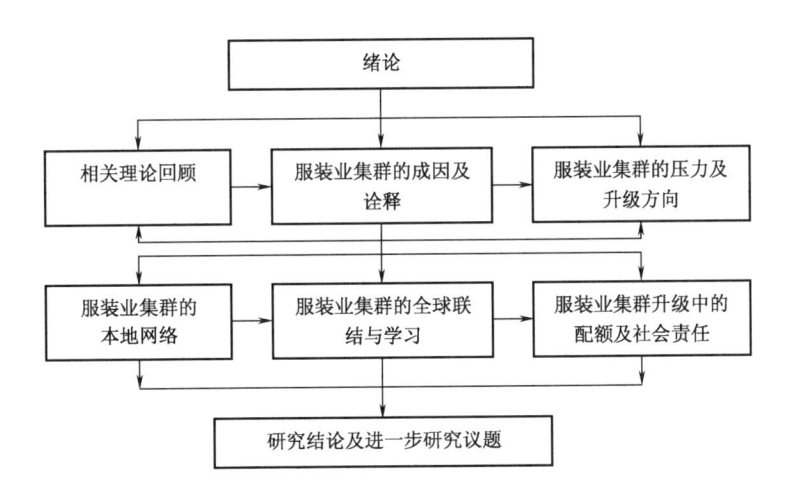

图1-2 本书结构及研究思路

5 本书创新点

运用全球生产网络的基本理论和方法，在大量企业访谈和实地调研的基础上，以宁波市服装产业集群为例，研究服装业集群的升级问题，其创新点主要表现在以下三个方面。

5.1 构建新的服装业集群升级分析框架

现有的产业集群研究强调地方联系对区域发展的重要性，全球价值链研究强调集群的外部联系对升级的作用。但是，在全球化与地方化两种力量同时存在的情况下，地方产业集群的升级需要同时从全球及地方联系去分析。本书围绕产业集群的升级问题，分别从全球服装领军企业、地方生产系统及全球服装制度等三个维度，分析了全球力量与地方力量在地方产业集群升级中的互动关系。这些分析为地方服装业集群升级提供了更为全面而深入的理论解释，突破了现有产业集群升级研究文献的分析缺陷，为以后研究其他类型地方产业集群的升级问题提供了新的分析方法。

5.2 得出结论，发现、归纳集群中四种不同的企业升级策略

得出发展中国家服装企业实现功能升级，主要依靠集群中龙头企业主动的战略意识及战略投资的结论，并发现、归纳了集群中四种不同的企业升级策略。虽然当前的全球价值链理论已经指出，发展中国家服装产业升级最终依靠在服装设计及品牌营销能力方面的提升。但是，并没有对企业提升这方面能力的具体策略进行研究。在对宁波服装业集群的研究中发现，服装企业的功能升级，不能依靠全球价值链中的学习去实现，相反，功能升级主要依靠集群中龙头企业的战略意识及战略投资。笔者在考察了垂直一体化、加工订单搭售、多品牌国际化经营以及到周边地区建立销售渠道等四种不同的升级策略后发现，服装企业采取不同的升级策略，是企业自身所拥有资源现状、对产业发展的意识以及企业家性格等多种因素综合作用的结果。

5.3 深入分析服装业集群的地方联系对集群企业升级的影响机制

现有的全球价值链理论认为，全球服装价值链为发展中国家服装企业提供了大量的学习机会，发展中国家的服装产业在融入全球价值链之后，能够沿着"来料加工—贴牌生产—自主设计—自有品牌营销"的线性方式不断成功升级。但是，该理论忽视了地方联系对集群升级的重要作用。通过服装业集群地方网络分析可以发现，全球联结虽然有助于集群的学习和升级，但地方联系在促进集群升级中同样具有重要作用。密切的地方网络，能够促使集群中企业不断创新，降低交易成本，提高企业的反应速度，同时为众多中小企业提供大量的学习机会，最终促使集群整体能力的不断提升。

第二章
服装业及服装业集群升级研究进展

服装产业是一种全球广泛分布的产业,也是许多发展中国家主要的外汇来源。在当今的全球服装贸易中,发展中国家的服装出口占据了全球服装出口的绝大部分。2003年全球服装出口总计2259.4亿美元,其中前十位出口国家或地区中,发展中国家或地区有8个[1],仅这些发展中国家就占据了全球服装总出口的57%[2]。但是,发展中国家的服装出口有一个共同的特征:或是来料加工,或者贴牌生产,主要依靠低成本竞争,甚至存在大量的"血汗工厂"。正是在这种服装业垂直分工的背景下,发展中国家服装业的升级问题,成为许多区域发展研究及服装研究文献普遍关注的焦点。

虽然也有一些文献研究了发达国家的服装产业聚集区(Norma,2002;Scott,1984),如美国纽约和洛杉矶的服装业集群,但是,这里主要研究我国服装产业集群的升级,因此主要回顾有关对发展中国家服装业及服装业集群升级方面的研究文献。

1 国外研究现状

我国服装业集群的形成与发展,与服装制造业的全球转移及我国改革开放的宏观背景有着密切联系。到目前为止,对发展中国家服装产业升级的理论研究,同样主要基于服装业的国际分工及产业转移现实。在众多已有的服装研究文献中,对全球服装业的全球分工背景下,发展中国家服装产业的升级潜力、

---

[1] 欧盟15个成员国作为一个地区。
[2] 根据《2004-2005中国纺织工业发展报告》第392页所提供的数据计算所得。

升级方式等问题都存在不同的研究视角。迄今为止，国外对于发展中国家服装产业升级的研究，主要侧重于两个方面，即全球联结和地方联系对升级的影响。这些研究文献可进一步细分为四类：即新国际劳动分工、全球价值链、产业集群以及新近的全球生产网络。

1.1 Fröebel等的新国际劳动分工理论

当代国际分工展现出一个引人瞩目的特征，就是很多产品被分成不同的价值环节，分散到不同的国家进行，形成所谓的新国际劳动分工[1]。针对这种产业内国际劳动分工现象，霍普金斯和沃勒斯坦最早定义了全球商品链的概念，即"由一系列劳动和生产环节所形成的网络，生产出某种商品"（Hopkins and Wallerstein, 1986）。在全球商品链研究中，霍普金斯和沃勒斯坦将商品链的地理空间分为核心—外围结构，以此来描述不平衡发展的世界体系。商品链中的核心环节进入门槛很高，所以能够获得很高的垄断利润，工人的工资也很高，主要集中于少数发达国家。而外围环节的进入门槛很低，只能获得平均利润，工人的工资也很低，而且逐渐向全球扩散。因此他们认为，核心国家凭借垄断地位可以获取很高的利润，而外围国家却要承受生产过剩、贸易条件恶化的压力，即使贸易条件不会进一步恶化，也不会拥有光明的改善前景。

新国际劳动分工理论，最早就是在研究服装、鞋业等传统制造业转移的基础上而提出的，因此，服装业是新国际劳动分工理论中的一个重要研究内容。在新国际劳动分工模式中，跨国服装零售商或者品牌商为追求最低劳动力成本，逐渐将劳动密集的服装制造环节进行垂直分离，将其转移到低工资地区，以降低劳动成本（Fröebel et al, 1980）。服装制造业的国际转移，解释了发达国家传统服装制造区的"去工业化"（deindustrialization），以及亚洲新兴工业国家服装业兴起的工业化进程。

新国际劳动分工理论认为，服装制造业的国际转移以及发展中国家服装制造业的扩展，是发达国家面临积累危机的结果：在强大的工会力量及高工资的压力下，企业要获取利润，要么通过增加资本投入或引进自动化设备来取代工人，要么将生产环节转移到低工资国家。由于服装制造中采用自动化设备的空

---

[1] Fröebel认为，在传统的国际劳动分工中，外围国家向发达国家出口原材料初级产品，而发达国家出口制成品，从20世纪70年代后期开始，发展中国家开始出口制成品，形成新的国际劳动分工（Fröebel et al, 1980）。

间有限（Hoffman and Rush，1988），所以，发达国家的服装生产商更倾向于用生产环节的转移来应对上述危机。

新国际劳动分工理论虽然揭示了全球服装发生空间转移的机制，但是，该理论存在以下理论缺陷，以致无法解释服装业中所存在的现实问题。

首先，该理论并没有对服装制造业的各个环节进行区分，用一个简单的服装制造业来判断所出现的产业转移现象，以致无法合理解释一些发达国家仍然存在大量服装制造活动的事实。新国际劳动分工理论认为，服装生产之所以继续留在一些发达国家，是因为这些发达经济中存在"血汗工厂"，是发达国家内部的第三世界，这种观点显得有些片面。虽然发达国家的服装业中确实存在一些"血汗工厂"，在发达经济中，许多服装生产（如意大利及巴黎的服装生产）并不属于"血汗工厂"。

其次，该理论存在"核心—外围"结构决定论的偏见。按照新国际劳动分工理论，发展中国家服装业的工业化依赖于发达国家的企业战略，发展中国家的服装制造业只能始终处于"血汗工厂"的地位，这显然不符合亚洲新兴工业经济的工业化现实。因此，新国际劳动分工忽视了国际制造业转移所提供的升级机会，以致无法解释亚洲新兴工业经济在承接制造业转移基础上所取得的经济成就。

再次，新国际劳动分工理论过于强调劳动力成本在区位选择中的作用。虽然劳动力成本是推动服装业国际转移的主要因素，但是，除了劳动力成本以外，服装制造活动的区位选择还受其他许多因素的影响。比如因技能、技术的地域差异，企业上下游联系，以及一些固定设施的投资由于不可移动而形成的"沉没"成本等空间黏性方面的影响因素。忽视这些影响因素，正是新国际劳动分工理论无法解释服装制造业继续存在于一些发达国家的重要原因之一。

总之，新国际劳动分工理论将世界看成由劳动力成本所决定的一个平面，跨国公司在这个平面上不断游离于最低工资区位。按照新国际劳动分工的逻辑，不平等地位的本质在于不平等的贸易关系，发展中国家的服装产业不可能实现升级。这样，尽管新国际劳动分工理论最早指出了服装制造业的国际转移现象，但是却只能从一种静态的观点来看待这种产业转移，没有考虑发展中国家可以通过学习，加强地方产业联系，不断实现升级的可能性。

1.2 全球价值链理论中的服装产业升级研究

1.2.1 全球价值链理论提出的背景

新国际劳动分工理论所存在的上述理论缺陷，推动了"核心—外围"世界体系中的一些学者开始新的理论思考，逐渐形成了一个新的理论：全球商品链及后来的全球价值链理论（为了表述上的简便，后文将统一采用全球价值链概念）。特别是20世纪90年代以来，围绕价值环节的全球分工现象，出现了大量的全球价值链文献（Gereffi, 1994; Gereffi, 1995; Gereffi, 1999; Kaplinsky, 2000; Dolan, 2000）。

同新国际劳动分工理论一样，全球价值链文献同样认为传统的国际分工，已经被基于生产环节或价值环节的新国际劳动分工所取代❶，并且也认同这种新国际劳动分工中存在不平等权利关系，强调发达国家的服装企业在全球商品链中发挥着主导作用。

与新国际劳动分工理论相比，全球价值链提出了基于环节分工的观点，并根据全球价值链中关键环节的不同，将全球价值链分为两种基本类型：购买者驱动（buyer-driven）和生产者驱动（producer-driven）（Gereffi, 1999）。

用全球价值链来描述和分析新的国际劳动分工，自然需要回答发展中国家在全球价值链的升级机会以及如何升级的问题。其实，发展中国家在全球价值链中的升级一直是全球价值链理论的核心问题，这也正是全球价值链理论最近广为关注的重要原因之一。

1.2.2 全球价值链中的服装业升级理论

全球价值链中关于产业升级的研究，最早开始于20世纪90年代中期对东亚地区服装业的研究。通过对东亚服装业的研究，格利菲将这些地区的服装业在全球价值链上的升级过程，总结为委托组装（Original Equipment Assembling, OEA）、委托制造（Original Equipment Manufacturing, OEM）、自主设计和制造（Own Designing and Manufacturing, ODM）、全球运筹（global logistics）和自主品牌制造（Own Brand Manufacturing, OBM）（Gereffi, 1999）。

后来，一些价值链研究者在格利菲的研究基础上，将上述过程进一步细分为四种升级方式：制造流程升级，即提高制造环节的效率、改进产品的生产

---

❶ 传统的国际分工是指旧殖民主义体系下，发达国家出口工业制成品，发展中国家出口矿产品、农产品等原材料为特征的产业间分工；新国际劳动分工是指发展中国家与发达国家基于产业内不同环节的分工，发展中国家通过承接制造环节，开始向发达国家大量出口工业制成品。

制造流程；产品升级，即引进新的产品或对旧产品进行改进；功能升级，即转换到更高附加值的环节；价值链升级，即进入新的价值链（Humphrey and Schmitz，2002）。

全球价值链服装业升级文献研究发现，服装制造企业可以通过加入全球商品链，从购买商获得许多知识和技术，有助于促使这些服装加工企业提高产品质量、改进生产制造流程以及提高对市场的快速反应能力。在有些条件下，还可以帮助这些服装制造企业实现产品升级，即从生产低档服装向生产高档服装升级。

对于发展中国家服装制造企业的功能升级，全球价值链理论内部存在不同的分歧。格利菲对发展中国家的服装制造企业能否实现功能升级持乐观态度，认为全球服装价值链中的制造企业，在实现产品升级和制造流程升级之后，通过向全球服装价值链中的领军型企业学习，可以进入服装设计和品牌营销等高附加值价值环节，并以中国香港地区服装业的升级作为佐证（Gereffi，1999）。

另外一些研究者则对功能升级持悲观态度，认为服装企业由来料加工向自主采购原材料负责生产（OEM）的升级确实普遍存在，但是向ODM及OBM升级则存在非常大的困难（Schmitz and Knorringa，2000）。在全球商品链中，发展中国家服装制造业的功能升级面临两大障碍：首先，功能升级需要大量的资本及开拓发达国家服装市场的经营管理能力，发展中国家的服装加工企业很少具备这种实力；其次，即使少数服装制造企业具备这些实力，服装购买商的功能升级也会受到发达国家服装领军型企业的挤压和阻止，因为发展中国家服装制造企业如果实现功能升级，会威胁到这些全球服装品牌企业的利益。

随着全球价值链研究的进一步深入，许多文献开始分析全球服装商品链中企业之间具体的协调方式，即全球商品链的治理方式（governance），并认为不同的治理方式会对服装制造企业的升级产生不同的影响（Humphrey and Schmitz，2002）。这些研究认为，在全球服装商品链中，发展中国家的服装制造企业与发达国家的服装品牌企业之间主要以准等级的治理关系为主，这种治理关系意味着发达国家的服装购买商在整个价值链中占据支配地位，在这种治理方式下，制造业一般能够顺利实现制造流程升级及产品升级，但很难实现功能升级。

1.2.3　全球价值链服装业升级研究评述

上述全球价值链理论认为，全球服装价值链中所有的关系都与权利分配有关。权利关系的对比决定服装价值链中各个企业所能获取利润的多少，因此，提出了发展中国家应向品牌营销及设计升级的结论。从全球服装业中的权利地位出发，分析发展中国家服装企业在全球服装业中的地位及升级方向，无疑为发展中国家服装业的升级提供了非常有价值的结论。

另外，全球价值链从跨国家的角度分析服装企业之间的协调联系，对全球服装贸易的流向提供了较为满意的解释。在当今的全球化背景下，区域、国家及全球范围的利益关系日益紧密地联系在一起，很难将其孤立开来。

全球商品链认为商品链的结构是动态变化的，意味着商品链中的权利结构可能发生改变。这样，在全球商品链的理论分析中，在某些有利条件下，外围地区的服装制造业有可能实现升级，获得更多的附加值。在这一点上，全球价值链理论比新国际劳动分工理论有明显的进步，至少符合一些新型工业国家的服装业在有些环节成功实现升级的现实。

但是，全球价值链服装业升级的研究也存在四个不足之处：

①全球价值链仅从全球联系的角度解释服装业的升级，将服装制造企业在全球价值链中的学习看成升级的唯一源泉，忽视了特定区域或者地方系统，特别是集群层面同行业企业以及支撑机构之间的联系对产业升级的影响。

②全球价值链的升级概念及四种升级方式的主体缺乏明确的界定。在全球价值链的服装业升级研究中，经常将产业升级等同于企业升级。在借用全球价值链升级理论研究集群升级的文献中，虽然使用了产业集群一词，但在讨论集群升级时，却并没有讨论地方联系或地方网络对集群中企业升级的影响，从而混淆了全球价值链中的企业升级或产业升级与集群中企业升级的区别。

③全球价值链在研究发展中国家服装制造业升级时，缺乏全球学习及地方学习之间互动联系的分析。前述两个缺陷是造成该缺陷的重要原因之一，由于升级的主体界定模糊，使得主体不明确。虽然通过全球价值链学习对升级非常重要，但既然研究的是产业或者集群，而不是单个企业的升级，自然需要分析全球渠道的学习如何与产业内或集群内的学习相互联结过程，然而，遗憾的是，现有价值链的升级研究没有对这些理论问题进行分析。

④全球价值链的服装业升级或服装业集群的升级研究中，忽视或很少对与服装业升级密切相关的制度进行分析。比如纺织品配额制度、由消费者及一些

社会运动推动的社会责任制度，在这些文献研究中少有深入的讨论。这样，无法全面理解发展中国家服装业升级或集群升级的压力来源。

1.3 服装产业集群升级研究进展

1.3.1 产业集群理论的基本观点

在全球化背景下，区域或者地方如何在全球经济中取得并维持竞争优势，是经济地理学者广泛关注的主题。自20世纪80年代开始，许多研究者开始将地方性与竞争优势联系起来。以克鲁格曼为代表的主流经济学家重新发现了地方性的重要作用（Paul Krugman，1991）。这些主流经济学家受马歇尔地方外部经济的启发，探讨同行业相关企业的地方聚集问题。产业集群现象不仅引起了经济地理学家的广泛关注，而且也引起了管理学家、经济学家、社会学家的广泛关注。越来越多的集群研究文献表明，产业集群在地方产业乃至国家产业发展中具有重要意义（Henderson，1999；Krugman，1991；Storper，1997）。在发展中国家，出现了许多中小企业集群（Schmitz，1999）。有文献认为，在发展中国家，支持中小企业集群的政策应该成为促进经济增长、扩大就业的主要政策（Humphrey and Schmitz，1996）。

20世纪80年代以来，学术界对产业集群现象的广泛关注，最早源于以中小企业为主的"第三意大利"所表现出的良好经济绩效。20世纪70年代，面对两次石油危机的冲击，东亚新兴工业国家的竞争，西方发达国家传统的老工业区陷入大量工厂倒闭或外迁、失业严重的困境，但在另外一些工业原本比较落后的地区，如第三意大利、德国的巴登—符腾堡州地区，以及美国的硅谷及洛杉矶的服装聚集区，却表现出强劲的经济增长势头（王缉慈等，2001）。于是许多研究者开始从这些地区的企业结构、社会支撑体系、产业文化来寻求区域竞争力的源泉，虽然各有不同的侧重点，但这些研究共同强调基于信任基础上的地方分工网络，对区域经济竞争力的重要作用。在这种背景下，西方发达国家的经济地理学界及社会学界出现"弹性专业化"的研究热潮（Piore and Sabel，1984；Scott，1988；Storper，1997），认为传统的福特制生产方式开始由弹性生产方式所取代，由此在地理空间上出现了马歇尔式的"新产业区"或"新的产业空间"。无论是最初的弹性专业化，还是后来的新产业区、新的产业空间、区域创新系统以及产业集群，都在试图回答一个共同的问题，即寻找这些产业聚集区经济竞争力的源泉。

在国外有关产业区的研究中，布鲁斯科最早意识到产业集群治理与产业升级之间的联系（Brusco，1990）。许多研究者在研究"第三意大利"和欧洲其他产业聚集区后，得出了一些新的区域产业政策，即产业集群政策，这些政策主要包括四个方面：强调区域政府及非政府机构承担大量的支撑及服务职能；这些机构所提供的服务要与企业的需求紧密联系；不仅关注企业家的创业精神，更重视服务机构及支撑机构的服务意识；强调行业协会及商会的自我服务职能。

这些集群政策有一个共同的假设，即集群内部知识的创造及扩散并非全部来自企业自发的行动，或者所谓的"产业空气"，而是需要通过公共和私有部门所组成的政策网络提供必要的支持（Scott，1998）。后来，受产业区研究的启发，许多研究者开始将区域本身作为一个创新系统或者一种创新环境来研究（Storper，1997；Maillat，1995）。因此，无论是产业区理论、区域创新系统或者创新环境，还是后来的产业集群理论，都非常重视区域治理对地方产业升级的重要作用，将地方产业集群的竞争力视为区域治理与由聚集所带来的外部经济共同作用的结果。

受发达国家产业区研究的启发，近年来有大量的研究文献采用产业集群的概念和理论，研究发展中国家的产业聚集区（Nadvi，1996，2002；Rabelotti，1997；Hubert Schmitz，1999a）。这些研究认为，与发达国家的产业集群相比，发展中国家的产业集群虽然处于比较低的发展层次，但是通过聚集所带来的地方外部经济和集体行动，能够形成集体效率，帮助这些产业集群不断升级，并提出了发展中国家产业集群发展的"三C"战略❶（Humphrey and Hubert Schmitz，1996）。

1.3.2 服装产业集群的研究进展

服装产业在产业集群文献中占有重要的地位。美国的纽约和洛杉矶、意大利、德国等发达国家存在大量服装制造业的事实，与传统的比较优势理论及新国际劳动分工理论相矛盾。许多经济地理学家试图用新产业区理论来分析这些地区服装产业继续发展的原因。文献指出，这些地区的服装制造以小企业为主，企业之间存在密切的专业分工，产品主要以新颖的设计和品质取胜，而且

---

❶ 即地方产业发展的顾客导向（Customer-oriented）、集体效率（collective）和累积效应（cumulative）。

由于存在特殊的社会制度环境❶，使整个地方生产网络能够基于产品品质而不断地随市场变化进行调整（Kaplinsky，2000；Norma，2002；Scott，2002）。

发展中国家服装产业集群的研究文献，一般侧重于从全球联结的角度出发，直接借用全球价值链的服装业升级理论，来分析发展中国家服装业集群在全球价值链中的学习和升级（Robert and Rabelotti，1997；Bair and Gereffi，2001；Humphrey and Schmitz，2002）。Bair在研究墨西哥服装产业集群的发展过程之后发现，美国的服装采购商进入集群之后，对本地供应商的技术能力有明显的提升，与原来依靠美国服装制造商进口裁剪好的面料，只在本地进行简单加工相比，美国服装采购商的进入，使本地上下游联系有比较明显的增强（Bair，2001）。

Nadvi同样从全球服装价值链的角度，分析了越南服装产业集群嵌入全球服装价值链的过程，研究指出，不同类型的服装企业加入全球服装价值链所得到的升级机会存在差别，比如大型国有服装企业在全球价值链中拥有广泛的客户群，所获得升级机会较多，而一些小型服装企业很难直接获得跨国服装采购商的订单，这些企业只能通过地区贸易商向发达国家出口低价服装（Nadvi，2004）。

Hassler对印度尼西亚服装产业集群的研究表明，发展中国家的地方服装集群一方面确实嵌入在全球服装价值链之中，同时又嵌入本地社会网络关系之中，服装产品的类型会影响服装产业集群嵌入全球服装价值链的方式（Hassler；2003）。Visser对秘鲁服装产业集群中的服装企业与集群外的服装企业进行了对比研究，发现集群的优势确实比较明显，这种优势主要表现为成本降低及信息溢出效应（Visser，1999）。

1.3.3 服装业集群升级研究评述

上述服装业集群文献回顾表明，以发达国家服装产业集群为对象的研究文献，强调地方联系的重要性。以发展中国家服装业集群为对象的研究文献，一般借用全球价值链的升级理论，从发展中国家服装业集群在全球价值链中的学习，来分析集群的升级过程。

---

❶ 在经济学中，制度环境（institutional environment）与制度安排（institutional arrangement）是两个相互区别又相互联系的概念。前者既包括正式的制度，如法律、劳工制度以及公司制度等，还包括一些社会约定俗成的非正式制度，如企业文化、消费习惯及其他社会习俗等，后者是指在这些制度环境下所形成的特定组织形式，如企业、工会、行业协会、科研及培训机构等。在经济地理文献中，在谈及制度环境时，一般并没有对此做出明确的界定。

服装业集群的跨国联结，是发展中国家服装业集群的重要特征。借用全球价值链理论，重视集群在全球价值链中的学习与升级，确实符合发展中国家服装业集群跨国联结的事实。但是，借用全球价值链服装业升级理论，研究发展中国家服装业集群升级的文献存在以下两个不足。

首先，与全球价值链服装业升级研究文献一样，服装业集群升级研究经常缺乏对升级主体的明确界定，经常将单个企业的技术学习或升级等同于集群的升级。

其次，服装业集群升级研究文献，虽然采用了服装业集群这个概念，也将服装业集群作为研究的对象，但是，并没有将服装业集群的内部联系与学习纳入集群升级的讨论之中，这样，服装业集群中的企业在全球价值链中的学习，与集群内部的技术学习和扩散缺乏联系，无法从整体上去理解和分析服装业集群的升级。

1.4 全球生产网络与区域发展研究

1.4.1 恩斯特等的全球生产网络

恩斯特等较早提出了全球生产网络的概念，与全球价值链以某种商品为切入点不同，恩斯特等的全球生产网络概念以"旗舰企业"❶为切入点，将某个旗舰企业及不同层次、遍布全球的供应商、销售商及其他关联企业所组成的企业系统定义为全球生产网络，见图2-1所示（Ernst，2001）。恩斯特等的生产网络比较侧重于讨论旗舰企业与成员企业之间的信息交流方式，分析的重点主要放在网络中的信息扩散及技术学习（Ernst and Kim，2001）。恩斯特认为，生产网络的治理主要是指网络成员企业在旗舰企业的领导下所组成的分层关系，旗舰企业的战略决定着成员企业的成长、战略方向及其在网络中的地位（Ernst，2000），这种结构影响论的观点与全球价值链存在相似之处。

恩斯特将以旗舰企业为核心所组成的全球生产网络，看成全球知识扩散的载体。在全球生产网络中，为了保证交易的顺利进行，旗舰企业与供应商之间需要进行知识交流，这样既促进了旗舰企业向供应商的知识溢出，有利于供应商通过技术学习提高技术能力，同时旗舰企业也能够从知识交流中得到互补知识，促进创新（Ernst，2003）。

---

❶ 在恩斯特等的文献中没有对旗舰企业直接定义，所列举的旗舰企业一般是一些大型跨国公司，如IBM、Intel、Solectron等。

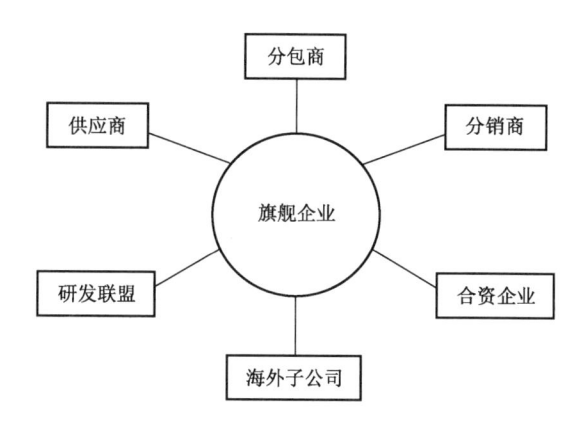

图2-1 全球生产网络的主要结点

资料来源：Ernst, global production networks and industrial upgrading, a knowledge-centered approach, east-west center working paper, No.25, may, 2001, p20（作者稍作修改）。

恩斯特等主要以东亚的电子产业进行案例研究，认为加入全球电子生产网络，从网络中获取知识扩散，是东亚电子产业实现快速发展的重要原因（Ernst, 2002）。以恩斯特的全球生产网络为分析框架，陈泰基等专门对中国台湾IT产业在全球生产网络中的地位及其发展进行了研究（Tain-Jy Chen and Shin-horing Chen, 2001）。

恩斯特等的全球生产网络分析，虽然强调了全球生产网络的技术扩散对发展中国家产业升级的重要作用，但与全球价值链升级理论一样，在分析发展中国家在全球联结中学习和进行产业升级的同时，忽视了地方联系及学习对产业升级的影响，使全球联结中的学习与地方内部的学习在产业升级分析中无法建立有效的联结。

1.4.2 亨德森、迪肯等的全球生产网络理论

全球价值链及恩斯特等的全球生产网络所存在的研究缺陷，引起亨德森、迪肯等的理论思考。在借鉴上述理论的基础上，提出了新的全球生产网络理论[1]（Dicken and Henderson et al, 2002）。

---

[1] 为了便于表述，后文所提及的全球生产网络概念，如无特别说明，即指亨德森、迪肯等的全球生产网络概念。

在全球生产网络提出以前，无论是恩斯特等的全球生产网络，还是全球价值链理论，在讨论区域发展或产业升级时，都将链或者网络关系局限于本地企业或产业与全球的联结关系，分析全球联结中的技术扩散或技术学习，忽视了地方或区域内部的联系及学习对产业或区域发展的影响。在分析区域发展或产业升级的过程中，缺乏对全球联结与地方联系之间的互动过程的探讨（Dicken and Henderson et al，2002）。

另外，全球生产网络理论认为，恩斯特等的全球生产网络及全球价值链理论，在研究区域发展或产业升级时，都将链或网络关系局限于企业之间的联系或者治理关系，没有将非企业关系的制度或组织纳入分析之中。在当今的全球生产环节国际分工中，非企业的制度或者组织是影响企业升级或地方发展的重要变量，因此在讨论全球生产网络这种经济现象时，应该关注制度层面的作用和影响（Henderson and Dicken et al，2002；Dicken，Kelly，Olds，and Yung，2001）。

迪肯等认为，区域发展或者产业发展，不仅取决于本地区所创造价值的多少，而且关键在于这个地区是否能够占有这些价值。一个区域加入全球生产网络，并创造大量价值，并不能保证这个区域能够获得快速发展。全球生产网络中区域的发展，不仅取决于区域内企业所创造或能增加的价值量，而且还要受到这些企业所在环节内部企业之间的水平竞争状况、企业所有制、地方嵌入性及网络嵌入性的影响。因此，分析全球生产网络中的区域发展，不仅要分析全球生产网络内部的竞争关系，还要从区域内部企业的组织形式、各种组织或制度等多种行动主体出发，考察网络中各种行动主体的特性及互动关系（Henderson et al，2002）。

基于上述分析，亨德森、迪肯等提出从多种行动主体的特性及权利关系出发，分析区域中的价值创造及获取过程，来理解区域的发展或产业发展，如图2-2所示。

1.4.3 全球生产网络研究评述

在笔者看来，与全球价值链及恩斯特等的全球生产网络相比，亨德森等的全球生产网络研究在以下几个方面有重大突破，值得进一步深入研究。

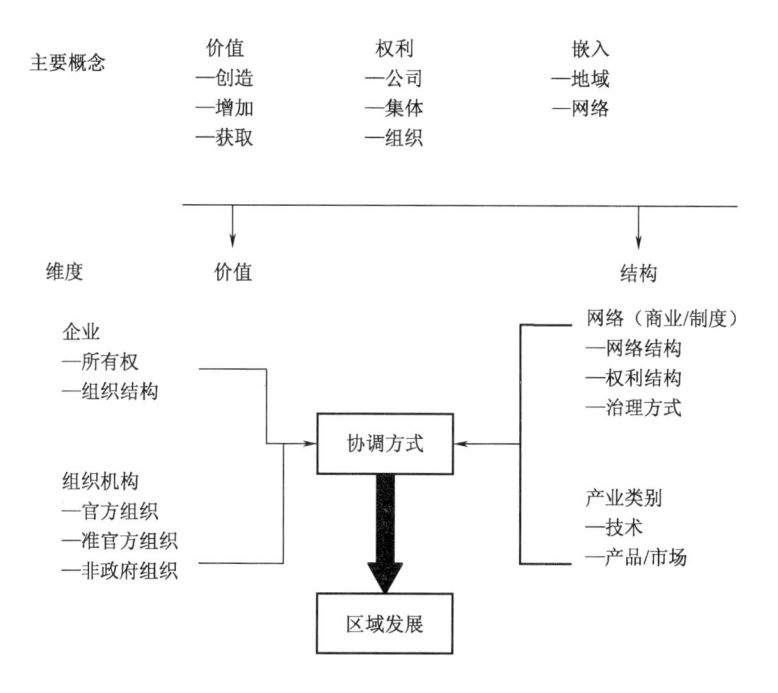

```
主要概念      价值      权利      嵌入
              —创造    —公司    —地域
              —增加    —集体    —网络
              —获取    —组织

维度          价值                    结构

企业                                  网络（商业/制度）
—所有权                               —网络结构
—组织结构                             —权利结构
              ┌──────────┐           —治理方式
              │ 协调方式 │
组织机构      └──────────┘           产业类别
—官方组织                             —技术
—准官方组织                           —产品/市场
—非政府组织
              ┌──────────┐
              │ 区域发展 │
              └──────────┘
```

图2-2 全球生产网络分析框架

资料来源：Henderson，et al（2002）：Global production networks and the analysis of economic development，Review of International Political Economy 9（3），p13。

（1）关注多种行动主体特性及网络关系

区域发展或产业发展的过程，是多种行为主体（如跨国企业、地方企业、支撑机构或组织等）互动的结果。这些行为主体之间，存在复杂的网络关系和权利关系，这些关系直接影响区域和产业集群的升级过程及结果。因此，研究区域发展及产业集群的升级，离不开对这些行动主体特性及网络关系的分析。

（2）全球联结与本地联系的交融

在当今的全球经济中，任何区域的发展，既有地方的烙印，同时又具有深厚的全球化印记。全球力量与地方力量的交织与互动，造就了当今多姿多彩的区域发展模式和"马赛克式"的产业空间景观。因此，分析和理解区域发展或产业集群的升级，需要深入分析全球联结与地方联系两种力量的交织过程。

（3）强调制度对区域发展及产业升级的重要性

在当今的生产环节全球分工中，区域发展或产业集群的升级，已经不单是一种简单的企业行为。不同类型的企业特性及网络关系，固然对区域发展或产业集群升级有重要影响，但是，除了这类网络联系之外，区域发展还受到各种制度力量的影响或制约。非企业的制度或者组织，是影响区域发展或产业集群升级的重要变量，因此，区域发展或产业集群升级分析，需要对制度给予足够的关注。

全球生产网络作为一种新的区域发展分析框架，从提出到现在也不是很长时间，截至目前，国际上的相关文献不过三十多篇，而且这些文献大多还集中于讨论分析框架的内容或意义，真正对上述三个方面进行深入研究的文献还非常罕见。

全球生产网络为区域发展研究搭建了一个完美的分析框架。但是，有了这个分析框架，还需要具体分析这些力量如何影响区域发展，以及在哪些具体方面促进或阻碍了区域发展。

2　国内研究现状

与国外众多服装业研究文献相比，国内服装业方面的学术研究文献并不多，许多文献仅涉及我国服装业出口环境、产业发展现状等方面的简单描述。近年来，随着国内的产业集群热，开始出现了许多有关服装产业集群的案例研究。为了便于文献综述，本书将国内的研究文献大体划为三类：中国服装业出口障碍及战略研究、中国服装产业竞争力研究、中国服装产业集群的案例研究。

2.1　中国服装业出口障碍及战略研究

由于我国服装业的外贸依存度很高（近几年一直在50%左右），因此，我国服装业的出口环境及策略一直是服装研究文献的一个主要议题。特别是我国加入WTO之后，纺织品配额开始成为这些研究的热点领域。这部分研究主要集中于加入WTO后各个产业的机遇、挑战分析以及相应的对策建议上。"国际竞争力分析—机遇—挑战—对策"基本上是这一类研究的通用范式（包国宪，2003）。

陈黎分析了我国纺织服装行业的历史和现状，结合WTO的有关内容和条款，从正反两方面论述了我国纺织服装行业加入WTO的有利影响和面临的挑战，最后从企业、政府和行业的角度分别提出相应的对策。该研究认为，从短期来看，加入WTO可能会对国内的纺织服装企业造成冲击，尤其是对一些实力比较薄弱的中、小企业，但从长期来看，"入世"有利于提高我国纺织服装行业的竞争力、加速产业结构的调整，使我国最终实现由纺织大国向纺织强国的转变（陈黎，2001）。

顾强也对加入WTO后我国纺织服装面临的主要机遇和挑战进行了分析，认为制约我国向欧美出口的配额问题会在一定程度上得到改善，非配额纺织品出口也会相应增长，同时也有可能面临一些挑战，即配额实施的效果值得怀疑，我国服装出口既要面临国外的反倾销和贸易壁垒的阻碍，还要面临其他低成本地区的挑战等（顾强，2000）。

王受文研究了我国加入世界贸易组织（World Trade Organiztion，WTO）形势下纺织品服装出口所面临的战略选择。通过对我国纺织品服装出口的实际考察以及国内行业和国际竞争力的比较，王受文的研究认为，我国纺织品服装业并不是所谓的"夕阳"行业，仍有其比较优势。世界贸易组织成立后，纺织品服装的国际贸易逐步自由化。在加入WTO之前，我国仍受到根据《多种纤维协定》设立的数量限制的约束。加入WTO将给我国纺织品服装出口带来一定的机遇。为抓住机遇，扩大我国纺织品服装的出口，该文提出了具体战略：第一，从制度上改革现行纺织品被动配额的分配办法，建立配额调剂中心，切实提高配额的分配和使用效率；第二，多方面采取积极措施，充分利用已有的比较优势，并改善和提高我国纺织品服装长期的比较优势（王受文，2000）。

除了从总体上探讨我国服装业的机遇及阻碍之外，还有一些文献对我国服装出口中所遇到的具体问题进行了研究，这些研究主要集中于几个方面：首先是关税和配额问题。配额问题主要集中在配额的合理使用方面，提出了配额使用乘数的思想（常亚平，1999）；在关税问题上，比较了纺织品关税的国别结构（鲍勤飞，1993）。其次是关于纺织品服装出口的地位、分布结构及其原因的研究，研究了我国纺织品出口地区结构变动，并对变动的原因提出了理论解释（张神勇，2002）。第三，服装原产地规则和技术壁垒的研究。原产地规则的研究主要集中在介绍《京都条约》和"乌拉圭回合"的《原产地协议》以及我国制定的《出口货物贸易产地规则》主要内容及其应用技巧（顾强，1997），技术壁垒的研究，基本上集中于介绍国外一些技术壁垒的做法以及我国的应对措施（王仲辉，2005）。

2.2 中国服装产业竞争力研究

常亚平对我国服装产业的竞争力进行了研究,该研究受波特钻石理论模型(Michael Porter Diamond Model)的影响,将波特的钻石模型分析框架直接用于分析我国服装产业的竞争力,分别从要素条件、产业结构、相关支撑机构及需求条件四个方面分析我国服装产业面临的优势和劣势(常亚平,2005)。

还有一些研究利用国际贸易方面的指标,对我国服装产业的国际竞争力进行了定量计算。孙淮滨用相对优势指数及显示性比较优势指数,测量我国服装产业的国际竞争力(孙淮滨,1995)。中国纺织行业协会每年所发布的行业报告,也运用上述定量指标对我国服装业的竞争力进行测量。还有一些研究主要分析我国服装产业的加工贸易现状,研究了这种加工贸易的主要弊端及解决问题的对策和建议。

2.3 中国服装产业集群的案例研究

随着集群现象被越来越广泛的关注,一些研究者开始从集群的角度对我国服装产业进行研究,王缉慈提出了用集群的思维发展我国服装业的政策建议(王缉慈,2003)。朱㴖将服装产业集群与区域经济发展联系起来,从服装产业集群的角度探讨了我国服装专业镇的经济发展(朱㴖,2003)。

案例研究是国内现有服装产业集群研究的一个典型特征。这些服装集群的案例研究,主要以浙江宁波、福建以及广东等服装主产区为研究对象,主要从集群形成的历史出发,讨论集群的现状,分析产业集群的地方联系,并提出集群的未来发展对策(林承格,2005;薛青,2005;顾庆良,2004)。

3 相关概念及分析框架

3.1 相关概念的界定

3.1.1 产业升级及集群升级

(1)国家层面和区域层面的产业升级

传统的产业升级(industry upgrading)概念,一般多指国家层面的产业结构调整。这种结构调整既可以指第一、第二、第三产业之间的调整,也可以指各产业部门内部的结构调整,比如制造业内部轻工业与重工业比重的转变。

产业升级也经常运用国家内部的区域层面,在讨论区域层面的产业升级时，多数研究基本上沿用国家层面的产业升级概念，即区域内部产业间的结构调整，或者大的产业部门内部各个子产业之间的结构调整。

传统的产业升级概念从产业结构转换的角度，大致描述国家或者区域经济发展的一般路径。但是，传统的产业升级概念并没有全面概括出产业升级的内涵，因为除了产业之间的结构调整之外，国家或区域的发展还可以表现为在同一产业内部，或者同一价值链中的升级过程（Humphrey and Schmitz，2002）。

特别是在产业集群层面，由于某一特色产业是这些区域的支柱产业，对于一个很小的区域（比如我国的服装专业镇、或某县命名的服装业基地），如果按照传统的产业升级概念去理解或实施产业升级政策，与现实情况不符。即使是在国家层面，如果将产业升级完全定义为产业间的结构调整，同样无法解释服装业、制鞋业等传统产业在发达国家继续存在的事实。因此，在研究产业集群升级时，需要突破传统的产业升级概念。

（2）产业集群升级

现有国际文献中的产业集群升级概念，大多借用全球价值链的升级概念。全球价值链研究者基于发展中国家参与全球价值环节分工的现实❶，提出了基于价值环节的产业升级概念，即"通过组织学习，企业或国家在全球贸易网络中的地位提升"❷（Gereffi，1999，p39），并且提出了全球价值链中产业升级一般路径，即委托组装（OEA）—委托制造（OEM）—自主设计和制造（ODM）—自主品牌制造（OBM）（Gereffi，1999）。

随着全球价值链升级研究的进一步发展，一些研究者将发展中国家或地区的升级，总结为四种可能的升级方向，即制造流程升级、产品升级、功能升级和价值链升级❸。制造流程升级（Process upgrading），即通过生产流程的改进，提高单位投入的产出效率；产品升级（Product upgrading），即从低端产品生产进入更高端产品生产；功能升级（Functional upgrading），即进入技能要求更高的价值

---

❶ 有研究者将这种同一产业内部基于不同价值环节的分工称为产品内分工，参见卢锋，产品内分工：一个分析框架，北京大学中国经济研究中心讨论稿，No. C2004005。

❷ Industrial upgrading, involves organizational learning to improve the position of firms or nations in international trade networks(Gereffi, 1999,p39).

❸ Process upgrading: transforming inputs into outputs more efficiently by re-organising the production system or introducing superior technology; Product upgrading: moving into more sophisticated product lines (which can be defined in terms of increased unit values); Functional upgrading: acquiring new functions (or abandoning existing functions) to increase the overall skill content of activities; Inter-sectoral upgrading: firms move into new productive activities.(Humphrey and Schmitz,2002,p6).

环节（或者抛弃以前的低端环节）；价值链升级（Intersectoral upgrading），即进入其他相关行业或部门，如我国台湾由最初的纺织服装生产向服装机械、电子资讯产业的升级（Humphrey，2002；Schmitz and Knorringa，2000）。

后来，发展中国家大量的出口型制造业聚集区，引起了全球价值链研究者的关注，于是借用产业集群的概念，同时采用上述价值链的升级概念，提出了产业集群升级的概念（Humphrey and Schmitz，2002；Kaplinsky，2000；Schmitz，and Knorringa，2000）。

笔者以为，上述全球价值链的升级文献，虽然有时提到了国家或者区域的升级，甚至偶尔也用产业升级的概念，但是，从所定义的四种升级方式及升级路径来看，全球价值链的升级其实是企业在全球价值链中的升级（enterprises to upgrade in global value chain），因此，全球价值链的升级其实是企业升级。

全球价值链研究产业集群升级的文献，基本沿用了全球价值链的升级内涵，但与全球价值链升级又有不同之处（Humphrey and Schmitz，2002；Kaplinsky，2000），如图2-3所示。但是，之所以是全球价值链中的产业集群升级，而不单是企业在价值链中的升级，是强调这些企业是集群内部的企业，而不是集群外部的企业，是集群内部的企业在全球价值链中的升级。因此，本书将产业集群升级定义为集群中的企业在全球价值链中的升级（enterprises in cluster to upgrade in global value chain）。该定义表明，产业集群升级是集群的地方网络联系与集群中企业的全球联结共同作用的结果。

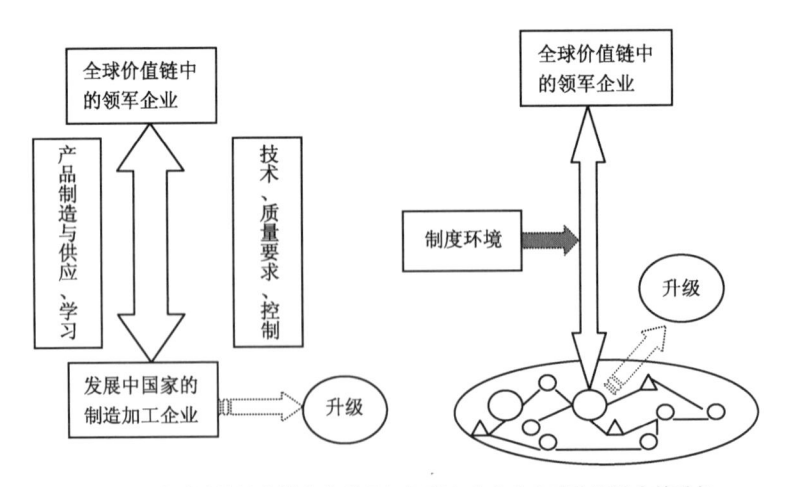

图2-3 全球价值链中的企业升级与集群中企业在全球价值链中的升级

○—集群中的企业 △—集群中的支撑机构

3.1.2　全球价值链与全球生产网络

（1）全球价值链（global value chain）

全球价值链源于早期的全球商品链概念（global commodity chain）❶，即生产某种产品或服务的所有相关环节，包括产品概念设计、研发、经历不同的制造流程，到产品配送至最终消费者，售后服务以及产品回收处理等全过程（Gereffi，1994）。后来，全球商品链的研究者开始用全球价值链的概念取代早期的商品链概念，关注的重点从环节分工转向价值分配，主要讨论承担不同价值环节的企业之间所存在的权利关系及治理关系，以及不同治理关系对企业升级的影响（Gereffi，1999）。

（2）全球价值链与全球生产网络的异同

虽然全球价值链在概念上表述为链，但在格利菲的全球价值链定义中，全球价值链其实是一个网络。因此，笔者认为，从描述的经济现象来说，全球价值链与全球生产网络其实没有什么区别，都是在描述全球化经济中各种主体之间复杂的网络关系，全球生产网络的研究者在早期也曾使用过链的概念，如迪肯早期就使用过生产链的概念分析全球生产系统的地域结构（Dicken，1998），如图2-4所示。二者唯一不同是分析视角的差别。全球价值链分析，强调企业之间的跨国联结，对企业网络联结之外的制度及非企业机构较少分析，另外，全球价值链在分析企业之间的跨国联结时，早期的文献忽略了企业所在的地方环境或地方网络的分析，而全球生产网络则弥补了全球价值链的上述分析缺陷。即使作为一种分析方法，全球价值链与全球生产网络之间的分歧也越来越小，二者已经逐渐走到了一起。

笔者认同全球生产网络所提出的分析框架，但由于笔者受全球价值链的影响较久，在描述企业的跨国联结关系时，觉得全球价值链更顺口，因此，笔者在下文中提及全球价值链，是指企业之间的跨国网络联结，而全球生产网络是笔者所推崇的一种分析框架。

---

❶ 在全球价值链文献中，链与网络并没有明确的区别，经常将这两个概念相互替换，这一点在全球价值链的英文定义中非常明确："global commodity chains consist of:sets of interorganizational networks clustered around one commodity or product, linking households, enterprises, and states to one another within the world-economy."（Gereffe et al,1994, p2）

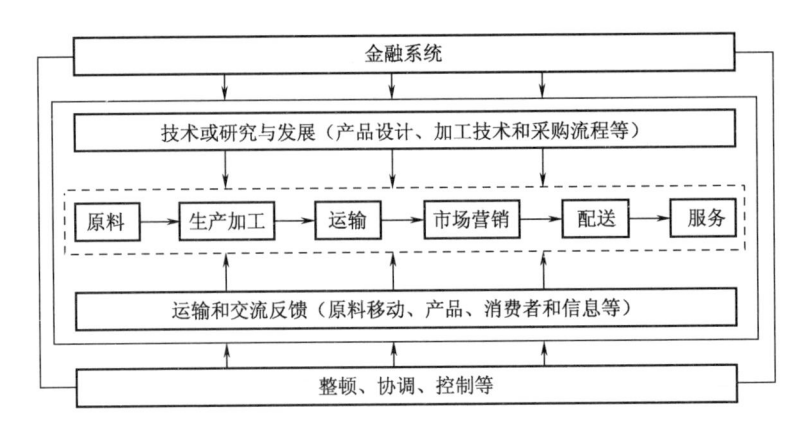

图2-4　生产链的基本结构图

资料来源：皮特·迪肯（Dicken，1998）。

3.2 本书的分析框架

笔者的产业集群升级定义表明，产业集群升级是集群中的企业升级，但是，集群升级并非仅仅与单个企业的行为有关，而涉及企业所在集群的地方联系、企业之间的跨国联结以及相关制度等。从本书的研究对象看，我国服装业集群（特别是沿海地区的服装业集群），不仅是一种地方网路，集群中的许多企业不仅有本地联系，而且还融入全球服装价值链之中，同时还要受到各种制度环境的影响（如与服装企业有关的纺织品配额、社会责任制度）。服装业集群升级是三种力量综合作用的结果。因此，本书在借鉴全球生产网络分析框架的基础上，构建了我国服装业集群的分析框架，如图2-5所示。

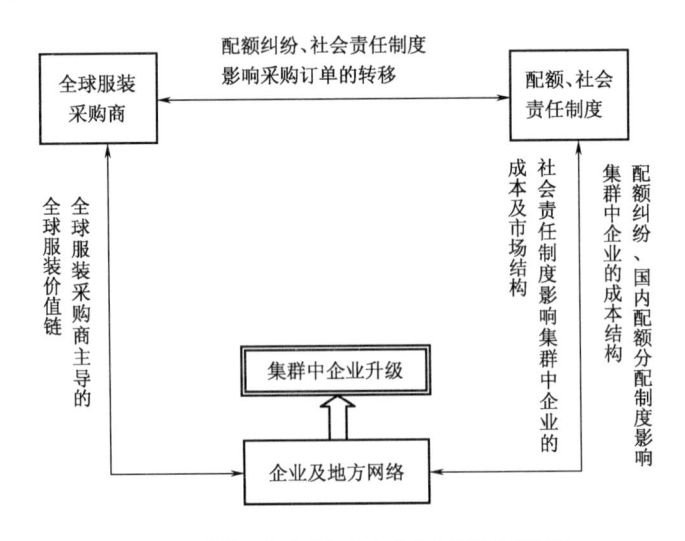

图2-5　服装业集群升级的全球生产网络分析框架

第三章
服装业集群的形成及动因诠释

1 服装业的国际转移

1.1 服装制造业的劳动密集型特征

全球服装业一般可分为两类：高级时装业（fashion industry）与成衣业（apparel industry）。与标准化的成衣截然不同，高级时装一般针对特定的个人量身定制，主要采取手工制作，不管是面料选择，还是做工，对服装的品质要求极高，而且某种设计款式经常仅用于生产一套或者数套服装，设计师自己创办个人服装工作室。时装业是一种极具"时尚"（fashion）含量的创意性都市工业，进入门槛很高，目前，那些昂贵的时装品牌仍然产在时装之都——米兰、纽约、巴黎和东京等著名大城市。

与高级时装不同，普通成衣的加工制造，无论是较高品质的名牌服装，还是低档次的成衣，一般均采用流水线的生产方式，本书中的服装业主要指这类服装的制造业。普通成衣又可分为标准化、大批量生产的低档成衣和高品质的名牌服装。前者如沃尔玛、家乐福等跨国零售商或者大卖场所销售的服装，后者如意大利的贝纳通（BENETTON）、西班牙的ZARA等品牌服装。

狭义的服装生产，一般只是指服装制造（manufacture）的各个环节，包括裁剪、缝制、印染、洗水、熨烫以及包装等。但是，在服装价值链的分析中，一般对服装生产（produce）做广义的理解，不仅包含从服装设计、制造、流通并最后达到消费对象的整个流程，还包括整个供应链中的品牌创新及维护活动。

服装设计和品牌营销，需要一定的创意及大量的资本投入，具有很高的进入门槛，因此，这些环节能够获得较高的附加值。目前，少数大型的发达国家的服装零售商和品牌商，控制着全球成衣业的服装设计与品牌营销环节。

相反，成衣业的制造环节，特别是低档成衣的制造环节，属于劳动密集型环节，进入门槛很低，对劳动力成本非常敏感。成衣制造业的劳动密集特征，正是服装制造业在全球不断转移的主要原因，通常所说的服装业转移，主要是这类成衣制造业的转移。

1.2　20世纪60年代服装海外加工业的兴起

纺织服装产业在国际上被誉为"第一制造业"。它既古老又年轻，因为具有历史意义的第一次工业革命就是在英国纺织业中发生的，直到现在，纺织服装产业还是在世界上分布范围最广、就业人员最多的制造业。纺织服装业是孕育近代工业化的产业部门，也是最早全球化的产业部门。

早在英国工业革命时，英国就从美国、印度等国进口棉花等农产品原料，加工成棉纱棉布或者制成服装再出口到世界各地。但是，20世纪60年代以前，纺织服装业的国际贸易仍然属于传统的产业间国际分工，即发展中国家提供棉花等原材料，而工业发达国家出口布料或服装等制成品。

在贸易保护盛行的时代，尽管发达国家在服装制造环节并不具备劳动力比较优势，但是由于高额关税、进口配额的限制以及交通通信技术的不发达，致使跨国采购的交易成本及协调成本太高，劳动密集的服装加工制造环节无法与服装设计及品牌营销等环节分离，大量的服装制造企业得以在发达国家维持生存。

从20世纪60年代早期开始，服装业的国际分工开始发生根本性的改变。经济高度发达的国家，劳动力成本很高，劳动密集型的服装制造业部门面临国际竞争力下降的压力，以美国为代表的发达国家服装制造业开始出现结构调整。一些服装零售企业和品牌企业纷纷向海外低成本地区订购服装。

与此同时，许多发展中国家开始转向出口导向的发展战略，加之电子通信、集装箱、航空运输等新技术的广泛采用，跨国交易成本及交易时间大幅度降低，发达国家的一些服装企业开始将服装生产转移至发展中国家。有些服装企业甚至一开始就只是从事服装设计及品牌营销活动，而在海外建立自己的服装供应体系。这些海外外包先行者的成功，促使更多的服装企业加入海外分包的行列，最终形成了当今的全球服装价值链分工。

为了最大限度地降低服装制造业转移对失业的影响，务实的美国人同时采取了两种策略。一方面，美国以"扰乱市场"为由，对纺织服装进口开始实施进口数量限制，并积极推动《关税与贸易总协定》于1961年实施"短期棉纺织品安排"，随后"短期安排"成为"长期安排"，并于1974年被《多种纤维协议》所取代。另一方面，为了保障美国具备优势的纺织业就业，美国于1963年开始实行的一项名为"生产分享项目（production sharing scheme）"的政策，其主要目的在于鼓励美国企业在将服装制造转移到国外的同时，能够利用美国的纺织面料。不久，其他欧洲发达国家也开始效仿美国，实施了类似的鼓励海外加工政策。

1.3 东亚地区服装制造业的发展

在早期的海外加工中，墨西哥及加勒比海地区是承接美国厂商缝纫制衣工序的主要地点（USITC, 1996）。但是，我国香港和台湾地区及韩国、新加坡等新兴工业经济，逐渐以另一种不同的方式参与了发达国家的服装外包活动。

拉美国家，特别是墨西哥及加勒比海地区，与美国这个最大外包国具有区位邻近的便利条件，美国厂商，特别是品牌服装制造企业（Branded Manufacture）❶，最初主要选择这一地区作为服装等行业海外加工的生产基地。但是，与品牌服装制造企业不同，服装零售商（Retailer）及无工厂服装品牌企业（Branded Marketer）自己没有服装制造能力及原材料采购方面的经验，无法像品牌服装制造企业那样享受"生产分享"的好处。另一方面，中美洲地区的绝大多数服装企业也不具备原始设备生产商的能力（OEM），因此，这些服装零售商及品牌商只能在更远的地方寻求新的供应商，我国的香港、台湾等东亚地区因具有很高的服装制造能力，成为这类企业较为理想的选择。另外，欧洲的服装外包同样存在这两种类型。两种海外分包类型的区别见表3-1。

20世纪60~80年代，我国的香港、台湾等东亚地区的服装企业与欧美企业相比，在劳动力成本上的优势比较明显。但由于距离欧美市场较远，所以无法像墨西哥和东欧那样享受"生产分享"制度安排的好处。要想进入欧美市场，

---

❶ 品牌服装制造企业（Branded Manufacture）是指拥有自己的品牌，并自己进行服装生产的服装企业；服装零售商（Retailer）是指以经营服装零售为主的企业，自己没有服装品牌；无工厂服装品牌企业（Branded Marketer）又称虚拟服装品牌企业，是指这些服装企业虽没有自己的工厂，但拥有自己的服装品牌。不过，随着许多零售商开始建立自己的服装品牌，品牌商开始建立自己的销售渠道，三类企业之间的区分已日益模糊。

表3-1 服装加工企业的类型及主要特点

加工企业类型	服务对象	所在地区及国家	所承担环节
简单加工企业	欧美服装制造企业（Sara Lee Corporation; Levi Strauss）	东欧、中美洲及加勒比海地区	裁剪后的面料缝制、修边、熨烫
"一站式"OEM企业	欧美服装零售企业及无工厂品牌企业（Wal-Mart; JC Penny; The Limited）	东亚、土耳其	从面料采购到物流配送整个环节，有时甚至包括设计、打样及制板

只能提供全面的制造服务，而欧美的服装品牌商及零售商由于缺乏制造能力及材料采购方面的经验，二者自然地走到了一起，由此带动了我国的香港、台湾等东亚地区服装业的快速发展。

上述服装制造业的国际转移，使服装业的各个环节分散至全球各地，不同环节的企业通过各种方式的联结，形成一种全球范围的服装企业网络，如图3-1所示。

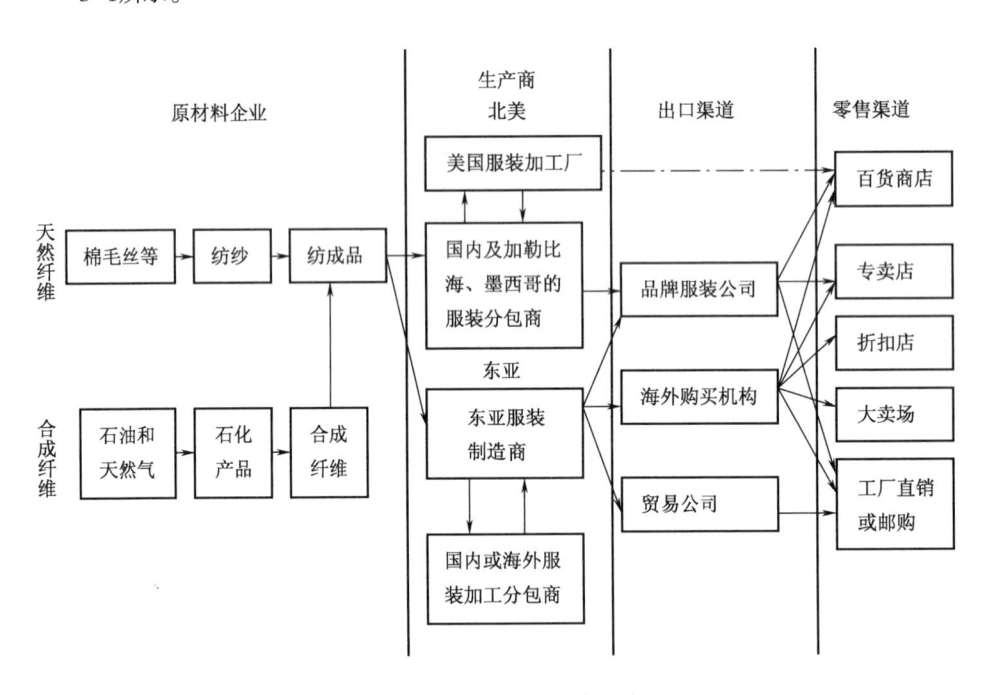

图3-1 全球服装业结构示意图

资料来源：Gary Gereffi, The Global Apparel Value Chain:What Prospects for Upgrading by Developing Countries, UNIDO, Vienna, 2003, p14（作者根据需要修改）。

1.4 服装业的第三次转移浪潮

20世纪80年代以后，服装业发生又一波产品外包浪潮。除了发达国家服装业进一步向外转移外，还出现了一个新的重要现象，就是东亚地区的韩国及我国香港和台湾的服装业，在劳动力成本不断上涨、服装制造业逐渐丧失原有成本优势的情况下，开始向周边国家大规模外包生产过程。直至世纪之交，服装业主要加工环节基本转移到周边国家。大规模参与这一过程的发展中国家包括中国及东盟最初成员国，90年代以后越南等东盟新成员国也开始参与这一进程（Gereffi，1999）。在东亚新兴经济的服装制造活动开始向海外转移时，恰逢我国大陆开始改革开放，我国香港和台湾地区的服装制造企业开始大规模向内陆转移，开始了服装制造业的第三次浪潮❶（Gereffi，1996）。

表3-2清楚反映了最近一波的服装制造业转移。以美国这个全球最大的服装市场为参照，1983年，东亚三地（中国香港和台湾及韩国）加上中国大

表3-2 美国服装进口来源地的变动趋势

来源地区	1983年	1986年	1990年	1993年	1995年	1997年
东北亚①	68	60	54	46	38	33
东南亚②	8	9	13	14	15	13
南亚③	4	5	7	9	10	10
中美洲④	6	7	11	16	21	27
其他	14	19	15	15	16	17

注：表中数字表示以美元计算的各地区服装进口占全部服装进口的百分比。

①东北亚地区包括中国香港、澳门、台湾和中国大陆以及韩国。

②东南亚地区包括印尼、泰国、马来西亚、新加坡及菲律宾。

③南亚地区包括印度、巴基斯坦、斯里兰卡及孟加拉。

④中美洲地区包括墨西哥及加勒比海地区。

资料来源：转引自Gereffi，International trade and industrial upgrading in the apparel commodity chain，Journal of International Economics 48，1999，p50。

---

❶ 自20世纪50年代末开始，全球纺织服装制造业经历了三次大规模的空间转移浪潮。第一次大规模的转移始于50年代末及60年代早期，美国及西欧的纺织服装制造业开始大规模转移至日本，日本成为世界重要的纺织服装出口国。第二次大规模转移发生于70~80年代，日本的服装制造业开始大规模转移至中国香港和台湾地区及韩国三地，使该地区成为全球重要的服装出口地。自80年代中期开始，服装制造业开始了第三次转移浪潮，中国大陆、印度开始成为全球主要的服装制造基地（Gereffi，1996）。

陆，占据了美国服装进口2/3的份额，至1997年，该比重下降为1/3，过去的15年中，美国服装进口呈现两个显著变化：首先是服装制造业在亚洲地区内部转移，起先是服装制造业从东亚三地（中国香港和台湾及韩国）向中国大陆沿海及东南亚转移，然后逐渐向南亚如老挝、越南及柬埔寨等地扩散；其次是来自亚洲及其他地区，特别是墨西哥及加勒比海地区在美国服装进口中的地位明显增加，从1990年的11%上升为1997年的27%（Gereffi，1999）。

我国珠三角因独特的地理区位，成为最早承接这一波服装转移浪潮的重要基地，成为外资服装企业，特别是港资服装企业的重要聚集地，从而形成一个由我国香港和台湾服装企业或服装贸易商所管理和协调的跨界服装生产网络，如图3-2所示。格利菲将这种地区网络称为"三角贸易"（Gereffi，1999）。

在这种三角服装分工网络中，欧美企业A掌握服装设计及营销，箭头①表示东亚NIS的企业B从欧美获得订单，欧美企业可能只是对产品的款式做简单的说明，需要企业B进行具体的设计、打样。箭头②表示企业B再在中国大陆、泰国寻找可信的服装加工企业C，在这个过程中，企业B需要在全球服装业中承担生产组织、质量控制及物流环节。箭头③表示企业C所生产的服装，由企业B负责组织运送到欧美或其他各地品牌零售店或连锁店。

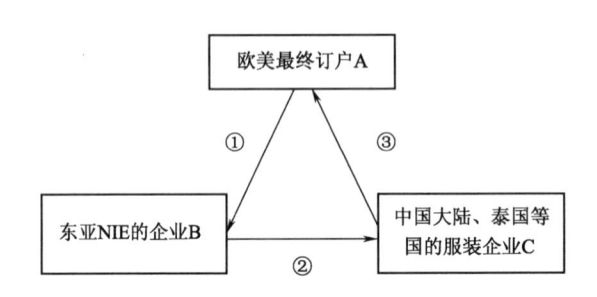

图3-2 东亚三角形服装分工网络

随着我国改革开放的不断推进，特别是随着福建、浙江、江苏、山东等沿海地区乡镇服装业的崛起，这些地方也开始成为承接这一波服装业转移的重要基地，最终形成我国服装业集中于少数沿海省份的地理特征。

1989年，各省市服装产量占全国比重前七位的依次为：广东、江苏、上海、浙江、山东、天津、湖北，仅有湖北一个内陆省份。1999年，前七位排序变为：广东、江苏、浙江、山东、福建、上海、河北，河北与湖北仅交换了一下位置，天津变为第十位。福建由1989年的第十三位上升至第五位。从大的区域来看，服装业集中于沿海地区在十年间并没有什么大的变化。

随着沿海劳动力成本的不断上涨，许多服装企业已经开始到中西部投资设厂。如浙江宁波的洛兹集团投资4500万元的洛兹三峡服饰有限公司，于2001年11月在湖北省秭归新县城正式投产；雅戈尔集团于2003年11月在重庆南岸区茶园新城投资5亿元，兴建分厂和西南十省市仓储配送中心；太平鸟集团也在宜昌启动了总投资逾1亿元的中西部时尚品牌生产基地。有中国"出口创汇第一镇"的浙江象山爵溪镇，是老人头（LAORENTOU）、耐克（NIKE）、阿迪达斯（adidas）等世界著名品牌的定点生产基地。在服装商会的组织下，8家企业纷纷到江西省鄱阳县考察新厂址，经过诸多利弊得失的比较，一致决定在鄱阳县建设新厂址；浙江培罗成集团公司在对湖北省宜昌市考察后决定在当地建设一个8万平方米、2000个机位的生产基地，形成年产服装80万套的产能❶。这些沿海地区的企业到中西部投资设厂，使中西部地区的一些省份，如江西、湖北、河南、湖南、安徽等省的服装产量呈现快速增长势头，如图3-3所示。

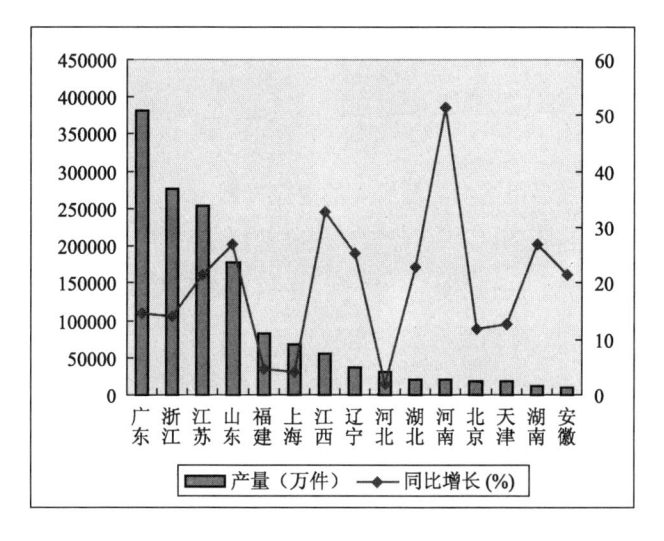

图3-3　2005年规模以上企业省市生产情况示意图

数据来源：国家统计局，转引自《2005-2006中国服装行业发展报告》，第5页。

---

❶ 中国服装业通过产业西进缓解成本压力，http://info.fushi.hc360.com/2005/10/28112426460.shtml。

2 我国服装业的市场化改革

2.1 改革开放前的服装业

新中国成立时,我国服装业基本上是由零散的个体裁缝和小作坊组成。1954年起,这些个体裁缝和小作坊被改造成集体所有制的缝纫联社或合作社,再进一步演变为"大集体",这其中一些又进一步演化为地方国营,整体规模很小,在国民经济中的比重微不足道。国家从1961年才开始有服装产量的统计,这一年的服装产量为1.66亿件(不包括民间私人制作的成衣)(常亚平,2006,第146页)。在计划经济时期,出于意识形态方面的原因,服装没有像纺织业那样受到国家重视,一直发展缓慢。

在1978年改革开放前很长一段时间里,几乎每个人都穿着中山装。设计简单、颜色单调(基本只有蓝色、绿色及灰色三种颜色)。当时,时尚、服装设计、流行等词汇基本从服装业中消失。

我国虽然拥有最大的服装消费群体,也拥有劳动力的成本优势。但是,在这个时期,服装业不仅在技术上落后,而且在销售渠道上受控于单一的计划分配体制。总的说来,在改革开放前很长一段时间内,我国服装业基本处于停滞阶段。

2.2 改革开放后沿海地区服装业的快速发展

1978年改革开放以来,是我国服装业快速发展的时期。1979我国建立了第一个经济特区——深圳,我国香港的服装企业在本地高成本的压力下,开始大规模向内地,特别是向珠三角转移。也正是在这一年,中美恢复了外交关系,我国的纺织服装产品对美出口获得了最惠国待遇。自此,中国服装业开始向外资和民营经济开放,服装出口也开始大幅上涨。

服装制造业及服装批发业是我国改革开放后最早允许私人经营的六大行业门类之一❶,也是我国最早市场化的产业之一。在当时的情况下,经营服装生产的登记程序比较简单,税收也比较低,仅需交纳7%的所得税和3%的营业税(Bonacich,Edna et al,1994)。在改革开放之初,受我国的台湾和香港地区

---

❶ 六类允许私人和个体经营的产业活动包括:服装、鞋等产品的批发;玩具、篮球等手工制造流程品的生产加工;三轮、面包车及小型公共汽车类等类型的运输服务;自行车、皮鞋等修理店;理发店、服装加工部等服务业;小型餐馆。

及韩国、新加坡等亚洲新型工业经济体成功经验的启发，我国开始采取主动融入全球经济的开放战略，服装业成为实施这一战略的试验田。

1985年，服装业被列为国家计划，正式被确定为消费工业品的一个发展重点，这是中国服装工业史上划时代的一次转折。1986年底，服装从轻工业部划归纺织工业部管理，从组织上改变了服装业长期"无米之炊"的局面，与上游纺织业之间的"断层"得以衔接，理顺了服装业作为纺织业龙头的关系（常亚平，2005）。

尽管服装生产经历了不断的技术变革，但直到现在，服装生产仍然主要依靠两大部分——缝纫机和操作缝纫机的工人，这种方式已经维持了上百年（Dickerson，1995，p15）。因此，服装产业一直被称做低技术产业。我国依靠廉价而丰富的熟练服装制作工人，在全球服装生产中拥有着明显的比较优势，改革开放使得这种优势得以发挥出来。

由于国家允许私营经济或个体经济从事服装制造，沿海地区利用体制改革的先发优势，大量乡镇服装企业开始崛起，如浙江温州、宁波、绍兴、义乌，福建泉州，江苏常熟、苏州等地，逐渐成为我国重要的服装生产基地。这些乡镇服装企业因受传统计划经济体制的束缚较少，显示出特有的活力。在充分发挥比较优势的基础上，这些地区不仅占据了绝大部分国内市场，还逐渐在国际市场上占据了一席之地。

1985年，我国大陆还只是世界第四大服装出口地区，位居我国台湾和香港地区及韩国之后，但是，仅过了两年，中国就成为世界上最大的服装出口国。服装企业的数量也发生了巨大的变化。1978年，全国服装厂约有7700家，服装总产量为6.73亿件，总产值64.9亿元，从业人员75万人。1992年，服装厂发展到48008家，1997年总产量96.9亿件，总产值2834亿元，从业人员359万人。按可比价格计算，19年间总产值增长了37倍，年平均递增21%，服装业成为这一时期发展最快的产业（常亚平，2006，第146页）。从1994年至今，我国服装总产量一直雄踞世界首位。2005年，全国服装产量达465亿件，全国服装消费总额达6000亿元以上（《2005/2006中国服装行业发展报告》，第1页）。

市场化改革，不仅使我国的整体经济实力上升，为国内服装企业创造了巨大的市场需求。同时，改革开放还改变了人们的服装消费观念，提高了人们的需求层次。改革开放后，中国人，特别是城市的居民，普遍抛弃了样式简单、颜色单调的中山装，西装、休闲装、牛仔服等各种流行款式开始受到消费者的追捧。

市场化改革不仅使我国服装业迎来了巨大的消费群体，而且也改变了传统的服装销售渠道，使我国服装业在很短的时间内取得了飞速发展。一些外国服装企业通过合资进入中国，加快了服装业的技术革新步伐，各种类型的零售模式纷纷呈现[①]，到20世纪90年代中期，销售国际知名品牌服装的百货商场、各种类型的专卖店、加盟店几乎遍及每个大中型城市。消费者在选择服装款式、质量等方面的市场意识逐渐增强，许多服装消费者开始追求时尚和个性化，着衣逐渐成为某种生活方式或者身份地位的象征。

特别是到20世纪90年代后期，我国服装市场在经历了近二十年的卖方市场后，开始转向了买方市场。在这一调整过程中，服装设计、品牌营销开始受到许多服装生产企业的重视，开始涌现了众多全国服装知名品牌，如杉杉、雅戈尔、红豆、波司登、报喜鸟、美特斯·邦威、七匹狼等。服装市场渠道也从大卖场、批发市场为主开始转向加盟商、专卖店和旗舰店为主的品牌营销。虽然贴牌生产仍然是我国服装出口的主导形式，但是无论是出口产品的质量，还是出口产品的档次，都发生了明显的改变。

3 我国服装业集群形成的动因诠释

3.1 我国服装业的集群特征及空间分布

2005年，我国服装生产的70%以上集中在沿海的广东、福建、浙江、山东、江苏及上海等六省市，如图3-4所示。在这些沿海省市中，各类服装专业镇星罗棋布，如广东虎门休闲装、大朗毛织、均安牛仔、盐步内衣、福建石狮休闲装，浙江温州男装、宁波西服，等等。

根据中国纺织工业协会所公布的资料，我国共有90个纺织服装生产基地，其中以服装为主的基地有39个。这些服装业集群既是我国服装业的重要生产基地，也是我国服装业的主要出口基地。而且，大部分国内知名服装品牌都集中在这些区域，如浙江宁波的雅戈尔、杉杉、罗蒙，温州的美特斯·邦威、报喜鸟、庄吉，福建晋江的七匹狼、劲霸、柒牌，东莞虎门的以纯、松鼠等。

[①] 服装生产和销售的国有垄断局面结束于1983年，外国零售企业获准在部分服装市场中销售在我国制造的服装。

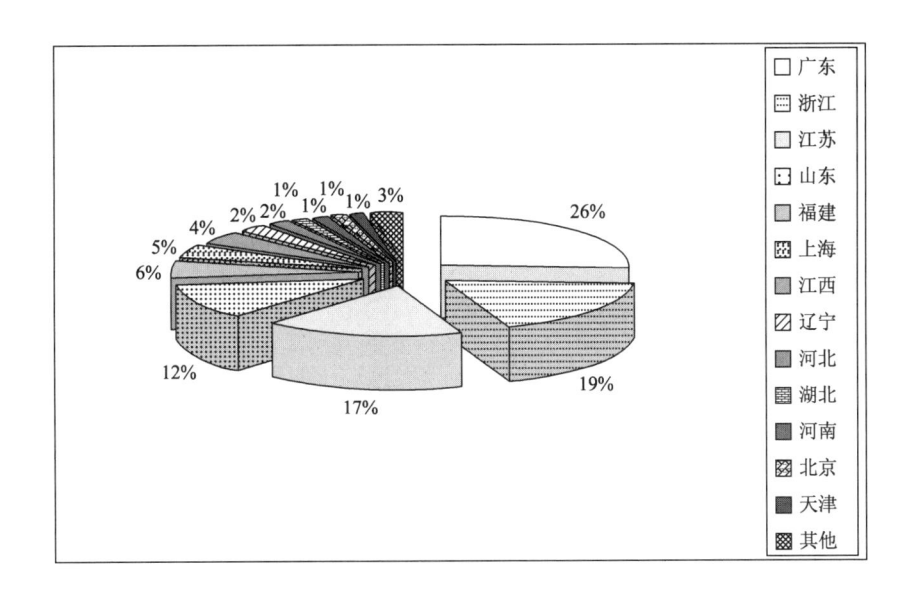

图3-4 2005年服装产量分省市比重图

数据来源：国家统计局，转引自《2005-2006中国服装行业发展报告》，中国服装行业协会，第5页。

笔者认为，从集群的主要特征，即众多相互联系的同行业企业及相关机构的空间聚集来看，这些服装专业镇或制造基地基本满足集群的上述特征。以前，"中国制造"的服装物美价廉，在欧美一些贸易保护主义者那里被指责为"欺骗"，他们认为中国服装企业通过压榨廉价劳动力、政府补贴和操纵汇率向世界倾销商品。但这些指责对中国服装企业有许多是不公平的，美国《纽约时报》在考察了浙江密集的"领带城"、"套衫城"、"童装城"、"内衣城"之后，也认同了中国服装业因集群而获得竞争优势的现实。

《纽约时报》的记者这样感叹道："这种每个城市负责你衣橱中一格抽屉的奇妙分工，反映出了中国经济的规模性和较高的专门化程度……从纽约到东京的买主希望能够一次性采购500,000双袜子，300,000条领带，100,000件童装，或50,000件36B的胸罩……中国强大的、新的专业化城镇越来越多地成为最适合下订单的地方……在那里，集群或网络中的企业相互提供原材料和零部件，发展技术，共享集中性供应中心的便利。"❶《美国洛杉矶时报》

---

❶ Barboza D. "Textile Enclaves: In Roaring China, Sweaters Are West of Socks City", New York Times, Dec. 24, 2004.

也对中国产业集群发出了相似感叹："中国在全球市场上的优势远远不只是廉价的设备、原料和劳动力。中国具有某些国家所无法比拟的优势，这就是产业群聚❶。"美国人的这一发现，就是产业集群理论所熟知的地理临近问题，这是沿海服装制造企业较邻近地区的优势所在。

虽然一些服装业集群内企业之间的合作或分工不是很明显，也不像发达国家的产业集群那样有很强的创新能力和设计能力。但是，考虑到我国服装业的发展阶段及国情，可以将分工合作有待发展或创新能力有待提高，看成我国服装业集群的特征，正好可以用集群的理论和分析方法，来研究这些服装业集群的升级问题。

3.2 我国服装业集群形成的动因诠释

前文对服装业的国际转移及我国服装业市场化改革的分析，解释了改革开放后，我国沿海服装业快速发展的原因。但是，这些分析并不能解释我国沿海地区为什么会出现大量服装业集群。笔者以为，要对这些服装业集群的成因进行理论诠释，还需回到集群理论中来。

3.2.1 集群理论中的地理临近与组织临近

产业集群理论的基本观点是通过在地理邻近的企业、机构和其他的经济单位之间的联系，例如发展劳动力市场和专业化技能，在供应商和客商之间增强联系，获得外部规模经济和范围经济（Lloyd and Dicken，1990）。进一步的观点提出，地理邻近和区域集聚可能大大促进"学习型经济"。这个新观点是把工业化看成一个嵌入地域❷的过程，并把创新看成一个社会的过程（Asheim and Cooke，1999）。

集聚带来经济增长的过程，早就为非主流经济学家所熟知（Hirschman，1958；Myrdal，1959；Perroux，1955）。20世纪80年代以来，经济地理及相关领域大量文献和研究成果，强调特定的区域能够强有力地推动国家经济发展，拓展和重新认识了19世纪末20世纪初马歇尔关于产业区的重要论述

---

❶ Lee D. "China's Strategy Gives It the Edge in the Battle of Two Sock Capitals", Los Angeles Times, April 10, 2005.
❷ 嵌入性或根植性（embeddedness），是美国社会学家M.格兰诺维特（M. Granovetter）于1985年提出的经济社会学概念，它的含义是经济行为深深嵌入社会关系之中。这个概念转移到地域上，则认为发展环境是存在于行为主体在经济、社会、文化等各方面的地方联系基础上，它使得创新性的机构能够创新，并能够和其他创新机构相互协调。

（Marshall，1890，1919）。其中，波特被公认为第一个把产业集群应用到战略和政策研究中的主要建议者，他将集群定义为在某一特定产业及其相关领域中相互联系的公司和研究机构在地理上的集聚。集群通常包括下游产业的企业和互补产品的生产商、专业基础设施的供应者和提供培训、教育、信息、研究、技术支持的其他机构（Porter，1998）。波特强调"集群参与"的重要意义，通过行为主体之间的互动，获得生产率提高和创新绩效。

在学习及创新日益重要的全球经济竞争中，地理邻近之于互动学习和创新的影响开始成为备受关注的重要问题。在区域创新系统研究中，以纳尔森、库克等（Nelson and Resenberg，1993；Braczyk，Cook and Heidenreich，1998）为代表的学派特别关注地理邻近性❶，认为技术创新需要大量相关部门和制度的支持，区域行为主体的互动是创新和技术发展的关键因素。卡马格尼认为，企业的地理邻近强化了企业之间密切交流的环境和背景，减少了互动式学习过程中的不确定性，简言之，空间邻近强化了网络效应（Camagni，1991）。琼森从瑞典伦德地区生物技术产业创新系统研究了地理邻近性的重要性（Jonsson，2002）。

但是，研究邻近的法国学派认为：组织邻近和地理邻近（organizational and geographical proximity）存在很大差异。地理邻近指的是行为主体之间在空间距离（包括绝对距离和相对距离）上的邻近；而组织邻近则与行为主体在组织方面的紧密性和特异性有关。他们由此提出了第三种形式的邻近，即制度邻近（institutional proximity），用以描述制度环境对行为主体之间互动效果的影响、改变和制约（Torre and Gilly，1990；Boschma，2005）。

简单的地理临近不是产业集群。例如我国计划经济时代的老工业基地，在这些地域范围内，企业之间虽然聚集在一起，拥有地理临近的特点，但是工厂受到从中央到地方政府诸多监管部门的督导，官僚主义、等级制度制约了相关工厂之间的交流与互动，即俗称的"条块分割"。如山东淄博南定的铝业加工区就是这一状况的典型例子，当地的铝矿由地矿部归口管理，氧化铝和电解铝生产由冶金部管理，发电厂由水电部管理，水泥厂由建材部管理，"铁路警察，各管一段"，"条块分割"状态直接导致了当地产业联系的缺失和生产率

---

❶ 根据几种地理层次可以将地理的创新分为:本地、区域、国家、欧洲大陆（continental）和全球性创新。

长期在低水平的徘徊❶。

地理临近与组织临近的划分，使产业集群与企业简单的空间聚集或地理临近区分开来。笔者以为，这种区分对于理解产业集群的内涵具有重要意义。因为企业简单的地理临近，并不必然产生外部经济及学习效应，只有聚集的企业之间具有组织临近的特征，企业之间才会发生分工及合作，才会在相互学习中不断创新。因此，理解我国服装业集群的成因及经济绩效，需要从地理临近及组织临近两个方面进行讨论。

这里需要特别指出的是，强调集群的地理临近与组织临近两者的统一，并不否认集群中的企业与外部企业或市场的联系。任何区域都不是一个封闭的系统，在信息、通信技术高度发达、世界经济呈现融合的经济全球化时代，集群的全球联结更是不可缺少。正如前文我国服装业集群升级的定义一样，我国服装业集群中的企业既要在集群的环境中升级，又同时融入全球服装价值链中，服装业集群升级，是集群中的企业在全球服装价值链中的升级。笔者的这个定义，清楚地表明了笔者在强调集群的地理临近与组织临近两者缺一不可的同时，并不否认或者忽视集群的全球联系。

3.2.2　我国服装业集群的成因：企业家精神及地方政府的支持

（1）服装业集群形成中的企业家精神

前文的理论讨论虽然指出了集群是地理临近与组织临近的结合体，二者缺一不可。但是，我国沿海地区的服装企业或相关机构为什么聚集在一起，并且在组织临近的基础上形成地方联系？

20世纪80年代开始的市场化改革，之所以使沿海地区出现大量的服装业集群，关键在于：这些地区长期受到压制的企业家精神在市场化改革中获得了施展的机会。江浙、广东等沿海地区是我国最早实行对外开埠通商的地区，改革开放前就是我国工商业最为发达的地区。这些地方素有经商传统，比如改革开放前的"宁波帮"，以及后来的温州商人、潮汕商人群体。但是，改革开放前，在国家实行严格的计划经济体制下，这些地方的企业家精神根本无法发挥。特别是在"文化大革命"时代，私自经商或者开办企业，随时都可能被扣上"走资本主义"的帽子，甚至会危及自己的生命安全。在这种环境下，这些地方的企业家精神长期受到特殊体制环境的压制。

---

❶ 王缉慈. 山东铝厂及其有关企业的成组布局问题. 1978年油印本.

1978年实行的改革开放政策,使这些地区长期受到压制的企业家精神获得了用武之地。作为国家最早允许私人经营的行业之一,由于所需投资少、进入门槛低,加之一些地区的民间裁缝工艺传统,服装业在这些企业家精神活跃的地方得到了蓬勃发展。

比如温州服装业集群在早期形成时,依靠几十万温州销售大军,穿梭于全国各地,采取"行商式"直接销售方式,逐渐发展成马路市场、棚架市场,成为连接销售大军与服装生产商之间的桥梁,到现在为止,已经形成一个拥有上千家企业、产业配套齐全的男装业集群。

浙江宁波的奉化及鄞县两地依托"红帮"传统,通过聘请上海"红帮"师傅带来业务及技术指导,从依靠为上海国营服装企业加工起步,逐渐形成以西装、衬衫为主的男装集群。与温州和宁波服装业集群依托国内市场不同,东莞利用中国香港服装业向内地转移的有利时机,充分发挥毗邻我国港澳地区,拥有独特的地缘、人缘优势,特别是与香港密切的民间联系,拥有众多东莞籍香港同胞的优势,东莞制订了以乡镇企业为依托,以"三来一补"为突破口,大力发展对外加工业的外向经济发展战略。在承接港资服装企业转移的基础上,逐渐形成多个以港资服装企业为主、面向国外服装市场的服装专业镇。

这些服装集群地区的企业家,大多同处一镇或一村,从开办服装企业起就具有天然的地理临近特征,这种因企业家出生地相同带来了服装企业的地理临近。与传统的国有企业不同,这些乡镇服装企业的经营机制灵活,时刻面对市场,同行业企业之间存在基于市场机制上进行合作的动力和压力。加之企业家之间的熟人关系、邻居关系和亲友关系等社会关系,大大降低了企业之间合作的风险和交易成本。因此,这些地理临近的乡镇服装企业,同时还具有组织临近的特征。

另外,这些地区的企业家精神,还为新企业的诞生和企业间的学习创造了有利条件。温州服装业集群的形成和活力,就在于本地总有一些步伐走得比较快的企业家,他们一直走在前面,带动后面的一群企业跟着走。比如1996年的时候,报喜鸟企业在品牌经营上做得比较成功,对温州其他服装企业的影响很大,一些企业也开始学习报喜鸟的品牌策略,本地开始出现了多个有影响力的品牌企业。后来,红黄蓝开始在童装中站住脚,发展很快,于是又有一些企业在跟着学(笔者在温州的企业调研资料)。

（2）服装业集群形成和发展中的地方政府支持

我国服装业集群并非形成于成熟的市场体制环境，而是形成于从计划体制向市场转轨的特殊时期。在这种转轨时期，地方政府在地方产业发展中发挥着重要作用。

我国沿海地区以乡镇企业为主体的服装业集群，早期的形成过程与地方政府，特别是乡、镇一级的政府的支持，乃至许多村里干部的支持，有密切的关系。地方政府在服装业集群形成和发展中的作用主要体现在以下两个方面：

①早期以政府的名义直接创办乡镇集体服装企业。在我国改革开放早期阶段，市场经济的改革方向并不十分明确，民营经济在很长一段时期内没有得到中央政府的公开认可。但是，在一些沿海开放地区，由于地方政府官员市场经济的意识很强，在全国整体还处于计划经济的意识时，或者束缚于"姓资姓社"的争论时，这些地方政府的领导，并没有对当地蓬勃发展的民营服装企业进行限制或打击，反而为这些乡镇服装企业积极创造有利的发展环境。由于当时不确定的改革环境，这些地方政府甚至以集体的名义直接创办了许多服装企业。虽然政府所创办的乡镇服装企业后来大多经历改制、转轨或者承包等，最终变成了民营企业或股份制企业，但是，正是在这些乡镇服装企业集中的区域，最终逐渐发展成为了服装业集群。例如浙江温州和宁波等服装业集群的许多企业，早期都是以乡、镇集体企业的名义或者以村办企业的名义发展起来的。如现在的雅戈尔集团、罗蒙集团、培罗成集团、报喜鸟集团等，早期都是乡镇集体企业。从这种意义上说，如果没有乡镇地方政府的大胆创新和创业热情，这些地方也就没有今天的服装业集群。

②创办服装交易市场、举办服装交易会，是集群中许多地方政府另一种最直接、最主要的支持。由于服装企业单个规模较小，市场渠道受到很大的限制，政府通过筹建专业市场、举办交易会，吸引了众多国内外服装采购商，为中小服装企业提供了很好的交易平台。地方政府所筹建的服装专业市场和交易会，不仅扩大了地方服装企业的销售渠道，吸引了众多上下游服装企业的进入，直接促成了地方服装业区域品牌的形成，为本地服装业集群的进一步发展创造了有利条件。部分地方政府所筹建的服装专业市场及交易会见表3-3。

表3-3 部分集群的专业市场及交易会

集群所在地	交易会名	专业市场
宁波	宁波国际服装节❶	—
温州	温州轻工业博览会	妙果寺服装批发市场，永嘉桥头的纽扣、拉链专业市场
虎门	中国虎门国际服装交易会	富民商业大厦，黄河服装城
大朗	毛织品博览会	毛织品原辅料市场，大朗毛织品交易中心

资料来源：笔者根据实地调研资料整理所得。

4 宁波服装业集群的形成过程

4.1 新中国成立前宁波的本帮裁缝、红帮裁缝

4.1.1 新中国成立前宁波的本帮裁缝

历史上的宁波，素以人杰地灵、富庶安泰而著称。但是，自六朝纷争、宋都南迁和明清换代之后，导致三次人口大迁移，造成宁波的人口激增，地产难以糊口，迫使宁波人离乡背井外出谋生。这些外出谋生的宁波人大多是拥有一技之长的手艺人，即俗称三把刀（剪刀、菜刀、剃头刀）。由于当时实行海禁，他们只能从陆路向西、北移动，北京是当时最主要的落脚点。这些手艺人稍有收获，即提携乡邻亲戚共同发展，逐渐形成了在中国历史上具有重要影响的商人群体——宁波帮。

在西式服装传入中国以前，我国裁缝从事的是传统的中式成衣业，后人称这些裁缝为本帮裁缝。这些裁缝，由于地域的限制，一般在近距离内活动，他们肩背包袱，携带工具，上门量体剪裁缝纫，又称包袱裁缝。据记载，到了明末清初，随着宁波人的外出经商，宁波裁缝也开始远出谋生。在明清时期，由于北京是全国的政治、文化中心，人口流动量大，商业机会多，宁波裁缝首选的城市就是北京。

宁波裁缝高超的技艺，在清朝乾嘉时期已经出名。据史料记载，最早到达京城的宁波裁缝是慈溪人。他们擅长精制中式礼服和常服、公服和私服、男服和女服，当时从业人员的数量已经相当可观。据钱泳《履园丛话》记载，清初

---

❶ 早在1997年"宁波国际服装节"举行之前，奉化县政府1991年举办了"奉化服装节"，鄞县县政府1991年举办了"商之乡"贸易节，因两地离太近，后由宁波市政府举办国际服装节。

北京的成衣行，各省人虽也有一些，但不多，绝大部分是宁波慈溪人（宁波市政协文史委，2005）。宁波裁缝几乎垄断了京城的成衣业，这些宁波裁缝还成立了行会组织"浙慈会馆"，在记录北京宁波裁缝的石碑资料《财神庙成衣行碑》中，刻有73位晚清"浙慈帮"裁缝的名字，从名字中可以看出，这些浙慈帮裁缝不少是兄弟辈或父子辈。

慈溪是宁波本帮裁缝的故乡，慈溪裁缝的出名，也带动了宁波其他地区裁缝业的发展，鄞县（今为鄞州区）、奉化县（今为奉化市）、宁海县的裁缝业，渐次登上历史舞台。宁海前童、鄞县潘火的裁缝就是典型例子。前童位于宁海县城外15千米的西南隅，这是一个交通和信息极为闭塞的山区，为了生存，山民们不得不抛家弃子，远离故土奔走他乡。据资料记载，前童的本帮裁缝是清朝末年先到慈溪，后到上海、汉口等地开裁缝店而出名的，到1936年左右，在外从事成衣业的前童裁缝约300余人，俗称宁海前童"三百把剪刀"（宁波市政协文史委，2005）。特别是在上海开埠以后，上海成为继北京之后的又一个服装业中心，宁波人又纷纷加入上海的成衣行列。在旅沪宁波裁缝中，鄞县潘火桥的蔡氏宗族最为引人注目。蔡氏宗族在上海开设了大大小小的中式成衣店，由于在沪裁缝人数众多，为便于彼此照顾，曾于1921年在上海成立了"蔡氏旅沪同宗会"。宁波本帮裁缝凭借高超的技艺，为中国人制作袍子、长衫和斜襟布衫、对襟布衫及旗袍，业务遍布汉口、重庆、厦门、上海、北京等主要城市。

宁波本帮裁缝，从17世纪80年代至20世纪30年代的二百多年历史中，一直很有名，是我国传统裁缝的代表。但是，随着我国服装业的更新换代，以慈溪为代表的本帮裁缝地位逐渐衰落，而代表新式洋服业的鄞县、奉化"红帮裁缝"日益兴起。主要原因在于随着社会的巨变，我国服饰由传统服饰逐步西化，裁缝的命运也随着这种社会巨变而发生了戏剧性的变化。本帮裁缝随着中式成衣业的衰落而衰落了，而红帮裁缝则随着服饰的西化进程而不断发展起来。

4.1.2 新中国成立前宁波的红帮裁缝

宁波是我国红帮裁缝的故乡。有史书记载，宁波红帮裁缝起源于鄞县茅山镇，早在1794年，鄞县茅山镇孙张漕村裁缝张尚义，因生计维艰，20岁改业为渔船烧火工，遇海难，漂至日本横滨，凭裁缝手艺，始寄居码头缝补水兵服装、缝制救生衣，旋学制西装，后还乡携亲朋去横滨，创立同义昌西服店，售呢绒兼做西服，有制衣工人百人，后相继设分号于东京、神户。1821年，其子张有松于上海静安寺卡德路口创办福昌西服店，客户多为外国人（民间称"红毛人"），遂称作"红毛"服装谓"红帮"裁缝。自此生意兴隆，"红帮"闻名遐迩。咸丰年间，红帮裁缝分布府属各县。

另一说"红帮"系"奉帮"谐音。1891年奉化江口镇王溆浦村王立华，自日本学制西服归乡，后携子王才运赴沪创业，开设荣昌祥呢绒西服店于南京东路782号，招乡亲学艺，从业百余人。1896年，奉化江口前江人江良通在上海南京西路开设和昌荣西服店。此后，王睿莫亦在上海天津路开办王荣泰西服店。1911年，余姚城区设立庄端荣服装店，盛时从业三十余人。相传于民国初，孙中山授意荣昌祥呢绒店，以日本陆军士官服为基样，按我国传统改衣领为直翻，胸、腹部各做两大两小有盖贴袋，胸前贴袋盖为倒"山"字形，改纽扣为五粒，此样式遂称"中山装"（季学源、陈万丰，2003）。在此期间，宁波裁缝于上海、南京、天津、哈尔滨、海参崴等地开设服装店（原称西服业），多奉化、鄞县籍人，以手艺精良著称。设天津有七八十家，从业最多时二百五十余人，设上海有百余家，集南京路一带。

19世纪60年代上海开埠以后，西方侨民大量涌入上海，因中外贸易的发展，新生的洋行买办阶级也得到发展，促进了以西服为主的洋服消费群体的形成，上海也因此成为宁波红帮裁缝的大本营。一批有头脑的宁波本帮裁缝如江良通、顾天云等，先后从上海东渡日本学习、考察日本的服装改革；稍后，又有一些裁缝从哈尔滨到俄罗斯学习俄式西服，了解西服制作流程和技术，这样，一个新的服装制作职业群体在宁波人中逐渐形成。

随着上海西服消费群体的逐渐扩大，上海西服生意越来越好，吸引了海外（主要是日本）的宁波西服商前来上海。19世纪80年代前期，日本通过明治维新，日本上下兴起了西服热，带动了日本西服业的发展，因劳力不足，日本从中国大量引入西服裁缝，不少在上海打工的宁波裁缝，作为劳务纷纷输出到日本。这些裁缝在日本积累了一定的资金后，回国在上海办起一个个西服店，其中以和昌西服店、荣昌祥呢绒西服号、裕昌祥西服店最为著名。奉化江畔的奉化人、鄞县人，在同乡成功榜样的影响下，纷纷到上海开设西服之类的服装店。随着上海红帮裁缝的逐渐壮大，遂成立了"上海西服业同业公会"，成为红帮裁缝的中坚力量。据不完全统计，20世纪40年代末，上海共有西服店701家，其中宁波人开设的有420多家，占总数的60%以上，从业人员5300人，年产西装10万多套（钱茂伟，1999）。

以上海为大本营，宁波红帮裁缝逐渐辐射我国很多大中城市。特别是在20世纪40~50年代，宁波红帮裁缝近涉江苏，远征北国，南下湘鄂，挺进西部，移师香港，抢滩日本。我国很多大城市的现代服装业，都是由"红帮"开发，或由"红帮"所主导。1956年，上海红帮名店有两批整体迁徙：一批红帮师傅奉调北京，其中的红都服装店，就是北京红帮裁缝的代表；另一批奉调支援西部建设，到青藏高原和黄土高原创立现代服装业。香港的服装业也与红帮裁缝有着密切的历史渊源，20世纪40年代末，一批红帮裁缝迁徙香港，极大地带动了香港现代服装业的发展，直到现在，出自红帮裁缝之手的服装仍然誉满香港。

从上述史料可以看出，无论是宁波的本帮裁缝，还是红帮裁缝，活动舞台主要是上海、北京、天津、武汉和日本等地，而不是在宁波本地。但是，改革开放以后，这些长期在外地求生存和发展的宁波红帮裁缝，特别是上海的红帮师傅，不仅给家乡服装业的起步和发展提供了技术支持，而且还带来了大量的加工业务来源。

4.2 改革开放后乡镇服装企业的崛起

4.2.1 宁波乡镇服装企业为上海服装店加工

改革开放后，宁波服装业的崛起主要依赖于乡镇服装企业。宁波的乡镇服装企业始于农业合作化和人民公社化运动，称社队工业。1956年底，宁波共有农业生产合作社工副业队930个，产值186万元，成为社队工业的雏形。1979年，国家开始对乡镇企业实施低税、新产品和新办企业免税、信贷照顾等优惠扶持政策，乡镇工业兴盛。现有的许多乡镇企业研究文献，大多将乡镇企业的崛起简单归因为灵活经营、自负盈亏、多劳多得、参与市场竞争、优胜劣汰的机制，而忽略了乡镇企业与国有企业联结获得市场进入的事实。事实上，从宁波乡镇服装企业的早期发展来看，乡镇服装企业大多有过替上海国有服装企业加工的经历。

在改革开放初期，国家虽然在政策上开始鼓励乡镇企业及个体企业的发展，但是，无论是在服装面料，还是产品销售渠道方面，基本上都还是由国有服装企业所控制。另一方面，20世纪70年代末80年代初，随着国内服装市场的繁荣，大城市中的国营服装企业却在产能扩张方面存在很大的难度，因此产生了向乡镇服装企业外包加工的需求。在这两种力量的综合作用下，宁波乡镇服装企业走上了为上海服装店加工的道路。

在计划经济时代，上海是全国商业的"大哥大"，上海的服装也是全国最出名的，特别是西装。上海的培罗蒙是全国最出名的西服企业，也可以说是全国西服的正宗。上海还是全国衬衫业的中心，有许多名牌衬衫，如开开、海螺、司麦脱、康派司等，这些都是20世纪80年代早期最出名的品牌。在这些服装店或服装厂中，有一大批宁波籍红帮师傅，这些师傅有些是服装店的领导，有些即将退休。宁波地区，特别是奉化和鄞县两地的许多村镇，正是利用了与上海服装店的传统联系，通过多种途径与上海的服装店建立了加工业务联系，使鄞县和奉化成为上海服装企业的外包加工基地。

"上海的服装商店，宁波的服装工厂"是当时宁波服装业的真实写照❶。当时宁波的绝大部分服装企业，基本依靠来自上海的加工业务起步。如奉化市滕头村书记傅嘉良创办的滕头服装厂，与上海南京路上的新时代服装店建立了业务关系，为其加工中山装、大衣。雅戈尔的前身——鄞县青春服装厂成立于1979年，开始为宁波市第一服装厂加工，1983年为上海开开衬衫公司加工衬衫。现在宁波的许多服装企业，包括一些著名的品牌企业，早期都曾经承接过来自上海的加工业务，见表3-4。

表3-4 部分宁波服装企业与上海服装企业的加工联系

宁波服装企业名称	上海服装企业名称
奉化罗蒙西服厂	上海培罗蒙服装店
奉化培罗成西服厂	上海培罗蒙服装店
老K制衣公司	上海服装研究所
奉化服装厂	上海春秋服装店
奉化衬衫厂	上海南海衬衫商店
奉化第六衬衫厂	上海万象公司
鄞县青春服装厂	上海开开公司
大桥服装厂	上海新春服装店
奉化溪口服装厂	上海西服厂
宁波甬港服装总厂	上海春秋服装公司
奉化第二衬衫厂	上海第一衬衫厂
镇海服装厂	上海华中西服厂

资料来源：笔者根据实地企业调研和访谈资料整理所得。

❶ 引自笔者采访奉化市服装商会副会长阮华成先生的访谈录音资料。

表3-4仅仅只是宁波服装企业与上海服装企业存在加工联系的冰山一角，因现存服装企业的名称经历了多次变更，许多企业与上海的业务加工联系已经很难考证。但是，宁波市服装企业早期依靠上海的加工业务而起步几乎是所有采访对象普遍认同的事实，以下一段采访录音记录基本上反映了当时上海加工业务对宁波服装企业的重要作用。

"到20世纪80年代初，上海有句流行的话叫做'干活靠阿乡'，这些企业自己做销售或者接单，将业务分给乡下的企业进行加工。其实在20世纪70年代末，像这样的加工企业在这里基本上开始轰轰烈烈起步了。到了80年代中期的时候，通过亲朋的关系，把上海的很多业务都拿到了乡下来。因为上海干活的成本较高，所以很多都拿到乡下来了。像培罗成和罗蒙当时都是跟上海的培罗蒙联营的，联营当时就是将业务给他们，也就是培罗蒙接了业务，自己做一部分，做不过来的给培罗成和罗蒙一部分。"（访谈资料，2006-07-03-A）。

上海服装企业与宁波服装企业之间的劳动分工，最根本的原因在于两地的成本差异。改革开放初，无论是鄞州，还是奉化，基本上还是农村，存在着大量的剩余劳动力，土地也非常便宜。而上海无论是劳动力成本，还是地价，都比宁波高出很多。而鄞州、奉化长期有缝制衣服的传统。笔者在调研中得知，20世纪80年代早期，鄞州、奉化两地的农家在女儿出嫁时，一般都会购置缝纫机作为嫁妆，可见当地的裁缝制造流程的普及状况，这些女子基本不需经过特殊的培训就能很快成为熟练的服装工人。即使现在大量的外来员工进入宁波服装工厂之后，许多企业在采访中仍然抱怨外地工人的生产效率和技术水平赶不上本地工人。加上宁波籍红帮裁缝为这些乡镇企业带来加工业务和技术指导，使宁波服装乡镇企业得以快速成长起来。

4.2.2 乡镇服装企业中的上海师傅

改革开放初期，随着国家政策的变化，宁波乡镇农村的办厂热也随之兴起。由于服装企业的设备要求比较简单，进入门槛比较低，成为许多村办企业或镇办企业的第一选择。而奉化和鄞州两地红帮裁缝很多，他们大多在上海国营服装企业工作。到了20世纪70年代末80年代初，这些师傅大部分已经接近退休年龄。在做了大半生的裁缝手艺之后，不仅有着丰富的技术经验，也有一定的销售渠道。作为宁波人，他们对家乡有一种天然的亲情感。

宁波人正是看到了红帮裁缝这个宝贵资源，想尽一切办法与上海的红帮师傅建立联系。除了红帮裁缝祖籍宁波之外，宁波服装业早期的发展还有一种重要资源：奉化和鄞州两地有许多来自上海的知识青年。据奉化服装商会副会长阮华成先生介绍："20世纪80年代，有许多上海、宁波市区的知识青年来奉化插队（奉化当时属于农村）。他们来了以后，地方政府为了发展地方经济，经常问这些知识青年在上海或宁波有没有亲戚，可以帮助本地发展经济。当时在奉化有2000~3000名知青，以来自宁波和上海的知青为主。在来自上海的知青中，有一些知青的父母在上海服装名店中从事缝制工作，这些名店包括培罗蒙、启发、开开等，比如其中有一个叫江开中的知青，其父母就是上海一个服装名店的师傅。"（访谈资料，2006-07-05-A）许多服装乡镇企业利用上海的知识青年，将这些已经退休的红帮裁缝师傅请到奉化，来做服装工厂的技术顾问或技术指导。据不完全统计，约有300多位上海师傅参加了宁波服装业的创业活动（钱茂伟，1999）。

这些红帮师傅除了提供技术上的支持外，还在宁波服装企业的发展早期从上海带来了大量的加工业务。正是这些红帮师傅的积极参与，为宁波服装企业的跨越式发展指明了方向，提供了经验，成为极为重要的"方向标"和"助推器"，大大缩短了规模企业形成的周期。红帮师傅在宁波几家著名服装企业的发展历程中所起的作用是最好的证明，详细情况见表3-5。

表3-5 宁波服装企业中的红帮师傅

宁波服装企业	上海的服装企业或服装店	主要红帮师傅
雅戈尔集团	上海开开、上海人立服装店	王良然、夏定国、柴建明
杉杉集团	上海春秋服装公司	孙富昌、陈菊堂、李峰
罗蒙集团	上海培罗蒙、春秋服装公司	余元芳、陆成法、董龙清
培罗成集团	上海纺织局、上海培罗蒙	陆成法、陆梅堂和陆宝荣

资料来源：笔者根据企业访谈资料整理所得。

雅戈尔集团股份有限公司的前身"青春服装厂"，不仅与上海开开衬衫公司实行过产销联营，还于1992年聘请了红帮老师傅、上海人立服装店副经理奉化人王良然等两位师傅为技术顾问，"人立"还经常派技术人员来公司指导，帮助安装生产线。在雅戈尔着手转型生产西装时，王良然鼎力相助给予技术上的支持。此后，雅戈尔又聘请了红帮技师夏定国和柴建明为雅戈尔西服厂技术指导，这两位上海师傅为雅戈尔西服品牌的提升与业务发展作出了积极贡献。

杉杉集团的前身"宁波甬港服装总厂"，在1980年的建厂方案中有这样一段话："鄞县素称红帮裁缝之乡，盛名于世，生产呢绒服装历史悠久，技术力量有基础。据摸底，县内现有红帮裁缝退休老师傅50人左右，新厂一建立，即可聘为技术辅导人员"❶。在甬港服装厂建厂之初，就聘请上海红帮老师傅陈菊堂回家乡工作，继而又聘请红帮技师鄞县人李峰为技术科长。这样，由红帮传人为主体组成的技术力量，使"甬港"建厂后就得以迅速投产，以从事西服加工为主，并制作中山装等呢绒服装。时任上海春秋服装公司经理的鄞县人孙富昌给"甬港"以积极支持，第一次就向"甬港"下达中山装3000件的业务加工合同。后来在市场上流行化纤西装时，"甬港"再度与春秋服装公司合作，由孙富昌出面邀请南京路上的"王兴昌"、"裕昌祥"、"鸿翔"和西藏路上的"北京"等21家服装店，到宁波参加订货展销会，做成生意400多万元。

罗蒙集团从江口镇的镇办企业起步，建厂伊始，"罗蒙"就聘请余元芳、陆成法、董龙清等红帮老师傅担任企业高级技术顾问。据说当时企业没有汽车，就开着拖拉机到上海接师傅们回乡授艺。1985年"罗蒙"产品定型后，也找到了上海春秋服装公司经理孙富昌，不但在春秋服装公司经销罗蒙西服，还把"罗蒙"介绍给其他服装经营商家，从而使罗蒙西服打入上海市场。

培罗成集团有限公司起步于1984年，建厂之初就与上海纺织局合资创办培罗成西服厂，并邀请红帮前辈、高级技师陆成法来厂指导，并委以技术厂长的重任，后来在陆成法的推荐下，又请来了陆梅堂和陆宝荣两位红帮师傅进行技术把关。在上海培罗蒙西服盛销时，红帮嫡传、经理江辅丰又与"培罗成"合作，让其为"培罗蒙"加工西服。

一直到现在，宁波服装业的拳头产品是西服和衬衫，而这些服装企业最早就是傍靠上海发展起来的。宁波现在的西服企业"罗蒙"和"培罗成"，仅从名称上就可以看出这两家企业与上海培罗蒙的紧密联系。

5 本章小结

服装制造业劳动密集型的特征，决定了服装制造业的国际转移趋势，迄今为止，已经发生了三次大的服装业转移浪潮。改革开放，为我国沿海地区承接

---

❶ 宁波市政协文史委. 宁波帮与中国近现代服装业. 北京：中国文史出版社，2005：第160页。

最近一波的国际转移提供了有利条件。服装业国际转移与改革开放一起促成了我国沿海服装业的快速发展。但是，沿海地区服装业的集群特征，需要从企业的地理临近及关系临近去理解。由于服装业集群所在的地区，拥有丰富的企业家资源，但是，在改革开放前，这些宝贵的资源受到了严重的压制，改革开放后，这些地区的企业家精神得以释放，这些民营企业家之间因存在同乡、邻居、熟人或者亲戚等社会关系，使服装企业从一开始就具有地理临近及组织临近特征，通过聚集作用的累积循环效应，最终在沿海地区形成星罗棋布的服装业集群。

另外，服装业集群的形成，与地方政府，特别是乡镇一级的政府对乡镇服装企业的支持存在密切联系。这些支持不仅体现在地方政府放任民营服装企业发展，而且还体现在政府直接支持和推动地方服装业的发展上，最直接的体现是政府举办交易会、筹建服装专业市场。这些支持措施，对地方区域服装品牌的形成、完善地方服装业集群的支撑体系具有明显的作用。

在全球服装业国际转移及我国服装业改革开放中所形成的宁波服装业集群，与该区域的红帮裁缝的历史渊源密不可分。这些来自上海的宁波籍红帮师傅，为宁波服装业集群的早期发展，不仅带来了大量的加工业务，而且还提供了必要的技术指导。因此，考察我国服装业集群的形成及升级过程，还需要从本地特定的产业环境去深入探究。

第四章
服装业集群的升级压力及方向

在全球服装业的国际转移及国内服装业市场化改革的宏观背景下，我国沿海地区形成了大量的服装业集群。虽然这些集群从诞生之日起，就身处于激烈的竞争环境。但是，这些集群通过引进先进设备、创立国内服装品牌，在危机与抗争中不断发展。随着国内外宏观环境的变化，这些集群再次处于危急关头，面临着诸多挑战，集群该走向何方？

要回答这个问题，首先需要认清这些压力和挑战的真正来源，本章跳出单纯就挑战论挑战的分析局限，从分析全球服装业的等级结构出发，得出我国服装业集群所面临的挑战，根源于全球服装业的金字塔式等级结构，然后以宁波服装业集群的升级过程为例，考察了服装企业在压力面前，加强设计能力，发展自我品牌的选择过程。

1 我国服装业集群所面临的挑战

我国沿海服装业集群，在我国拥有劳动力成本优势的基础上，依靠同行业企业的地理临近及专业化分工，以价廉物美的服装产品不断在国际服装市场上摧城拔寨，为我国服装制造业带来了持续繁荣。然而，随着国内外经济环境的变化，服装产业集群面临着许多现实的挑战。

1.1 成本上涨的压力

1.1.1 劳动力成本不断上涨

近几年来，我国沿海服装业集群的成本优势呈现弱化趋势。据德国一家公司对世界纺织服装工人工资的调查资料，1998年中国在被调查的58个国家中，列第52位，在2000年调查的54个国家中列第48位。中国纺织服装的劳动力成本虽然仅为日本的2.6%；美国的4.8%，与这些国家相比，中国在纺织服装劳动力成本上仍然具有明显优势。但是，中国纺织服装制造业的主要竞争对手不是这些国家，而是印度、巴基斯坦、印度尼西亚等，与这些国家比较，中国工资成本已经不具有优势。1998年，我国纺织服装工人的工资水平已经超过印度和巴基斯坦，2002年已经是印度的1.12倍，巴基斯坦的1.86倍，这两个国家在低附加值的大众化产品上开始成为中国最强劲的对手❶。这些国家依靠自身的劳动力成本优势已经开始进军国际服装市场，国外服装出口订单随时可能转移到这些国家，我国在全球服装价值链中的地位极有可能被这些国家取而代之。

近年来长三角、珠三角等地区的"劳工荒"在服装行业中最为明显。笔者在调研中，经常看见服装企业的门口张贴着各种类型的招工广告，一些服装企业不得不提高工人的工资、福利待遇来吸引工人。过去那种工人主动找上门、企业不愁工人的状况，对众多服装出口加工企业而言，已经一去不复返。

1.1.2 土地成本上涨，简单的服装加工难以承受不断攀升的土地价格

沿海服装业集群是我国经济最为发达的地区，随着经济的不断发展和快速增长，这些地区的土地资源日益紧张，地价不断攀升。然而，这些服装业集群中大多是中小型加工企业，甚至是一些加工作坊式企业，这些企业最近一段时期在"劳工荒"及跨国公司不断验厂的情况下，迫切需要土地改善工厂设施、改善职工生活设施。但是，土地资源短缺及不断攀升的地价，使这些加工企业很难承受。

比如笔者在温州、东莞、宁波等服装业集群调研时，受访企业最常提及的挑战就是劳动力成本上涨及土地短缺。在温州，服装企业缺乏土地非常普遍，特别对那些一直以量取胜的外贸企业来讲，每一寸土地都显得特别珍贵。在这种情况下，虽然许多服装企业已开始到中西部投资建厂，但是，从长远来看，这种依靠国内转移的方式，并不能从根本上解决这种困境。

1.1.3 人民币升值使服装出口加工企业的出口价格下降，成本上涨的压力更为突出

自2005年7月21日人民币汇率机制调整以来，人民币升值已经超过3%，而且从我国高额的外汇储备和国际压力等因素分析，人民币升值压力仍然很大

---

❶ http://www.wernertex.com.

《2005-2006中国服装行业发展报告》，第140页）。我国沿海服装业集群，乃至整个服装行业的外贸依存度很高，平均利润率低❶，特别是那些完全依靠出口加工生存的中小型服装企业，人民币升值直接降低了这些企业的出口加工价格。一方面，劳动力、土地甚至包括原材料成本在不断攀升；另一方面，人民币升值同时降低了企业的出口价格，两种力量结合起来，不仅服装企业的利润明显减少，众多服装加工企业的生存也成了问题。

另外，除了我国自身经济环境带来上述困境外，全球服装制造业的竞争也对我国服装业集群提出了挑战。特别是随着印度、越南、墨西哥等地区服装制造水平的不断提升，使服装出口价格面临下降的压力。据海关统计，1998~2002年，我国出口服装的单价连续五年呈下降趋势。2003年平均单价是2.30美元，比1997年的平均单价2.95美元下降了0.65美元（《中国纺织工业年鉴》，2003）。

1.2 配额纠纷、社会责任及技术壁垒

1.2.1 配额纠纷造成订单转移

按照"乌拉圭回合"结束时达成的《纺织品服装协议》，服装贸易配额本应该于2005年1月1日起正式取消。但是，在其他国家结束配额限制的情况下，美国与欧盟利用WTO的纺织服装保障条款，继续对我国纺织服装实行配额限制，使我国服装出口处于更加不利的地位。与欧美继续对中国实行配额限制相比，由于印度、越南、墨西哥等国家的服装企业不受配额限制的约束，许多国外服装采购商开始将原本在我国加工的订单，转移至这些地区。

另外，我国的服装出口，不仅受到美欧等发达地区的贸易配额限制，而且也引起其他一些服装出口国及生产国的联合抵制，针对我国纺织服装的贸易壁垒频繁发生。据不完全统计，2004年针对我国纺织服装的贸易摩擦共计16起（《2004-2005中国纺织工业发展报告》，第9页）。

1.2.2 社会责任制度

20世纪90年代初的跨国公司行为守则，以世界驰名服装品牌为线索而展开。随着跨国公司全球外包的盛行，位于发展中国家，特别是一些出口加工区

---

❶ 根据《2005-2006中国服装行业发展报告》所提供的资料。中国服装行业的外贸依存度高达60%，服装行业的平均利润率只有3%~5%（《2005-2006中国服装行业发展报告》，第140页）。

内的分包工厂所存在的"血汗工厂"频繁曝光,服装行业中工作时间长、工资低、强迫加班、性别歧视、缺乏职业健康保护等滥用劳工的问题,引起了广泛关注。一些西方国家的消费者、非政府组织、工会组织、学生组织等开始发起对跨国公司的批评,要求跨国公司在全球扩展及谋求最大经济利益的同时,必须承担其包括劳工权益保护在内的社会责任。在这些运动的压力下,为了维护品牌形象及市场竞争的需要,许多服装、鞋业及玩具品牌商与零售商纷纷制定"公司行为守则"(corporate codes of conduct)。

社会责任制度的推行,直接改变了服装业集群中的加工企业与全球服装采购商的关系。集群中的服装生产加工企业,需要经过更加复杂、更加严格的社会责任标准认证,才能成为品牌企业的供应商。服装加工企业,需要按照社会责任守则的要求,在工人的工作条件、生活条件及工资待遇等方面通过跨国采购商的社会责任认证或者验厂。这些要求自然增加了服装企业的成本开支,对工人及企业的长远发展应该说不无好处,但是,在全球服装业的等级结构中,这种成本的增加并不能通过出口价格的提高而消化,导致服装加工企业处于不利地位。

1.2.3 技术壁垒

纺织品在前处理和染整过程中,要接触大量的化学品,而纺织品又与人体健康和环境安全息息相关,所以限制和禁止纺织服装产品的有害化学品,在欧盟及美国的技术法规和标准中日益受到重视。

长期以来,由于我国纺织工业技术比较落后,相关的法规和标准不够健全,加之国内的纺织服装企业对这方面的规定不够重视,缺少有关的管理和检验手段,在近几年中的服装出口中,频繁出现出口服装与进口国的规定相抵触,给许多服装出口带来了不必要的损失。

上述有害化学物质的限制,有些技术要求确实是出于保护生态环境及消费者的安全和健康的需要而制定的。但是,在关税被大幅削减,各种非关税壁垒也在逐渐被拆除的情况下,也有许多国家以保护生态环境和人类健康与安全为名,利用这些技术标准来构筑贸易壁垒,对服装出口国设置障碍和变相的限制,从而达到保护本国服装企业的目的,并将其作为该国扩大其他主要产品出口的谈判筹码。比如纺织服装中的重金属残留量均是微量级的,有10多种重金属的含量均限制在10^{-6}数量级,无法用一般化学试验室的常规方法进行定量分析。苏南一家服装厂出口的服装曾经因拉链用材含铅量过高而损失10万美元,最终导致企业破产❶。

习惯了低成本战略的我国服装企业，与这些新的技术标准还有很长的距离，需要快速提升产品的技术水平及标准意识。中国消费者协会于2001年对标有纯棉免烫字样的衬衣进行了抽样检测，部分样品中甲醛含量远远超过我国正在制定的贴身衣服的甲醛含量标准。北京市消费者协会检测了24种针织童装，有1/3的甲醛超标，最高的超过标准2倍。由于环保质量问题，中国海关每年退回的服装达几十亿美元（赵广飞，2002）。

总之，从改革开放至20世纪末，在国内巨大的服装市场需求和全球服装制造业转移的宏观背景下，沿海地区服装业集群依靠集群优势及体制优势，加上我国整体上的劳动力成本优势，经历了一个快速发展的时期。但是，近年来，随着国内外宏观环境的变化，沿海服装业集群开始面临"内忧外困"的双重夹击。在国内宏观环境方面，沿海劳动力成本、土地成本逐渐上涨，原有的体制优势正在弱化，低成本的服装加工逐渐向西部转移。在国际竞争方面，人民币升值、配额、社会责任要求、不断的贸易摩擦等使服装业集群中出口企业的生存环境更加险恶。此外，在国内服装市场上，一些国际大牌纷纷抢滩中国市场，加快了进入中国高端市场的步伐，挤压服装业集群中的国内品牌企业。另外，印度、越南等低成本国家的服装制造业正在快速崛起，它们不仅拥有劳动力成本优势，而且在配额方面更具优势。在这些压力和挑战面前，升级成为这些服装业集群的唯一选择，但是，应该向何处升级？如何升级？这正是本章及下文重点讨论的问题。

2 全球服装业的等级结构

上述升级压力其实已经很早受到国内许多服装研究者的关注，但是，从前文的国内文献综述可以看出，这些研究文献虽然对我国服装及服装业集群所面临的各种挑战进行了分析，并提出了各种应对策略。但是，这些文献大多局限于就困境论困境，就压力论压力，或者仅仅从单个集群的案例出发，就集群论集群，没有将我国服装业或服装业集群所面临的压力和困境，放入全球服装业整体结构及发展的宏观背景中去分析，因此，无法解释这些困境和压力的真

---

❶ 徐朝春，等. 绿色壁垒挑战中国企业.《中国企业报》，1999年07月02日。

正来源，对集群和产业的升级方向自然也就只能提出一些非常零碎的措施和对策。

笔者以为，我国服装业集群所面临的上述压力和挑战，只是一种表层现象，要分析我国服装业集群的升级问题，需要从全球服装业的结构及发展趋势出发，分析我国服装业集群在全球服装业结构中所处的位置，然后才能认清服装业集群的升级方向及战略选择。

2.1 全球服装业金字塔式的等级结构

全球价值链一个最大的理论贡献，就是将商品的生产分成不同价值环节，来分析地方的产业升级问题，从而突破了原有传统产业升级过于强调产业之间的结构转换。格利菲的全球价值链研究指出，商品链各个环节的增加值会在"某些区段最大，而这些区段则通常具有新厂商进入面临高壁垒的属性"（Gereffi，1999，p43）。即使是过去一直被看做劳动密集、低技术的服装业，在服装业的内部同样存在资本密集、高创意的环节，如服装设计、品牌营销、销售渠道构建以及供应链管理等。全球价值链理论根据不同环节进入门槛的高低，分析了地方产业在价值链中的位置，为讨论地方产业或产业集群的升级，提供了非常有价值的启示。

因为服装业中每个环节进入门槛的高低不同，使得承担不同环节的企业或区域获得不同的价值和利润分配。从服装业各价值环节进入门槛的高低看，当今的全球服装业属于一种典型的金字塔式结构。由于高级时装的设计及加工基本全部集中于少数几个发达国家，全球服装业的等级结构主要体现于成衣业，如图4-1所示。

在等级结构的顶端，是数量相对较少的跨国服装零售商及品牌营销商，这些企业虽然自己并不拥有任何制造工厂，但依靠对品牌设计、营销环节的控制，能够在整个生产网络中处于领导地位，组织、协调着整个服装生产网络的运行，因此，它们占据了服装生产网络中的绝大部分增加值。通过品牌营销网络的控制，这些服装领军企业不仅获得了巨大的增加值，而且对潜在的进入者构筑了巨大的进入障碍，使发展中国家的服装制造企业很难进入这些高附加值环节。在等级结构的底端，是数量众多的小型服装加工企业或家庭手工作坊，这些企业一般只能通过与当地一些较大的服装制造企业建立转包关系，从事最简单的服装制造环节。

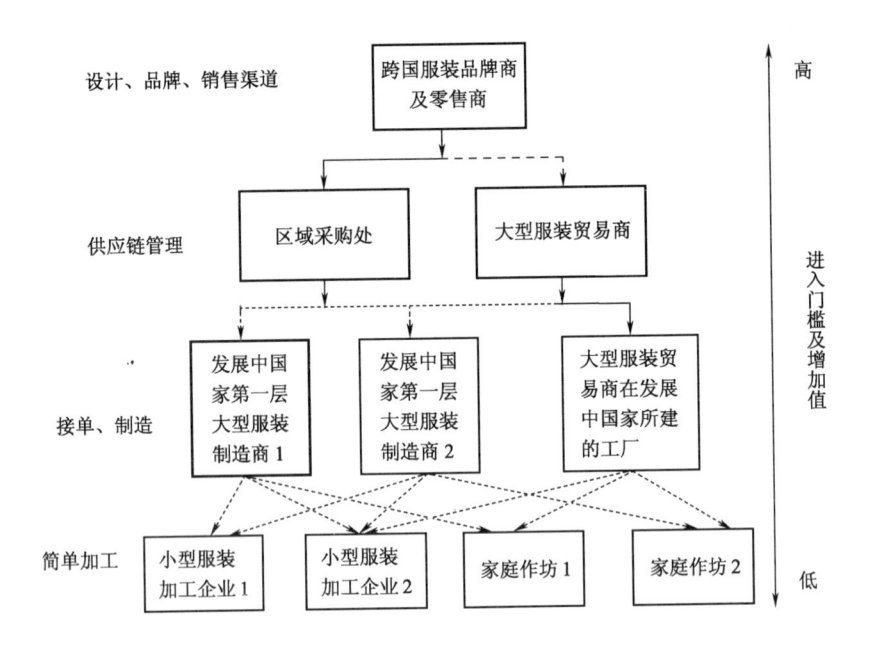

```
设计、品牌、销售渠道          跨国服装品牌商
                              及零售商                              高

供应链管理        区域采购处        大型服装贸易商                    进
                                                                   入
                                                                   门
                                                                   槛
接单、制造    发展中国      发展中国      大型服装贸             及
              家第一层      家第一层      易商在发展              增
              大型服装      大型服装      中国家所建              加
              制造商1       制造商2       的工厂                  值

简单加工   小型服装   小型服装   家庭作坊1   家庭作坊2              低
           加工企业1   加工企业2
```

图4-1 全球服装业的等级结构

———表示所有权控制   -----表示非所有权控制，跨国零售商通常倾向于通过在国外建立办事处方式采购服装，而品牌商通常通过国外贸易商进行全球分包

全球服装业的这种等级结构，可以从有关服装业各个环节价值分配的研究结论中得以体现。比如一件印度生产的男式棉质衬衫，从纤维到完成制造整个过程，只占有了44%的增加值（图4-2），而下游的零售企业占据了剩余56%的增加值（Meenu Tewari，2005）。

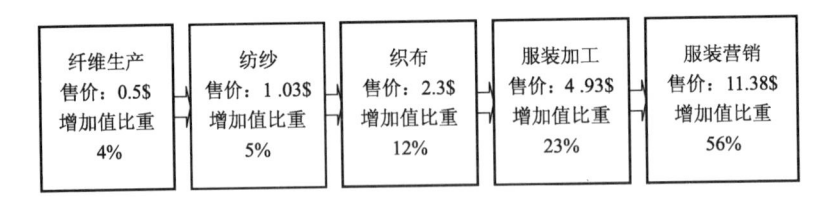

纤维生产	纺纱	织布	服装加工	服装营销
售价：0.5$	售价：1.03$	售价：2.3$	售价：4.93$	售价：11.38$
增加值比重 4%	增加值比重 5%	增加值比重 12%	增加值比重 23%	增加值比重 56%

图4-2 印度男式棉质衬衫各环节价值增值分布

资料来源：Meenu Tewari: The Role of Price and Cost Competitiveness in Apparel Exports, Post-MFA: A Review, Indian Council for Research on International Economic Relations Working Paper, No.173, p29, November 2005, Website: www.icrier.org，经作者修改。

20世纪80年代，特别是90年代以来，全球服装品牌及营销的集中化趋势，使全球服装业的等级结构更加突出。全球零售业，特别是美国及其他发达国家零售业的大规模重组，使各种细分零售市场均由少数几个大的品牌企业及零售企业所控制。其中，服装零售业的重组过程最为明显，1987~1991年期间，美国服装市场上最大的五家服装零售企业占整个服装零售市场的比重从35%上升至45%（Dickerson，1995，p452）。1995年，美国最大的五家零售企业占整个服装零售市场的比重达到了68%，另外24家零售企业的年销售额都在10亿美元以上，它们占据了美国服装零售市场的比重达到了30%（Finnie，1996，p22）。服装零售业的产业集中化趋势同样出现在英国、德国等欧盟国家（Dickerson，1995）。

服装营销企业的这种产业集中化趋势，直接增强了这些营销企业在整个服装生产网络中的讨价还价能力。服装零售的重组，提高了进入服装销售渠道的进入门槛，使服装制造商在全球服装业中的相对地位下降，最终表现为整个服装生产网络呈现一种由服装销售企业主导的等级结构。在当今的服装市场中，随着电视媒体及其他网络通信的普及，大众消费受到广告媒体的影响日益增强，服装品牌的创立和维护需要巨额资金投于广告营销，而且还需要具备准确把握服装消费市场的能力。

不仅如此，服装品牌的塑造还需要一定的历史沉淀。发达国家不仅在消费文化方面主导着全球的消费潮流，而且品牌企业一般已经经历了几十年、甚至上百年的历史沉淀，品牌已经成为一种巨大的无形资产。正是这种无形资产，对潜在竞争者构成了巨大的进入障碍。

2.2 全球服装业的领军企业

在全球服装业中，大致有三类领军型企业：大型服装零售商、国际知名服装品牌商以及服装供应链的管理者。这些厂商对整个服装生产网络的协调运行具有关键作用，并在价值和利润分配上处于相对有利地位。而且前两类还可细分为不同的类型，见表4-1。

表4-1 全球服装业中主要领军企业类型及与供应商的关系

企业类型	典型企业	产品质量	价格	品牌类型	采购量	对供应商的要求	与供应商的关系
折扣店	Wal-Mart、K-Mart、Target	一般	低廉	大众品牌	巨大	低价、及时交货	依附型或价格驱动

续表

企业类型	典型企业	产品质量	价格	品牌类型	采购量	对供应商的要求	与供应商的关系
大卖场	Sears、VF、J.C.Penny、Lands End	较好	中等	中档	较大	质量、及时供货、价格	较为稳定
百货公司	Dillards、Bloomingdales、Marks and Spencer、Macy's、Nordstrom	种类较多，平均质量较大卖场更好	中、高	中高档	较大卖场采购量小	质量、有一定设计能力、产品种类多、供货及时	稳定
一般品牌商	Benetton、Old Navy、Gap、Banana Republic、Ann Taylor、Abercombie and Fitch、Nike、Levi's	高	高	国际著名品牌	中小	质量、具备打样制板能力、逐渐承担设计职能	经常、密切的交流，长期合作关系
高档时装品牌	Ralph Lauren、Donna Karan、Armani、Gucci	非常高	高	全球奢侈品牌	小	品质、共同设计、拥有多种技能	紧密合作关系

资料来源：笔者根据格利菲文献（Gereffi，1994，p112；Gereffi，1999）中提供信息进行整理归纳所得。

①全球知名的服装品牌商，如Benetton、Old Navy、Gap、Nike、Levi's、Ralph Lauren、Armani、Gucci等。这些服装品牌商现在很少、甚至根本就不从事具体的服装制造，它们的主要职能是创造、维护品牌，进行产品研发设计，通过在全球范围内分包加工制造业务，对国际分工生产体系发挥协调作用。与大型服装零售商相比，这些服装品牌商采购的服装档次和质量更高，相应的价格也更高，对供应商的技术能力和快速反应能力的要求也更高，因此，与大型服装零售商的供应商相比，品牌商的供应商所面临的价格竞争要小得多。

不过，还可以根据每次采购的规模和供应时间，将这些知名服装品牌商进一步细分为一般品牌服装及高档时尚品牌服装。像Benetton、Old Navy、Gap、Nike、Levi's等就属于第一种类型，而Ralph Lauren、Armani、Gucci等则属于第二种类型。这两种类型的品牌服装商，虽然都与供应商维持比较长期的供应关系，但是高档品牌与供应商的关系更加稳定，而且需要与供应商密切交流与合作，不仅单次订单的数量较小，而且对交货日期要求相对比较高，因此，只有很少的供应商才能满足要求，这些供应商所面临的价格竞争压力也比较小。

②大型服装零售商如Wal-Mart、K-Mart、Sears、J.C.Penny、Marks and Spencer等。这些大型服装零售商一方面拥有熟知发达国家消费市场的优势，拥有遍布全球的服装销售网络；另一方面注重利用全球服装业为其提供货源，培育具有特色的市场竞争力结构。由于发达国家占全球服装衣着等软产品消费市场较大份额，这类零售商通过向产品供应系统传递终端市场信息，通过选择货源提供地点和供货厂商，对服装全球生产网络的运行产生重要作用。这些服装零售商与前面的服装品牌商相比，一般没有自己的服装品牌，即使最近一些服装零售商开始推广自己的服装品牌，但与前面的服装品牌商相比，这些服装品牌都属于较低层次。服装设计并不是这类服装零售商的主要优势，它们主要依靠销售渠道及遍布全球的服装供应网络在全球服装网络中取得领导地位。

同样，根据产品档次的区别，还可以进一步将这些零售商分为三种类型：折扣店（如Wal-Mart、K-Mart）、服装大卖场（如Sears、V F、J.C.Penny）、大型百货公司（如Marks and Spencer、Dillards）。其中，折扣店所售服装最为便宜，每次采购的数量也最大，因此，对供应商的生产成本非常敏感，相对而言，后两种零售商所售服装档次较高，每次采购的服装量比折扣店要少，对及时供货要求相对较高。这三种零售商中，大型百货公司所售服装档次最高，经常有一些著名服装品牌的专柜。

③第三类是承担供应链管理（Supply Chain Management，SCM）角色的厂商，这类厂商以前可能是发达国家服装品牌的制造商，如美国的Sara Lee、Phillips-Van Heusen、Levi Strauss）。随着服装品牌商将国外订单转移到国外，发达国家的品牌服装制造商失去了原有的客户，一些企业为了继续求得生存，利用原来在服装制造上所积累的经验，开始职能转向，通过从服装品牌商中获取订单，然后再到国外采购原材料、监督管理生产、组织服装物流配送，成为联结服装品牌商与服装制造商的桥梁，承担供应链管理职能。

另一类型的供应链管理企业为东亚地区的服装制造企业或贸易企业，如利丰集团。20世纪80年代以后，随着亚洲"四小龙"经济的不断发展，土地、劳动力成本开始快速上涨，原来为国外服装品牌企业提供制造服务的企业不再具备成本优势。这些企业开始将服装加工大量转移到中国大陆、印尼等成本更低的国家或地区，在东亚地区内部形成新的区域服装生产网络。在这个网络中，这些企业依靠过去为品牌企业提供制造服务所积累的经验和信任关系，从国外服装品牌企业获得订单，但是，在获得订单后，这些企业自己并不从事许多实际的服装制造活动，而是将这些服装订单的加工制造环节转包给东亚的服装加工企业。这类企业与美国服装制造企业一样，成为联系众多亚洲服装生产企业与欧美等服装采购商之间的桥梁。

中国香港利丰集团（Li & Fung）是这类企业的典型代表。利丰一方面与众多欧美采购厂商的所有者和经理人员具有广泛联系；另一方面对亚洲各国服装制造商的生产能力、技术特长、业务习惯有较多了解，依托对服装生产网络中关键节点信息资源的掌控，对全球供应链的运行发挥协调作用。到目前为止，利丰已与全球数千家供货商建立了网络关系，而且这个供应网络还在不断地扩展。

中国香港利丰集团将全球划分为七大经济体系：大中华、东盟、印度、欧洲、日本和韩国、非洲、美国及墨西哥。利丰以中国香港为基地，在七大经济体系内40多个国家建立了69个采购办事处，例如利丰生产一件衣服，公司可从韩国购买纱线，在中国内地进行纺织漂染，然后到泰国进行最后的缝制，并使用一家日本公司的拉链，从而形成一种全球服装供应链。利丰集团在这个全球服装供应链中，可能自己并不拥有制造工厂，而只是充当供应链的管理者和协调者。像利丰集团这类服装供应链管理者除了要拥有网络信息这类核心资源外，还需要提供"产品开发、采购、融资、运输、后勤和物流"等服务功能（利丰研究中心，2003，第2~3页）。

2.3 金字塔式结构与服装业集群升级的方向

金字塔式结构表明，全球服装业已经不再是制造取胜的产业，该产业的核心环节是服装设计、品牌、营销渠道等非制造环节。全球服装价值链的领军企业，也不再从事服装制造环节，而是依靠品牌、设计、营销渠道或者供应链管理，控制着全球服装价值链。与上述这些环节相比，制造环节的进入门槛相对较低，更多低成本地区或新企业的不断进入，直接对现有地区或承接制造环节的企业带来了巨大压力。

对集群中已经具备一定实力和规模的企业，应该逐步推出简单的服装加工，加强品牌、渠道及设计环节的投入，或者向更高档次的服装制造转型。集群中的龙头企业重点转向品牌、设计等环节后，可以利用原有的客户资源及大企业的优势，继续承接国外加工订单。但是，承接订单并不一定需要企业继续从事加工制造，相反，可以利用集群中现有的大量中小加工企业，将订单转包给这些企业，并对这些小企业进行技术指导和帮助，提升这些企业的技术能力。这样，集群中的企业可以各自发挥自己的优势和资源，形成一种良性的竞合关系。

全球服装业结构虽然为集群中的企业指明了最终的升级方向，但是，并不等于集群中所有企业都应转向品牌、设计和营销环节。企业的升级策略必须与企业现有的资源相匹配。大量中小企业在管理水平、资金实力等方面还都处于早期积累阶段，与大企业相比，这些企业在服装的简单加工方面不仅具有成本优势，而且掉头快，灵活性高，可以在承接大企业的加工业务中不断壮大实力，并逐步实现制造流程及产品升级，再向功能升级转换。宁波现有国内服装品牌企业，过去同样走过了简单加工——品牌、设计这样的道路，甚至一些企业已经开始走上了多元化的升级之路。

3 宁波服装业集群的升级历程

前文全球服装业的结构分析表明，简单的服装加工进入门槛相对较低，从事这些环节的企业面临的竞争压力最大，宁波服装业集群在形成早期，虽然主要承接国内市场的服装加工，但是，集群中的加工企业在升级压力下，同样经历了一个由简单加工到自主制造，最终到一些企业实现自主品牌的升级过程。

3.1 宁波服装企业加工模式的演变

20世纪80年代是宁波企业的起步阶段，也是一个为上海服装企业或商店进行加工的时代。即使是为上海服装企业进行业务加工，宁波服装企业也经历了两个不同的阶段：一是纯粹加工，二是联营。

纯粹加工一般要严格按照上海服装企业或服装店的要求进行简单加工，自己没有独立的销售权，加工业务非常不稳定，双方一般只是临时性的合约伙伴，服装加工完成后，必须运到上海商店由其销售，服装加工企业赚取很少的加工费，缺乏自主权，很容易受到商海的波动。两类企业之间的分工关系如图4-3所示。

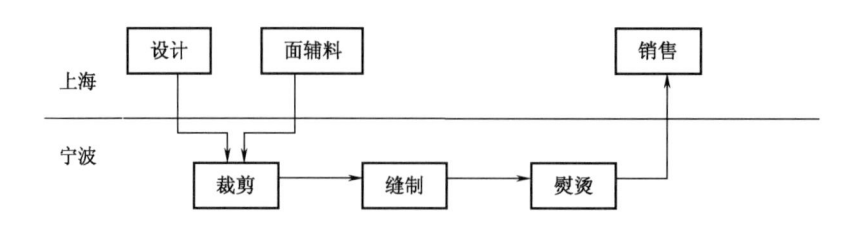

图4-3 纯加工时期宁波与上海服装企业之间的分工

在计划经济主导的时代，上海服装的"前店后厂"模式，一直延续到20世纪80年代末。在当时的背景下，上海的服装企业或者服装店大多还是国营体制，缺乏主动开拓全国市场的动力，一般都是等外地的客户主动上门来采购服装，因此，上海服装企业的市场范围相对很小，主要以上海市场为主。宁波服装企业要进一步发展，必须进一步扩大市场范围，于是许多企业开始由纯粹的加工转向与上海服装企业联营。所谓联营，其实是一种挂靠关系，由于当时供销体制的计划色彩很浓，服装销售完全掌控在国营服装企业手中，普通乡镇企业无法直接进入销售流通领域。在这种情况下，宁波服装企业通过挂靠关系，向挂靠的上海服装企业交纳一定的商标费，从而获得挂靠企业的商标自主进入国内市场的权利。虽然宁波服装厂在名义上属于上海某某服装厂的分厂或联营厂，但两者之间很少具有真正的所有权关系，无论是在生产经营方面，还是市场销售方面，宁波服装企业基本上都享有独立企业的权利。

在实行联营后，宁波服装企业基本上独立完成服装生产的所有环节，包括设计、面辅料采购、缝制以及销售。由于当时我国的服装市场需求层次普遍较低，西装和衬衫的设计相对较为简单，而这些联营服装企业已经具备了简单的设计能力，加上退休红帮裁缝的技术指导，宁波联营服装企业的服装质量比较有保证，这样，除了在品牌商标上依赖上海服装企业之外，宁波服装企业基本上摆脱了对上海服装企业的依赖。

与上海国营服装企业相比，宁波的服装联营企业经营机制非常灵活，市场开拓的动力很强，在交纳协定的联营费用之后，企业开始走南闯北，主动推销自己生产的西装和衬衫，在国内服装需求较为短缺和西服热的市场环境下，宁波服装企业开始走上快速发展的轨道。这时，上海与宁波服装企业之间的分工也发生了变化，如图4-4所示。

20世纪80年代的中国经济，总的来说，是计划色彩浓，市场色彩淡。所有的经济活动，也是计划经济特色的。在这种环境下，联营为宁波企业的服装销售提供了宝贵的渠道，在消费者品牌意识很弱、服装需求市场普遍短缺的情况下，自创品牌还没有引起宁波服装企业的足够重视，只是到了90年代中期以后，宁波服装企业才开始走上了自创品牌的道路。

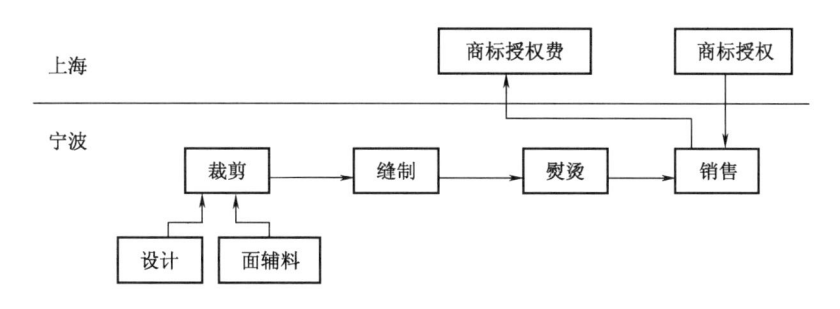

图4-4 联营时期宁波与上海服装企业之间的分工

3.2 宁波服装企业的设备改造与技术提升

在为上海服装企业加工时期，宁波服装企业依靠的是"红帮"传统制造流程。在许多乡镇服装加工企业成立之初，经常依靠的是职工自带的缝纫机和剪刀、熨斗等传统的缝纫工具，依靠红帮师傅的言传身教掌握缝纫制造流程，因此，这个时候的服装生产大多建立在手工基础之上，生产规模很难快速扩张。

进入20世纪90年代之后，国内服装市场再度繁荣起来，为了能在快速扩大生产规模的同时保证产品的质量，许多宁波服装企业开始加大技术改造的力度，在设备引进上投入大量的资金。率先引进德国杜克普先进设备及美国先进设备的甬港服装总厂（杉杉的前身），依靠这些先进设备，在市场上首先推出了"轻、薄、软、挺"的西装，获得了巨大成功，在杉杉的带动下，罗蒙、雅戈尔、培罗成、一休、洛兹、太平鸟等企业都开始在技术设备上进行了巨额投入，开始与现代大工业接轨、与世界先进生产制造流程接轨。

雅戈尔为了从衬衫向西装制造扩张，从德国、意大利、日本等国引进了具有国际水准的西服生产专用设备，与意大利公司进行技术合作，邀请专家前来指导，同时选派全厂最有管理经验的车间主任去欧洲培训，接受国外先进的管理经验，不断在员工中开展技术轮训，终于在1995年制造出了薄料西装。为了开发免烫衬衫，雅戈尔公司斥资380万美元引进了世界最先进的VP免烫设备，并于1999年7月安装投产，使雅戈尔成为国内首家生产国际先进水平的免烫衬衫企业。

1991年，罗蒙筹措资金2000万元，建造新厂房，引进先进生产线。为了提高产品档次，解决后道工序处理难题，又投资1500万元，配备了德国、意大利生产的立体整烫机和面料预缩机等服装生产关键设备。1995年，又从德国、意大利进口一批特种设备。

一休、太平鸟等企业也开始在20世纪90年代中期大力投资于设备改造，一休仅1995年就投入2600万元，引进了国外先进设备170余台，使生产的硬件上了一个台阶，确保了生产设备的优势。太平鸟也于1995年投资近千万元，从日本引进两条生产线，新建3500多平方米的标准厂房。

现在，许多较大的服装企业已经完全摆脱了早期的手工生产方式，成功过渡到了先进的大工业生产时代，在服装制造流程和技术装备上，宁波服装企业已经赶上了发达国家的制造水平，为宁波服装企业的品牌之路奠定了坚实的硬件基础。

3.3 宁波服装企业的品牌之路

尽管在20世纪80年代后期，宁波服装业就产生了几个部优品牌，如罗蒙牌西服、迷霞牌西服、申迷西服、老K西服、培罗成西服、西湖春牌衬衫等都获得过部优奖。奉化衬衫厂早在1982年就申请到了"西湖春"商标，宁波甬港服装总厂在1984年也申请到了"杉杉"商标，但是，这些商标一直没什么大的用处，因为在这个市场快速扩张、需求极其短缺的年代，老百姓生活水平还不高，考虑较多的还是温饱问题，不可能考虑什么名牌服装，因此，这时的品牌和商标基本上不值钱。这些部优产品，也是建立在传统的技术、质量评价上，和市场需求没什么关系，因此，一直到90年代早期，宁波服装业基本处于一个无意识的品牌初创期。

但是，从20世纪90年代早期开始，许多服装企业投入到了轰轰烈烈的创名牌活动之中，成为这一时期宁波服装业的最大特点。宁波服装企业的品牌之路与当时我国经济的发展与国内服装市场的整体环境密切相关。进入90年代以后，中国经济有了较大的发展，老百姓富裕起来了，有钱买衣服了。另一方面，"经过十多年的生产，中国告别了商品匮乏的时代，进入到商品相对过剩的时代。商品多了，老百姓有一种眼花缭乱、手足无措的感觉；同时，随着生活水平的提高，一部分先富裕起来的人和一部分追求个性的年轻人，需要借助服装来显示自己的身份和地位，衣服也逐渐成了一些人社会地位的标准。这时，需要有广告、有名牌加以引导。"（雅戈尔集团负责人访谈录音资料）。

加强广告投入，提升产品知名度和服装产品的档次，建立完整的销售渠道，成为宁波服装企业在新的市场环境下的主要营销方式。正如雅戈尔一位负责人所说："20世纪80年代由于市场短缺，那时候只要吃苦，肯卖力气，用简单的工具生产的衬衫也很畅销；进入90年代，市场相对饱和，服装业要发展就得多动脑筋，引进先进设备和管理经验，构筑完整的营销网络体系，实施名牌战略。"（雅戈尔集团负责人访谈录音资料）

20世纪90年代早期，电视台播商品广告虽然已经开始，但是服装广告还不多见。杉杉在对市场进行了调查之后，决定走创品牌之路。当时举债6万元，在电视台打出了"杉杉西服、不要太潇洒"的广告。由于杉杉的质量和款式都比较好，加上当时领先的广告营销，杉杉西服一下子出了名。在杉杉成功的品牌营销带动下，宁波服装企业的不少厂长、经理逐渐改变了观念，走上了创牌之路。1990年，"北仑港"变成了"雅戈尔"，罗蒙在1991年开始进行品牌宣传。1993年，永丰布厂打出了博洋的牌子，1994年兼并一家国营服装厂之后，打出了唐狮牌休闲衬衫。1993年，宁波针织厂瞄准服装空档，引进了浙江首条休闲服生产线，打出了布利杰T恤，很快走红市场。1994年，洛兹制衣公司制定了"名牌精品化"战略。太平鸟也于1995年实行品牌战略，开发休闲服装，在宁波服装界开辟了一个新的领域。

3.4 宁波服装领军企业的多元化战略

经过二十多年的发展，宁波集群中已经出现了一些实力较强、国内品牌影响较大的服装领军企业。由于服装品牌培育过程具有长期历史积淀的特征，短期内企业还无法改变国际服装市场由西方企业所控制的局面下，一些大型服装企业在继续从事国内品牌经营的同时，正逐步向其他产业拓展。这些服装集团企业不仅经营服装生产，还向贸易、医院、房地产、纺织等其他行业发展。这里仅以杉杉为代表来分析宁波大型服装企业的多元化趋势。

现在的杉杉企业已经由20世纪80年代的小型国有企业，发展成为一个拥有众多分公司、涉足多种产业类别的上市公司。形成了以资本为纽带、由杉杉投资控股有限公司名下的全资、控股、参股的大型企业联合体。资产关系是杉杉企业的基本生产关系，杉杉企业总体上形成以"控股公司、产业集团、产业公司"三级构架为基础的企业组织结构，如图4-5所示。

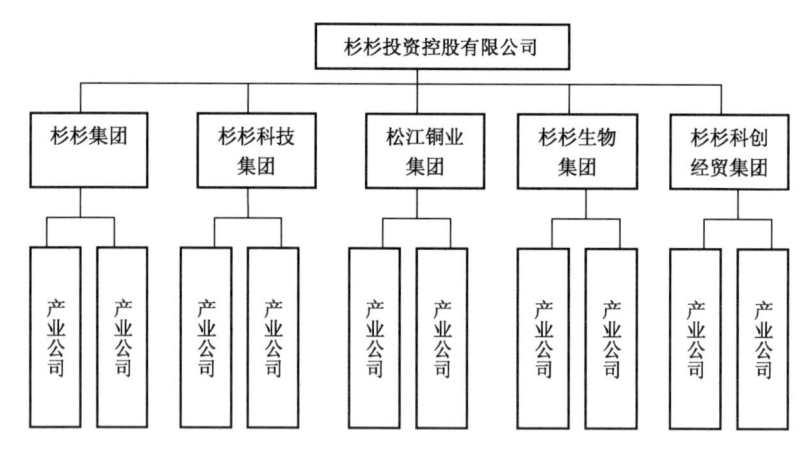

```
                    杉杉投资控股有限公司
    ┌──────────┬──────────┼──────────┬──────────┐
  杉杉集团   杉杉科技   松江铜业   杉杉生物   杉杉科创
             集团        集团       集团      经贸集团
  ┌──┬──┐   ┌──┬──┐   ┌──┬──┐   ┌──┬──┐   ┌──┬──┐
  产业 产业   产业 产业   产业 产业   产业 产业   产业 产业
  公司 公司   公司 公司   公司 公司   公司 公司   公司 公司
```

图4-5　杉杉企业的多元化组织结构

资料来源：杉杉企业网站：http://www.shanshan.com/qiye2.asp。

随着企业的壮大，这些服装领军企业还利用品牌优势，向多种服装类别扩张，而且企业的空间范围也随之扩展，许多企业都在国内一些战略要地设立了分公司。如作为杉杉控股的杉杉集团，是杉杉企业中以服装、服饰、纺织品等产业公司为基础构建的时尚产业集团，该集团分别在上海、宁波、北京等三地设有多家分公司，如图4-6所示。

杉杉企业多样化经营、多区位布局的组织结构在宁波大型服装企业中具有一定的代表性。例如雅戈尔控股投资有限公司不仅涉及多种服装类别的经营，下属有中基宁波对外贸易股份有限公司、宁波雅戈尔进出口有限公司、雅戈尔置业有限公司、苏州雅戈尔富宫投资有限公司、宁波雅戈尔动物园等非服饰类分公司。在服饰领域，设立有雅戈尔衬衫厂、雅戈尔西服厂、雅戈尔时装有限公司，在面料领域，有雅戈尔日中纺织印染有限公司、雅戈尔针织有限公司、雅戈尔毛纺织染整有限公司、宜科科技实业有限公司等。2003年，雅戈尔旗下共拥有各类子公司近四十家，逐步确立以纺织服装为主、房地产和国际贸易为两翼的经营格局。

除杉杉、雅戈尔上市公司拥有多家子公司、实行多元化经营之外，太平鸟、罗蒙等都有相似的特征，如图4-7所示。从这些大型服装企业的组织结构可以看出，多服装品牌经营、多元化经营、企业集团化已经成为宁波大型服装企业的典型特征。

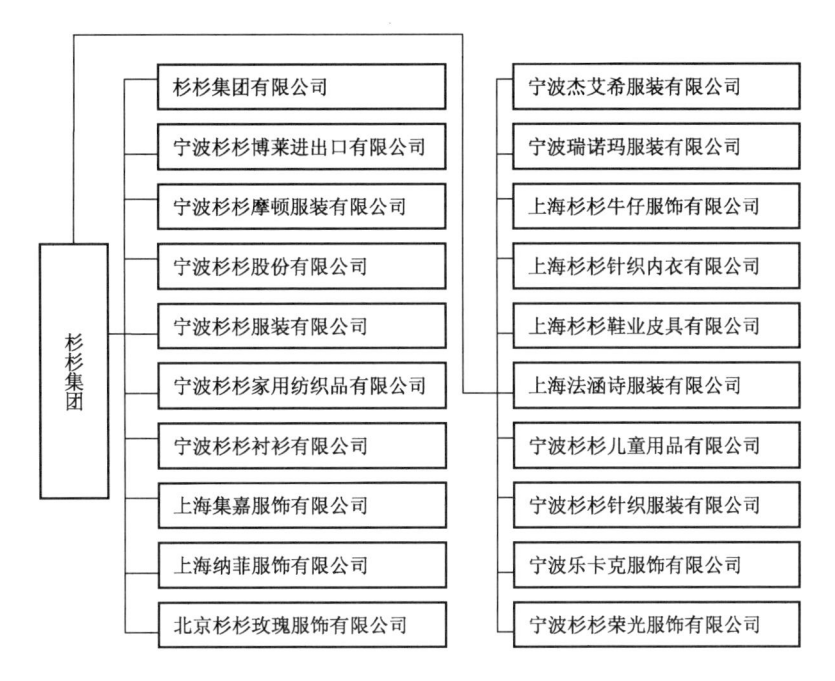

图4-6　杉杉集团的分公司及服装内的多元化

杉杉集团:
- 杉杉集团有限公司
- 宁波杉杉博莱进出口有限公司
- 宁波杉杉摩顿服装有限公司
- 宁波杉杉股份有限公司
- 宁波杉杉服装有限公司
- 宁波杉杉家用纺织品有限公司
- 宁波杉杉衬衫有限公司
- 上海集嘉服饰有限公司
- 上海纳菲服饰有限公司
- 北京杉杉玫瑰服饰有限公司
- 宁波杰艾希服装有限公司
- 宁波瑞诺玛服装有限公司
- 上海杉杉牛仔服饰有限公司
- 上海杉杉针织内衣有限公司
- 上海杉杉鞋业皮具有限公司
- 上海法涵诗服装有限公司
- 宁波杉杉儿童用品有限公司
- 宁波杉杉针织服装有限公司
- 宁波乐卡克服饰有限公司
- 宁波杉杉荣光服饰有限公司

资料来源：杉杉企业网站：http://www.shanshan.com/qiye2.asp。

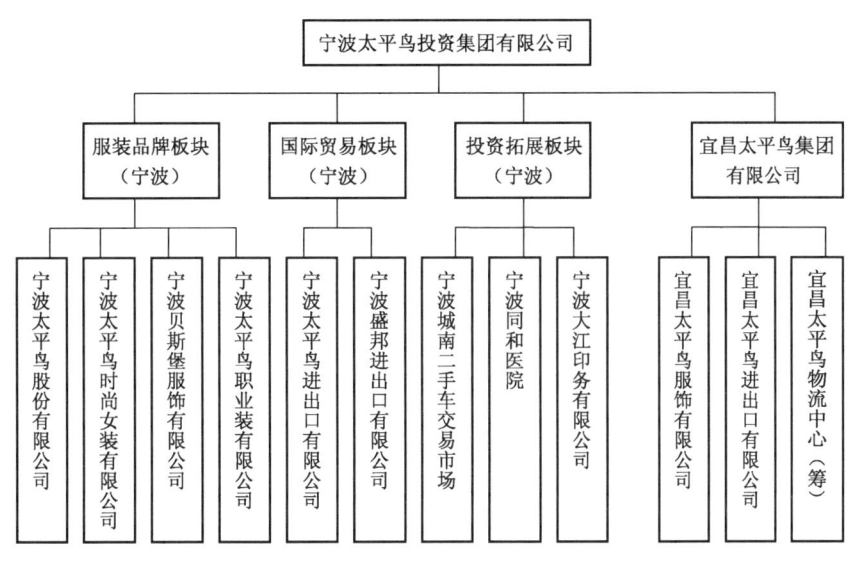

图4-7　太平鸟的多元化组织结构

宁波太平鸟投资集团有限公司
- 服装品牌板块（宁波）
  - 宁波太平鸟股份有限公司
  - 宁波太平鸟时尚女装有限公司
  - 宁波贝斯堡服饰有限公司
  - 宁波太平鸟职业装有限公司
- 国际贸易板块（宁波）
  - 宁波太平鸟进出口有限公司
  - 宁波盛邦进出口有限公司
- 投资拓展板块（宁波）
  - 宁波城南二手车交易市场
  - 宁波同和医院
  - 宁波大江印务有限公司
- 宜昌太平鸟集团有限公司
  - 宜昌太平鸟服饰有限公司
  - 宜昌太平鸟进出口有限公司
  - 宜昌太平鸟物流中心（筹）

3.5 宁波服装业集群的新困境

正如全国服装业集群所面临的挑战一样，宁波服装业集群在经过二十多年的发展之后，也面临许多新的困境。包括近期劳动力成本的不断上涨（现在普通工人的工资一般为1200~1300元左右）、人民币的不断升值、出口配额纠纷以及土地、原材料价格上涨等。一些企业为了降低生产成本，开始到中西部地区投资设厂，见表4-2。

表4-2 部分受访企业外地设厂情况

外地设厂企业名称	外地设厂时间	外地设厂的地点
雅戈尔集团	2004年	重庆市南案区
狮丹努制衣有限公司	2005年	江苏省淮安市淮阴区
长隆国泰有限公司	2005年	江苏省淮安市淮阴区
太平鸟集团	2002年	湖北省宜昌市
洛兹服饰有限公司	2002年	湖北省秭归县
巨鹰集团	2003年	新疆维吾尔自治区阿克苏市

资料来源：根据笔者调研资料整理所得。

在成本不断上涨的压力下，通过到中西部投资设厂，将一些服装制造转移到中西部地区，固然可以使服装企业得以依靠中西部地区的低成本继续维持生存。但是，对于这些服装业集群，或者服装业集群中的企业而言，向中西部转移无法根本解决成本压力所带来的挑战。因此，一些企业除了向内地投资设厂，转移制造环节之外，同时也开始了一些战略性的升级策略。这一内容将在第六章进行详细讨论。

4 本章小结

改革开放以后，我国服装业集群，特别是沿海地区的服装业集群，经历了二十多年的快速发展时期。但是，随着国内外经济环境的变化，我国服装业集群面临成本上涨、配额纠纷、社会责任等诸多挑战。现有的相关文献大多从具体的挑战来讨论服装业或服装业集群的升级问题，而忽视了我国服装业集群所在的宏观结构。本章的全球服装业金字塔等级结构分析表明，我国服装业集群当前所面临的上述诸多挑战，从根本上来源于全球服装业金字塔式的结构。

长期以来，我国服装业集群依靠企业之间的地理聚集和专业化分工，在降低成本、提高供货时间方面取得了显著成效，从而在全球服装制造业中赢得了一席之地。但是，面对前述种种挑战，我国服装业集群需要进一步升级，不仅要在全球服装价值链中学习和提升，还需要促进企业、机构、政府等多种集群主体之间的合作，升级政策的目标，应该在继续促进集聚经济的基础上，加强集群中企业对设计、品牌、营销渠道等高附加值环节方面的投入和支持。否则，这些服装业集群将面临转移和空心化的危险。

宁波服装业集群是改革开放以来我国服装业发展的一个缩影。宁波服装业的发展及产业集群的形成具有特殊的区位优势及历史传统，即靠近上海、"红帮"渊源以及民间浓厚的缝纫传统氛围。在二十多年的发展历程中，宁波服装业集群经历了从纯粹加工、联营到自创品牌的历程，在国内品牌服装及国际服装制造业方面取得了巨大的成功。从总体来看，宁波服装业集群中领军企业的发展历程，基本走过了一个由简单加工向品牌营销、设计转变的升级过程。

第五章
服装业集群的本地网络

1 产业集群本地网络的理论讨论

1.1 有关本地网络的理论讨论

本地网络的概念可以追溯到1979年的生产系统概念及后来的地方生产系统概念。费里克森和林德马克提出，生产系统由生产某种最终产品时，所发生的一系列联系所组成，这些联系既可能发生在企业内部，也可能发生在多个企业之间（Fredriksson and Lindmark，1979）。后来，经济地理学者为了突出全球化与地方化两种力量的互动关系，在生产系统概念的基础上，提出了用地域化的概念[①]，并用地域化程度及国际流动程度两个维度将生产系统划分为四种不同类型，试图用生产系统的地域性强度来解释一些区域在全球要素流动日益增强的国际化背景下，能持久维持竞争力而很难被其他区位替代的现象（Storper，1997），即马库森所谓的区域黏性（Markusen，1996）。

20世纪70年代末80年代初，在西方发达国家传统的工业区普遍面临衰退的背景下，美国硅谷及意大利、德国等国家的某些地区，却出现了与大势相左的良好态势。一些研究者发现，这些地方都是由小企业聚集而成，企业之间既竞争又合作，即密切联系为特征的地方网络，是这些区域经济迅速增长的重要原因（Bacattini，1978；Piore and Sabel，1984）。随着对地方网络研究的逐渐深入，一些研究者分别从不同的角度来寻求地方网络与区域发展之间的联系。

[①] 地域化即经济活动对本地关系依赖的程度。换句话说，地域化是由于专业人员和技术的稀缺以及关系的特殊性，使生产吸引到一些地方，而其他地方无法替代（王缉慈，等. 创新的空间——企业集群与区域发展. 北京：北京大学出版社，2001：第44页）。

以斯多波为代表的"新的产业空间学派",受经济学中的交易成本理论的启发,认为在市场需求不确定的条件下,为了减少技术锁定、劳动力囤积以及生产能力过大的风险,生产需要外部化。而外部化自然增加了企业之间的交易费用,企业需要空间上聚集以降低交易费用。进而认为,本地化的生产协作网络通过降低社会交易成本,促进企业之间的合作,有利于提高地方企业的快速反应能力(Storper,1989)。

"新的产业空间学派"从投入产出关系所引起交易费用出发,强调了地方网络降低交易成本的重要作用。但是,一些研究者认为,单从降低交易费用、增加企业灵活性方面解释地方网络对区域发展的作用,忽视了地方网络在提高企业创新活力方面的重要影响。于是,区域创新环境、区域创新系统等开始将产业的空间聚集现象与创新活动联系起来(Bramanti and Maggioni,1997;Asheim,1994;Cooke and Heidenreich,1998)。创新环境指出了地方网络对企业创新的重要性,但这些学派反复强调的创新环境究竟是什么,地方网络促进创新的机制是什么,这些研究者并没有给予回答,最终落入了同义反复——有创新环境的地方有创新,而创新环境存在于那些有创新的地方(王缉慈等,2001)。后来的区域创新系统理论,采用网络分析方法,对区域创新网络的各种主体的网络关系进行了理论分析,但是,也仅限于对各个创新主体进行描述性的分析,最终还是没有在"为什么有的地方存在创新系统,而有的地方却没有"这个问题上做出满意的解释。

20世纪90年代以波特为代表的战略管理学派,基于联系促进企业创新和效率提高的思想,提出了产业集群概念和钻石模型(波特,1990)。第二次世界大战后,主流经济观点陷于一般的生产要素禀赋解释经济发展,尽管要素禀赋对经济的发展还存在一定影响,但是,在决定工资和生活标准方面的作用减小了。随后,规模报酬递增的竞争观点开始获得主流经济学的重视,但是,在经济全球化的时代,规模的影响本身也在减弱,因为全球市场的形成,减少了本地市场规模的重要性。于是波特认为,要素禀赋和规模报酬递增都是基于静态的、降低成本的竞争观点之上,而实际中的竞争是动态的,是在创新和寻求差异化战略的基础上,因此,与客户、供应商和其他机构的密切联系不仅对于提高效率来说是重要的,而且对于促进技术创新也非常重要(Porter,2003)。

区域发展问题至今仍是一个众说纷纭而没有解的议题。然而,上述有关地方网络文献的核心思想可以分为两个层面：首先，地方网络的本质是相关企业及机构的联系与互动；其次，这种联系与互动不仅能够降低企业的交易费用，提高市场的快速反应能力，还能促进企业的技术创新和技术学习。

1.2 地方集群在全球价值链中的升级讨论

制造业的全球分工在20世纪80年代开始加速，在贸易自由化、交通信息技术革命大大降低跨界交易费用的背景下，发达国家传统的垂直一体化企业纷纷采用分包（outsourcing）、外购（offshoring）及海外直接投资方式，将制造环节逐渐转移到发展中国家，形成所谓的全球价值链或全球生产网络（Gereffi and Korzeniewicz，1994；Dicken，1997）。然而，制造业在全球尺度上呈现离散分布格局的同时，由于集聚经济的作用，在发展中国家的许多地区，又形成了新的产业集聚，恩斯特将这种聚集现象称为"分散的集中"（Ernst，2002）。尽管发展中国家的这类产业集聚现象和发达国家先进的产业集群很不相同，但往往同样称为产业集群（Schmitz，2002；Bair，2001）。

由于这些国际制造业转移背景下形成的产业集群，大多融入跨国公司的全球价值链中，于是，一些区域研究者借用全球价值链升级理论，试图从集群的全球联系，来分析集群在全球价值链中的学习和升级过程（Dolan and Humphrey，2000；Rabellotti，1997；Schmitz，1995）。与早期的产业集群研究重视地方网络的分析不同，这些研究主要分析集群中的企业与跨国公司的联系，讨论跨国联系如何影响企业的技术学习及升级机会。例如多兰在对非洲农产品集群的研究中，发现了英国超市对集群中的企业有很强的控制地位（Dolan and Humphrey，2000）。

舒米茨等在巴西的鞋业集群研究中，发现美国的采购商进入该鞋业集群后，集群中的大企业数量增加，企业的产品质量及制造流程虽然有了明显的改善和提高，但是，许多企业放弃了设计和营销环节，仅集中标准化的制造环节。当我国鞋业出口给该集群中的企业造成价格下降、集群中企业面临升级压力时，集群中的企业协会虽然准备采取一些集体行动提高设计能力和在国外市场的品牌形象，但是该计划却遭到本地一些大型鞋业制造企业的反对而无法付诸实践。因为一个大型国外采购商占据了这些大企业80%的产量，他们害怕提高设计能力及品牌营销会直接与国外采购商形成竞争关系，使国外客户撤销订单（Schmitz，1995b；1999）。

巴基斯坦外科器械设备集群的升级研究发现，发达国家的领军企业可以通过国际标准ISO 9000等来规范该集群的产品出口，即巴基斯坦集群中的企业要出口德国，首先需要通过这些标准认证（Nadvi and Halider，2002）。

上述文献分析表明，现有对发展中国家产业集群升级的研究文献，虽然采用了产业集群这个概念，但并没有在研究中体现地方联系的内涵。相反，研究普遍将重点放在全球联结与集群中企业技术能力的提升或策略的关系探讨上。笔者以为，尽管发展中国家的集群普遍存在跨国联结，而且这些联结确实对集群中的企业有重要影响，但是，在研究集群升级时，不应该忽视集群本地联系的讨论，否则，只能是全球价值链中的企业升级或产业升级讨论，而不是产业集群升级讨论。

其实，在我国许多服装业集群中，虽然企业确实通过加入全球采购商的服装供应链，但同样存在密切联系、分工合作的本地网络，而且集群的支持机构也在不断完善之中。如笔者所调研的东莞虎门和大朗的服装业集群，企业之间不仅存在大量的分包、转包联系，而且拥有比较完善的本地支撑体系，如本地的专业市场、协会、运输公司、担保机构等，如图5-1、图5-2所示，这些本地网络对本地企业的创新和技术学习，起着非常重要的作用。

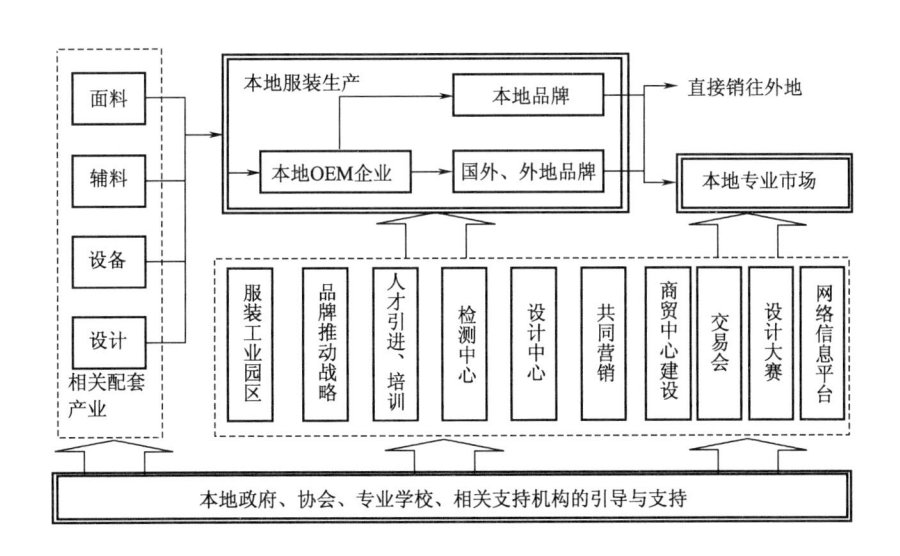

图5-1 虎门服装产业集群的地方联系

资料来源：笔者根据实地调研资料绘制。

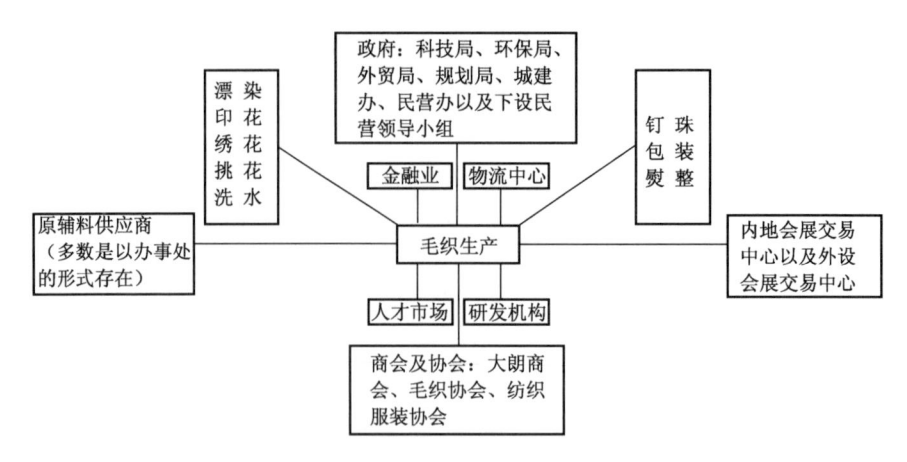

图5-2 大朗毛织产业集群的地方联系

资料来源：笔者根据实地调研资料绘制。

2 宁波服装业集群中企业之间的水平联系与升级

这里的水平联系是指从事相同环节或活动的企业之间直接或间接的产业联系，既包括企业之间直接的物质联系，如相互转包、人员流动、资金借贷等，也包括间接非物质联系，如设备技术信息的扩散与模仿、管理技巧或市场信息的扩散等。水平企业之间既可能存在主动的合作关系，也可能因相互竞争而使行业的整体水平相对其他地方提高得更快。

2.1 水平企业之间的技术、信息扩散与学习

产业集群理论表明，同行业企业或竞争对手集中于某地时，会产生扩散效应，这样有助于本地厂商经常觉察各种生产要素的需要，并积极投资，刺激这些生产要素的形成。激烈的竞争环境，可以鼓励厂商不断体验环境，并很快在同行业中快速扩散，从而带来地方行业整体水平的提高（波特，2003，第127页）。

宁波服装产业集群中水平企业之间的技术、信息扩散和学习十分普遍。在宁波服装业集群的早期形成阶段，许多服装企业就是依靠本地学习而起步的。这种本地学习主要表现在以下几个方面：

首先，在引进上海红帮师傅方面的相互学习。奉化及鄞县两地拥有许多祖籍本地的上海红帮师傅，当少数企业聘请红帮师傅获得可观的收入后，本地有

经济头脑的人也开始寻找各种关系和渠道，聘请家乡的红帮师傅进行技术指导，联系业务。正是依靠这种模仿和学习，吸引了上海上百位红帮师傅。

其次，在设备引进方面的相互学习。在技术设备上，宁波服装企业在全国较早引进和应用CAD/CAM技术、FMS（柔性制造系统）技术，拥有自动裁剪机、开袋机、绱袖机、立体组合整烫机、自动吊挂传输系统和悬挂系统等先进专业设备。最先引进先进设备的是当时的甬港服装总厂（现杉杉的前身）。当时，在纺织工业部的支持下，斥资70万美元，率先引进德国杜克普的先进生产设备一套，又投入18万美元从美国引进了部分先进设备。在杉杉的带动下，规模较大的企业开始从国外引进黏合机、高速平缝机、锁眼机等先进设备，使得产品档次逐渐趋向高档、优质。

再次，经营模式的扩散及相互学习。宁波服装企业经营模式的每次重大变革，都与领先企业的创新与后进企业的模仿密切相关。从早期第一家为上海服装店加工的服装企业建立开始，在不到一年的时间内，宁波就诞生了上百家为上海加工的服装企业。到后来一些企业与上海服装企业联营，又使许多企业相互模仿，在宁波服装界刮起一股联营浪潮。进入20世纪90年代中期后，杉杉开始了品牌战略，雅戈尔、罗蒙、博洋等也相继采取了相似的品牌战略，比如杉杉开通"杉杉号"列车冠名权之后，罗蒙、培罗成等相继开通了"罗蒙号"、"培罗成号"列车。杉杉、雅戈尔导入企业形象，其他许多企业也快速跟进。所有这些充分表明，只要领先企业出现新的经营模式，很快就会引来众多企业的学习和模仿，从而在同一时间内出现众多服装品牌，这种传导机制如图5-3所示。

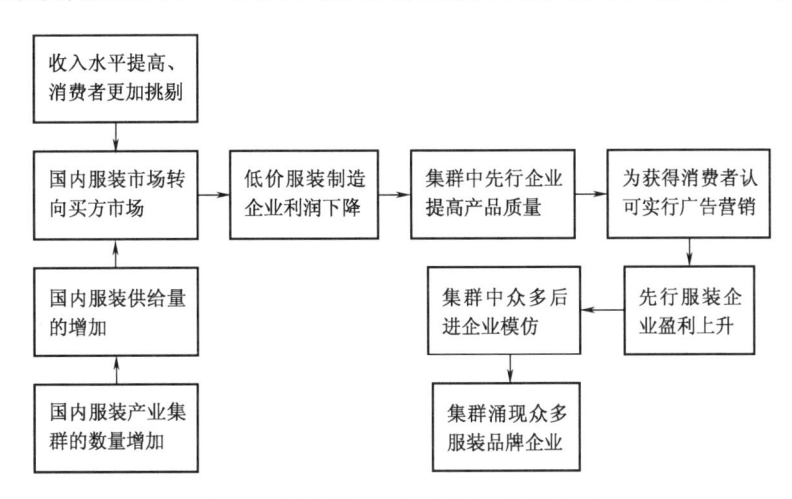

图5-3 宁波服装企业经营模式上的学习机制

先行企业的成功为后进企业提供了标杆，例如棒棒公司的崛起充分反映了这一点。棒棒内衣借鉴了杉杉、雅戈尔等服装企业的成功经验，一开始就制定了"六高战略"，即高技术设备、高质量制造流程、高速度投产、高起点公关、高渗透市场和高效益品牌。棒棒在投产之初，就花大钱引进了日本先进的针织设备，棒棒学习杉杉、雅戈尔重视质量与管理的经验，建立了一整套质量控制和管理的有关制度。棒棒在与雅戈尔和杉杉等领军企业进行比较后，基于自己资金实力较弱的现实，在营销策略上实行了特许加盟的经营模式，正是通过学习和借鉴领先企业的经验，棒棒内衣在很短的时间内就发展成为宁波服装业的又一龙头企业。

2.2 水平企业竞争中的差异化战略

服装企业的地理临近，不仅使企业之间在竞争中相互学习，以在激烈的竞争中寻求立足的机会，还促使企业在竞争中不断创新、努力寻求差异化战略。与孤立的企业相比，同行业竞争企业之间的地理临近，能够使企业更容易发现市场空档和潜在的机会，从而促进本地企业的创新活动。

2.2.1 产品差异化

早期的宁波服装业几乎是清一色的西装、大衣、衬衫三大件。但是，随着20世纪90年代中期休闲趋势的兴起，一批拥有敏锐嗅觉的企业家开始转向休闲服生产，这些企业以太平鸟、博洋、布利杰等为代表。同时，宁波还出现了像棒棒内衣、一休童装、仙甸女装等不同类别的服装企业。正是在地理靠近的服装企业相互比较中，这些企业转向了差异化战略。

2.2.2 经营策略差异化

宁波企业的差异化战略，不仅体现在企业产品差异化方面，同时还体现在经营策略的差异化方面。例如雅戈尔面对国内服装面料档次不高的现实，高举垂直一体化的战略，同时控制终端销售渠道。而杉杉则正好相反，在雅戈尔努力从事垂直一体化的同时，杉杉大胆实行一系列的"瘦身"举措，包括撤销大部分直营店，改为特许加盟，集中精力于品牌运营。雅戈尔进入房地产，杉杉大举进入高科技行业。

几乎每个企业在向竞争企业学习的同时，也在随时避免完全的模仿，尽力在激烈的竞争中寻找新的市场空隙。正是这些同行业竞争企业之间相互寻求差异化战略的努力，使得宁波服装产业集群在整体上呈现勃勃生机，从而避免了集群的"锁定"效应。

　　宁波同行业企业之间的竞争，促使企业努力寻求差异化，同时，同行业之间的学习与模仿，又使企业初期的差异化"无差异"，迫使企业再次寻求差异化，如图5-4所示。正是在这种不断循环中，宁波服装业集群得以走在全国服装业的前列。

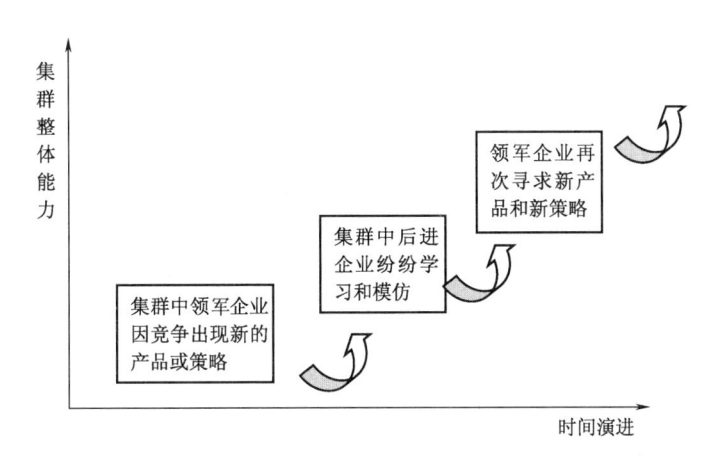

图5-4　水平企业之间的学习与差异化演进示意图

2.3　区域品牌及原材料市场

　　作为中国重要的服装基地和出口基地，宁波服装业在国内外都已经拥有了一定的知名度，宁波服装已经成为了一个有一定影响力的区域品牌。宁波服装区域品牌的形成，源自于众多服装企业的地理聚集，这种聚集又给服装企业带来了巨大的正外部效应。

　　区域品牌这种无形资产不仅给宁波服装企业带来了大量的加工业务，国外客户要到我国采购或者加工西装、衬衫或者针织服装时，便首选宁波。宁波服装已经成为了一张城市名片，不仅提高了宁波在国外采购商中的影响力，同时也提高了宁波品牌服装在国内消费者中的影响力。

　　另外，水平企业的聚集，还吸引了众多上游面辅料企业及服装设备企业前来设立销售点或办事处。宁波虽然没有绍兴柯桥那样的面料专业市场，但多数受访企业都承认，所需面辅料的采购基本都可以直接在本地完成。虽然宁波生产面辅料的企业不多，自供的面辅料极少，所需面辅料大多是外向采购。但是，由于宁波服装面辅料需求量大、品种多，外地的面辅料企业大多在本地设有办事处或销售点。据部分受访企业介绍，许多外省市面辅料企业会经常派销售员直接上门提供面料样品，面辅料的本地采购基本不存在什么大的困难。由于宁波的服装行业整体比较发达，企业总数和产量比较大，现在很多企业与面辅料供应商已经形成了固定的供应链，供应商在供应面辅料方面也有较为明显的规模经济，这对促进宁波整个服装业的发展，降低生产成本、提高经济效益大为有利。

3 宁波服装业集群中企业的垂直联系与升级

3.1 宁波服装企业垂直方向的分包关系

3.1.1 分层明显的分包结构

宁波共有服装企业2000多家，其中品牌企业大约为50多家，虽然无法全面获得每个企业的分包关系，但从所访谈的30家服装企业来看，分包在宁波服装行业中是一种普遍的现象，许多较大的服装企业一般都在本地有20多家分包企业。不过，根据服装产品的档次和质量要求，企业规模大小的差异，企业之间分包关系的密切程度和合作程度也不一样。

在宁波服装业集群中，企业之间的分包关系存在明显的分层结构。处于最上面的一些大型品牌服装企业或大型加工企业，大型品牌企业的实力相对较强，所拥有的资源较多，一般将资源集中于品牌经营和销售渠道，或者承接国外的大额加工订单。而大型加工企业，像申洲针织、甬南针织、狮丹努服饰、长隆国泰等，拥有多年与外商加工的经验和客户网络资源，因此，经常能够从国外客户中获得一些大额加工订单，这些加工企业除了承接国外加工订单之外，还承接宁波本地大型品牌企业的服装加工业务。

除了服装品牌企业和大型服装加工企业之外，宁波还有众多服装外贸公司。这些服装外贸公司以前主要承接国外的加工订单，然后再在本地寻找服装加工厂，从中收取中介费或者佣金。这些服装外贸公司过去凭借外贸权的垄断地位，在拥有国外客户资源、管理外贸业务方面拥有独特的优势。但是，随着国家外贸体制的改革，许多大中型服装企业拥有了独立的外贸经营权，能够直接向国外采购商承接加工订单，因此逐渐摆脱了对外贸公司的业务依赖。这些外贸公司在新的形势下，为了维持外贸业务，只能直接投资建加工车间，以赚取加工费来获取利润。

对于众多中小型服装加工企业，主要依靠从本地品牌企业或加工企业中获取加工订单来维持经营。这些企业因受资金、外贸人才方面的诸多限制，一般很难直接与国外大型服装采购商建立直接的分包关系。但是，因为这些服装企业的老板长期生活于本地，企业之间相互比较熟悉，能够通过熟人关系获取一定的加工订单，有可能经过一定时间的积累后，能够成长为具备一定实力的大型服装企业。长隆国泰的成长历程就是这种小型加工企业成长的典型代表。

长隆国泰曾经是一个纸箱厂，向狮丹努公司提供服装包装用的纸箱。因狮丹努的实力和规模较大，能够从国外获得大量的加工订单，有时手中的加工订单太多无法完成。多年与纸箱厂的业务合作，狮丹努的老板觉得纸箱厂的老板人品不错，诚实可靠而且思想比较活跃，因此建议并支持该纸箱厂转做服装加工，向该纸箱厂提供设备和技术人员支持，由纸箱厂为其加工外贸服装订单，因双方相互信任，业务发展很快。长隆国泰的厂房经过多次改建和扩建，现在不仅成立了外贸部，参加广交会，直接承接大量的外贸加工订单，同时还与狮丹努保持紧密的业务关系，面对本地成本上涨，与狮丹努一起在江苏淮阴共同建立了一个服装工业园。2004年底，长隆国泰已经成长为在本地拥有40多个外协加工厂，与全世界200多个品牌商合作，年出口额近3亿元的大型服装企业。除了发展外贸加工业务以外，长隆国泰已经意识到了品牌之路的重要性，开始申请了evergreen的商标，自创了莱迪尚、爱佛格林、精武小子等五个休闲服装品牌，并在西部地区开设了品牌专卖店和加盟商。

在宁波服装产业集群中，像这种通过承接本地企业的外包加工逐步壮大起来的服装企业并不少见。对于一些刚成立的小型企业，甚至是个体企业而言，既没有实力进行品牌营销，也不具备足够的规模和合格的外贸人才直接与国外大型服装采购商建立直接的业务联系，因此，只能依靠从本地大企业手中承接加工订单逐步壮大起来。因为企业之间经常属于同一个村或镇，相互之间比较了解，除了市场机制之外，还因相邻关系多了一份信任或长期合作的意识，使双方得以共同发展。

宁波服装企业集群中存在长期分包关系，并不表明这些分包关系不存在等级结构。相比而言，大企业在分包中拥有的议价能力更强，选择分包厂商的范围更广，相反，企业的规模越小，实力越弱，讨价议价的能力越弱，承担的加工业务越不稳定，加工产品质量、档次也越低。

3.1.2 企业战略与产品类别影响分包类型

根据笔者的实地调研发现，围绕本地龙头企业的本地分包网络大致存在两种类型：大规模外包及小量业务外包。前者以太平鸟、博洋、唐狮等休闲服企业为代表，这些企业的品牌服装基本上都不是由自己生产，而是大量外包给本地和外地企业。随着杉杉近几年转向虚拟经营，也开始在本地建立自己的外包网络。太平鸟在全国有1000多家外包厂，而且许多位于广州、福建等外省市，如图5-5所示。

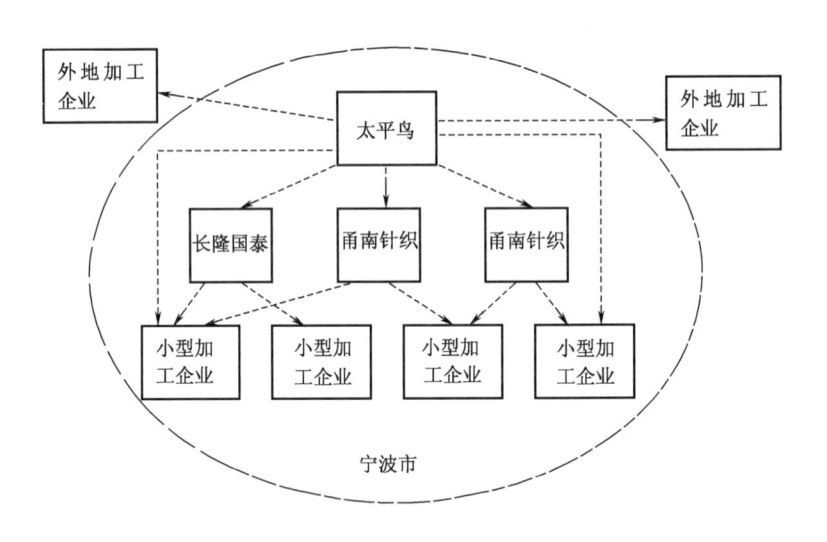

图5-5 全部外包或大部分外包型

----- 表示企业之间的产权独立

小量业务外包以雅戈尔、罗蒙等传统正装企业为代表，企业大多拥有多个分厂，如雅戈尔拥有十多个全资分厂或控股子公司，拥有自己的服装工业园，服装类员工达1万5千多人。罗蒙也在本地拥有自己的工业园，拥有近十家服装分厂，员工上万人。但是，这些企业仍然有一些小量的业务外包，如图5-6所示。

宁波市服装业集群上述分包类型的差别，与本地龙头企业的产品类别、战略定位及本地配套有密切联系，见表5-1。

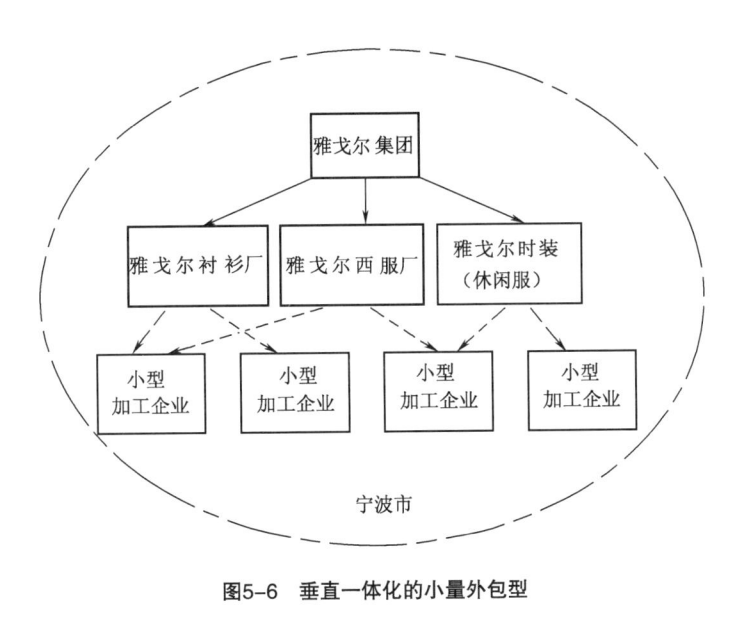

```
                    ┌─────────┐
                    │雅戈尔集团│
                    └────┬────┘
          ┌──────────────┼──────────────┐
          ▼              ▼              ▼
    ┌─────────┐    ┌─────────┐    ┌──────────┐
    │雅戈尔衬衫厂│    │雅戈尔西服厂│    │雅戈尔时装 │
    │         │    │         │    │（休闲服）│
    └────┬────┘    └────┬────┘    └────┬─────┘
         ▼              ▼              ▼
    ┌─────┐   ┌─────┐   ┌─────┐   ┌─────┐
    │小型 │   │小型 │   │小型 │   │小型 │
    │加工企业│ │加工企业│ │加工企业│ │加工企业│
    └─────┘   └─────┘   └─────┘   └─────┘
                       宁波市
```

图5-6 垂直一体化的小量外包型

———— 企业的所有权控制　- - - - ― 企业之间的产权独立

表5-1 两种分包类型及特征

分包类型	典型企业	主打产品及特征	战略定位	本地配套
大规模外包型	博洋、太平鸟	针织类休闲装，产品换代快，要求企业灵活反应，工艺技术相对简单	品牌运营、设计	休闲服装业发展较晚，本地配套比较缺乏，最近有所完善
垂直一体化、小规模外包	雅戈尔、罗蒙	西装、衬衫，市场需求相对稳定，技术要求比较复杂	品牌运营、营销渠道、生产	正装生产历史长、配套比较完善

资料来源：笔者根据调研资料归纳整理所得。

休闲服装，特别是针织服装的技术要求相对比较简单，产品换代的速度很快，无论是加工企业，还是品牌企业，市场需求的波动都比较大，因此相互分包的特征比较明显。加之这些企业大多为后起之秀，从一开始在生产上的厂房、设备规模都不大，因此，没有沉没成本的累赘。由于本地历史上主要以男正装生产为主，休闲、针织类服装只是近些年才发展起来的，本地的产业配套相对比较薄弱，也是太平鸟、博洋大规模向外地分包的重要原因。

与休闲服相反，西装和衬衫的市场需求相对比较稳定，制作制造流程，特别是西装的制作制造流程比较复杂，设备投入相对较大，这些品牌企业起步早,早期在服装制造方面有大量的厂房、设备投入,企业一般都自己建有生产车间,但随着本地产业配套的不断完善,一些企业如杉杉开始虚拟经营战略的挑战,最近也将很大一部分业务外包给本地的加工企业。

总的来看,小企业依靠加工起步,经过一定的积累和发展壮大后,一部分企业可能从事进入门槛更高的价值环节,如直接接外单,甚至创办自己的品牌,但这始终不会改变服装业集群中外包网络的等级分层结构。

3.2 垂直分包网络对宁波服装产业集群升级的影响

无论是正统的西装、衬衫,还是变化更快的休闲装、针织衫,服装产业与其他产业相比,企业所面临的市场不确定性和库存风险都要高很多,正是因为如此,才致使西方发达国家的许多服装零售企业或品牌企业纷纷将生产外包,采取虚拟经营的模式。

宁波服装产业集群中多种类型服装企业的地理聚集,形成了企业之间既相互竞争,又存在密切分工的地方网络,为服装业集群的整体升级提供了有利环境。这种促进作用具体包括以下几个方面:

3.2.1 提高了宁波服装行业对市场的反应速度

对于服装品牌企业和外包企业而言,很容易在本地找到满意的服装加工厂,因为企业之间的地理临近,对服装加工商的加工能力和技术都比较熟悉,因此能够根据产品的质量要求和供货时间,选择满意的服装加工企业。另一方面,多个品牌企业、服装外贸企业的地理聚集,也为众多服装加工企业提供了大量的加工业务。正是这种许多服装企业的地理聚集,使宁波服装企业,特别是外贸接单企业敢于承接各种类型、各种数量的服装加工订单。以下一位服装外贸加工企业的访谈资料很好地反映了这种地理接近的好处。

"因为宁波有2000多家服装企业,而且还不包括众多个体作坊式服装加工企业,因此我们可以很容易地找到合适的加工企业。虽然我们自己的加工能力并不是很大,但我们与众多加工企业有密切的联系,对各个加工企业的能力和特长以及各个加工企业的经营状况都非常熟悉。当我们与国外客户达成初步意向后,我们可以让加工企业在很短的时间内就做出样衣交给客户,由于加工企业对我们也非常熟悉,所以我们的要求只要一说他们马上就会明白。有时,即使我们暂时无法确定哪个加工企业符合客户的要求,但我们还是敢拿下客户的业务,因为宁波有2000多家服装企业,我们相信在宁波总能找到满意的加工企业。"（访谈资料，2006-07-03-B）。

在宁波服装业集群中，在某些大企业周围，经常可以找到数十家加工企业。例如以东方宏业为中心，在方圆五公里的范围内，有30多家绣花厂、20家印染厂和10家水洗厂。这些服装生产配套企业，为东方宏业针对客户的需求，做出快速反应提供了便利。另外，这些企业的负责人及管理人员之间非常熟悉，相互之间存在各种各样的社会关系，这些社会关系同时也影响着服装企业之间的分包关系。企业之间的分包活动经常不需要签订正式的加工合同，常常是打个电话或者在一些社会交往中就能商谈好业务，因此大大降低了交易成本，缩短了整个活动的交易过程，同时也减少了双方之间的信息损失，最终提高了对市场的反应速度。

3.2.2 分包联系为小企业提供了学习的机会

从上述的分包关系分析中可以发现，在宁波服装产业集群中，少数大型加工企业和服装品牌企业占有主导地位。众多小型服装加工企业大多成为品牌企业或大型加工企业市场波动的"减震器"，与大企业相比，这些小企业确实处于相对不利的地位。但是，企业的发展本身都是一个从小到大的过程，这些小型服装企业的创业者大多是一些农民，或者从原来工作的服装企业出来创业的打工者，不仅缺乏资金，而且对高层次的管理人才缺乏吸引力。这种情况下，这些小型服装企业不可能从一开始就能承接大量的加工订单，更不可能去创立一个知名的服装品牌，因此，承接小量加工业务自然成了这些小型服装企业的现实选择。

虽然与大型加工企业和品牌企业相比，这些小型服装加工企业在分包中处于相对不利的地位，但是，为大企业加工服装还是能够积累一定的资金，而且能够在加工业务中不断学习先进的管理经验和制造流程，扩大企业的业务范围，从而在加工业务中不断成长，最终有可能发展成为大型服装加工企业甚至成为服装品牌企业。前文中所介绍的受访企业长隆国泰就是由小加工企业最终成为大型出口加工企业，并开始创立服装品牌的典型案例，爱尔妮、康楠等企业都是从十几人的小型服装加工厂起步，从承接本地服装加工开始，逐渐成长为拥有上千台先进设备和上千名员工的规模企业。

4 宁波服装业集群的支撑机构

有效的支撑机构体系对服装产业集群的发展和升级非常重要。无论是在波特的钻石模型（波特，1990）中，还是在早期的新产业区理论中，都非常重视地方政府、学校、商会等行业支撑机构在区域发展或产业集群中的重要作用（Piore and Sabel，1984；Scott，1992；Pyke and Sengenberger，1992）。根据笔者的调研，宁波服装业集群的支撑机构主要包括地方政府及与服装产业有关的职能部门（如宁波服装产业管理办公室）、服装行业协会、服装职业学校及研究机构、服装博览会、专业市场、服装博物馆等。

4.1 宁波市各级地方政府在服装产业集群中的作用

4.1.1 创办了许多乡镇服装企业

宁波位于我国改革开放的前沿阵地，市场化的程度较高，地方政府的商品经济意识和服务意识很强，管理比较规范。在改革开放初期，许多乡镇地方政府利用国家鼓励发展乡镇企业的政策环境，创立了一大批乡镇服装企业，宁波现在许多服装品牌企业就是由这些乡镇企业改制或者衍生出来的，见表5-2。从这种意义上说，如果没有乡镇地方政府的大胆创新和创业热情，宁波也就没有今天的服装业。

表5-2 部分乡、镇政府创办的乡镇服装企业

企业现名	创办时的企业名称	创办时企业性质
杉杉集团股份有限公司	宁波甬港服装总厂	宁波市属集体企业
雅戈尔集团股份有限公司	鄞县青春服装厂	鄞县某镇所属集体企业
老K制衣有限责任公司	奉化第二服装厂	奉化县方桥镇镇属集体企业
宁波莱士制衣公司	奉化建设衬衫厂	奉化县大桥镇镇属集体企业
罗蒙集团有限责任公司	奉化罗蒙西服厂	奉化县江口镇镇属集体企业

资料来源：笔者根据调研资料整理所得。

4.1.2 举办各类服装交易会

地方政府对服装产业发展的支持，不仅体现在早期创立了众多乡镇服装企业，还体现在地方政府对服装业的不懈支持。例如早在宁波国际服装节开办以

前，奉化县政府于1991年就举办了"奉化服装节"，鄞县也在1991年举办了以服装贸易为主的"商之乡"贸易节。正是在地方政府举办的服装节的推动下，宁波市政府开始重视服装节这项工作，并于1997年以宁波市政府的名义举办了第一届宁波国际服装节。

4.1.3 支持乡镇服装企业改制

宁波服装业集群早期的快速发展，还与地方政府敢于对乡镇企业进行体制改革，鼓励乡镇企业精简机构、实行承包制密不可分。正是在地方政府的鼓励和支持下，许多乡镇企业和地方国有服装企业，如雅戈尔、杉杉、罗蒙等很早就完成了体制改革，顺利实现了向民营企业的转变，并在20世纪90年代早期大规模实行了股份制改革，鼓励企业建立现代企业制度，从而为宁波服装业的发展铺平了道路。

随着宁波市服装产业的逐步壮大，服装产业更加受到了地方政府的重视。为了支持宁波市服装产业集群的发展和升级，宁波市政府制定并实施了全市服装产业发展的中长期规划——《宁波服装业"十一五"战略规划》；搭建了区域纺织服装专业电子商务平台，还通过网络镜像在发展中国家或地区建立网上展示中心，完善了地方服装业发展所需要的公共电子平台；另外，还成立了专门的服装产业管理办公室，对服装产业进行专业化的管理，并设立服装产业专项发展基金，鼓励服装企业的技术创新活动，支持企业的设备改造和品牌营销活动，例如成立了纺织服装测试中心，设立了国外营销中心的外贸发展基金，服装中小企业贷款担保基金，以及由政府、企业和社会三方出资的服装产业发展基金等。

4.2 服装学校及教育培训机构

服装产业的发展与升级，离不开服装专业人才，服装人才存在多个层次，有设计师、裁剪师及缝制工人，还包括服装品牌营销人才及服装外贸人才等。宁波在服装人才培养方面有一定的优势。

服装产业的蓬勃发展为服装学校及培训机构的创办和发展提供了有利的环境，各种类型的服装培训班和服装学校如雨后春笋般兴起。宁波服装人有创办服装职业学校的传统，早在抗日战争前，宁波籍红帮裁缝就在上海市西服商业同业公会的组织下，陆续举办过裁剪、制造流程训练班和职工夜校，并在1946年正式创办了中国第一所西服制造流程职业学校——上海市私立西服制造流程职业学校。

最初的服装学校，多为临时性、民办的培训机构，如锦屏职业学校开办的服装培训班，舒家乡人张国秀在梁家墩开办裁剪缝纫技术学校等（钱茂伟，1999）。在1986年全国西服热降温以前，宁波服装培训学校发展很快，但是，随着西服热的退潮，服装培训学校也一度受到冷落。到了20世纪90年代，随着宁波服装业的再度崛起，宁波的服装人才培养业也得到了蓬勃发展。到1997年，据统计，宁波全市有各种民办、个体办的服装学校、训练班达200多个。其中在文化局、劳动局、工商局注册，并有一定规模的服装学校有20多所。

经过二十多年的发展，宁波的服装教育事业得到了长足的发展。20世纪80年代宁波只有一所服装类中等专业学校，只能培养服装专业中专层次的人才，现在宁波已经有两所综合性大学设置了服装设计专业，此外还有两所高职服装类院校合并组建成了一所万人高职院校，见表5-3。

表5-3 宁波市2000~2004年服装类专业的招收规模

学校名称	学历层次	2000~2004年专业招生人数					小计	
		2000年	2001年	2002年	2003年	2004年		
宁波大学	本科	24	17	19	22	12		
宁波工程学院	大专	—	80	80	—	—	160	
浙江轻纺职业技术学院	高职	96	279	455	297	209	1336	5486
宁波服装职业技术学院	高职	310	717	772	1097	1094	3990	
宁波市各类中职、高职学校	中职	1050	1120	1056	1516	1500	6242	

注：各学校开设的专业有：服装设计、服装工程、服装营销与表演、服装外贸、针织服装、服装贸易与管理、服装机械、服装表演、服装与制造流程、服装设计与表演、服装设计与制作、服设制造流程等。

资料来源：转引自《宁波服装产业新视角——竞争力调查与分析》，浙江轻纺职业技术学院编著，西南交通大学出版社，2004，第127页。

以下仅列举几所具有代表性的服装学校及服装专业的设置过程，以显示这些服装学校的成立与宁波服装业发展的紧密联系。

宁波大学中国文化与传播系服装专业。该专业的成立源于1998年第二届国际服装节，很多人在服装节期间提出了由宁波大学办服装学院的设想。会后，宁波市正式决定办服装专业。1999年初，服装专业经浙江省教育厅批准设立，同年秋季正式开始招生。该专业的设立，打破了宁波没有本科服装专业的历史，为宁波培养高层次服装专业人才创造了条件。

宁波服装学校。该校现在是全省最大的服装学校。该校的历史可以追溯到1982年开办的奉化锦屏中学服装班。1989年，服装班开始独立建校，称为奉化大桥职业学校，为民办职业技术学校。1994年升格为宁波服装学校，成为全日制中等专业学校，1996年该校被国家教育部定为"全国首批重点职业高中"。至1998年，已有服装专业班21个，服装教师30名，学生878名，至2006年，该学校有服装设计、表演、服装制造流程、服装营销、服装机械、美术等六个专业，该学校建有专门的设计室、试样室，有衬衫流水线一条，服装CAD电脑系统一台，学校密切联系市场，集教学与产业为一体，民间将这种开放型办学模式称为"奉化大桥模式"。

奉化梁家墩服装学校。该校创办于1984年，是宁波比较早的民办服装学校。1984年，宁波服装业大潮初起，熟练裁缝工人供不应求，培训缝纫大军成为奉化服装业的当务之急。奉化舒家乡梁家墩村女裁缝张国秀看准时机，办起了宁波第一所服装学校。由于她曾经在乡服装厂工作过五年，受过上海红帮裁缝王功豹等三位师傅的指导，还当过两年的车间主任，在技术与管理上有一定的经验，起先在家收徒弟，生意兴隆，应接不暇，遂萌发办服装学校之念。1984年，在参加北京大生服装学校正规训练之后，正式办起学校。开始设初级班4个，每班30人，学期2个月。后增设高级班，至今已累计为社会输送了各类服装人才3000余人。

除了职业学校之外，宁波还设立有各种类别的服装设计中心及研究所。这些设计中心一般都设在企业内部，如杉杉服装设计总部、雅戈尔服装设计中心、一休设计中心、设在太平鸟集团的中国服装研究设计中心休闲服分中心、设在培罗成集团的中国职业服装设计中心等设计机构。除此之外，还专门有一个民办的服装研究机构——宁波继民红帮服装研究所，由红帮第六代传人江继民创办，以设计及加工工艺研究为主，联合各大服装生产企业的能工巧匠，牵头引线，协同攻关，以集体的智慧来促成宁波成衣制作技术水平的提高。

4.3 宁波国际服装节

宁波国际服装节的创办与发展与宁波服装业的整体实力提升紧密相连。在宁波服装业的早期发展阶段，宁波服装业还没有在整体上形成气候，服装节也还没有引起市政府的重视，但是服装产业集中的两个县——鄞县和奉化，开始创办服装节以提高两县在全国服装业界的知名度。

第一届奉化服装节于1991年举行，由奉化市人民政府、中国服装工业总公司、浙江省轻工业厅、宁波市纺织局联合主办。在本届服装节上，除了服装展销与订货会之外，还举办了时装表演和服装设计大赛，扩大了奉化服装在全国的影响。1992年，举办了第二届奉化服装节。最引人瞩目的是1993~1994年，奉化改变了服装节的形式和内容，采取走出去的办法，举行了"奉化服装万里行"活动，先后开赴上海、南京、郑州等城市举办新闻发布会、奉化精品服装博览等活动，在全国范围以"万里行"的方式作大范围的国内展销，在全国开行业之先。通过"万里行"活动，奉化许多服装企业找到了差距，产生了强烈的危机感和紧迫感，同时扩大了奉化服装在全国的影响，推动了奉化服装企业向外发展的步伐。

鄞县"商之乡"贸易节，性质与奉化服装节相似。第一届"商之乡"贸易节于1991年9月3日开幕，连续举办了三届，由于两地产业雷同，相距不过几千米，鄞县高举红帮裁缝的牌子，奉化打出奉帮裁缝的牌子，为地方利益相互竞争。但是，在相邻的两个县举办两场服装节，存在一定的资源浪费，影响力受到一定的限制，在这种背景下，宁波市政府决定举办国际服装节。

第一届国际服装节于1997年10月举行，由宁波市人民政府、中国服装研究设计中心主办，参展企业241家，约有5000名海内外服装专业人士前来参观、订货和洽谈服装贸易，贸易成交额32.2亿元。

从此以后，每年一届的国际服装节成为众多服装企业参展、营销的重要舞台。至2005年，宁波已经连续举行了九届国际服装节，利用宁波国际服装节，不断吸引国外著名服装企业前来参展、向外界推销宁波服装企业，提高宁波服装及宁波市的国际知名度，最终使宁波国际服装节实际承担了宁波服装名城建设的重任，承担起了促进中国服装文化和中国服装事业发展的任务。同时，国际服装节还成为宁波市招商引资的重要舞台，比如在第八届宁波国际服装节上，还举行了大型投资环境说明会，向境内外客商推出了20多个招商项目，不仅有纺织服装，还涉及生物医药、电子信息、机械等多个领域。

发展至今，宁波国际服装节的展会规模在国内仅次于北京服装博览会，居全国第二。以第七国际服装节为例，服装节期间共吸引了351家海内外服装企业参展，在2200个展位中，境外品牌的展位为554个，所占比率达25.2%，超过国际展览联盟对国际性展览25%的标准，表明宁波国际服装节已经成为真正的国际性展会。在这些海外参展企业中，还包括一些著名的大型跨国服装采购集团，如法国的家乐福、德国的麦德龙、日本的伊藤忠、中国香港的利丰集团等，还包括在义乌设办事处的韩国、以色列、伊朗、巴基斯坦等客商。图5-7反映了宁波国际服装节规模不断扩大的快速发展势头。

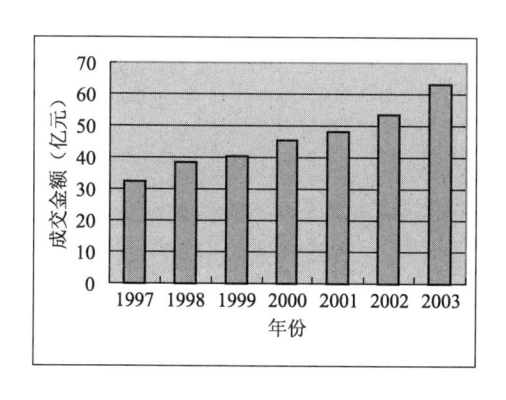

图5-7　历届宁波国际服装节成交金额

资料来源：《宁波市年鉴》，1998~2004。

宁波国际服装节的举办，使宁波服装企业不用走出国门就能与国外知名服装企业进行比较，从中找出自己的差距，加强与国外的技术学习和信息交流。另一方面，国际服装节不仅为宁波服装企业带来了大量的加工业务和与国外服装企业合作的机会，锻炼了一大批服装会展专业人才，扩大了宁波服装企业的商业渠道，同时还提高了宁波服装在国内外的知名度，使宁波服装日益成为有一定影响力的区域品牌。依靠这种区域品牌效应，吸引众多知名国际服装商前来参展，为宁波服装企业提供了难得的学习机会，一位受访企业的负责人这样评价宁波国际服装节在宁波服装企业升级中的重要作用：

"自从开办了国际服装节，我们企业每年都去参展。现在宁波国际服装节吸引的参展企业来自世界许多国家或地区，有许多世界知名服装品牌企业，特别是男装企业像皮尔·卡丹等都来参展，从这些企业身上我们可以即时了解当今世界男西装的流行潮流，你只要去看看这些世界知名品牌的产品陈列，你就能从中学到许多先进的陈列设置方式，如灯光布置、产品搭配、店面装饰等，

这些东西都只有到现场才能去感受和体会。"（宁波罗蒙集团股份有限公司访谈录音资料）

宁波国际服装节是集服装经贸、文化艺术于一体的大型活动。在一系列活动中，包括与服装有关的文艺演出、演唱会、服装论坛、服装设计大赛、服装博览会等。其中，国际服装博览会是整个服装节的核心内容。从2005年开始，宁波国际服装博览会改名为中国国际服装服饰交易会，不仅将展会的功能转移到"交易"上，而且参展企业的范围也从以男装为主，向涵盖服装服饰全行业产品转变。在"服交会"上，现在不仅能看到有男装、女装、童装，还能看到涉及服装服饰产业链的各类上下游产品，包括针织服装、梭织服装、皮革服装、羽绒服装、家纺、面辅料、服饰配件、服装CAD、服装机械等。展会突破了传统功能的定位，以市场为导向，继续加大出口、加工、合资合作等外向型企业的邀请力度，形成了集代理、特许加盟、批发、订货、下单、业内交流时尚发布等功能于一体的高效服装服饰内外贸平台。

现在，每年10月在宁波举行的中国国际服装服饰交易会，已经逐渐演变成中国国际服装服饰交易会的秋季展会，从而与每年3月在北京举行的中国国际服装服饰交易会形成有效互补，从整体上提升了宁波国际服装节的档次和影响力。前来参展的企业和客商的类别日益多样化、所需展位数量也随之相应增加，如图5-8、图5-9所示。

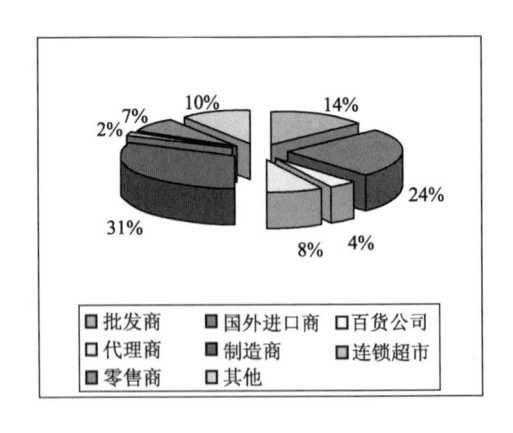

图5-8　第九届宁波国际服装节参展企业类别图

资料来源：根据宁波国际服装节网页资料整理：
http://www.ningbofashionfair.cn/ciff/cn/aboutfair.html。

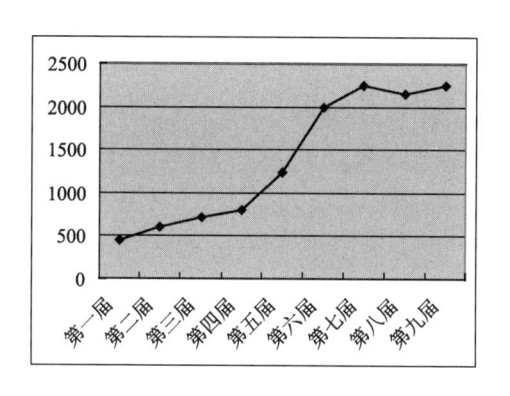

图5-9 历届宁波国际服装节展位数量

资料来源：根据宁波国际服装节网页资料整理：

http://www.ningbofashionfair.cn/ciff/cn/aboutfair.html。

4.4 宁波服装业集群中的服装行业协会

在西方发达国家的产业集群中，行业协会是一种专业性组织或同业会，是地方产业集群发展不可或缺的非政府组织。它是行业整体利益的代表者和代言人，也是行业的协调者，是政府与企业、企业与企业、企业与市场之间不可或缺的桥梁和纽带。但是，在我国许多地方产业集群中，行业协会大多由政府机构或国企的主管部门演变而来，最典型的就是2001年成立的中国纺织工业协会，该协会就是由原来的纺织工业部转变而来的。

宁波市最早的服装行业协会是1991年成立的"宁波红帮"鄞县服装技术协会，会长为著名的红帮师傅陆成法，该协会在帮助服装企业提高加工制造流程水平、开展服装技术培训方面发挥了重要作用。其次是1998年成立的奉化服装商会，由多种经济成分和不同生产经营方式的从事服装业的工商企业组成，坚持自愿入会原则，第一届商会有会长、副会长13人，理事33人，会员单位62个。此外，还有象山针织行业协会，以及1998年成立的宁波服装协会。

各级协会成立之后，立足于本地的服装企业，尽力开展了一系列的服务工作，如宁波服装协会加入服装产业调研组考察温州服装产业崛起的原因；借鉴德国科隆男装博览会和杜塞尔多夫女装博览会共享资源、同时进行的办展经验，积极推动宁波服装博览会与杭州女装展结盟，在两地同时进行，为两地服装企业增加了更加广阔的信息来源和客户资源。

但是，由于受制于政府掌控许多服务职能及资源的限制，宁波各级服装行业协会并没有充分发挥应有的职能，比如宁波服装协会虽然设立了四个分支机构——设计师专业委员会、教育专业委员会、女装专业委员会、产业经济研究委员会，但是，这些分支机构基本上没有发挥具有实质意义的职能。西方发达国家行业协会所从事的许多服务活动或管理权限，在我国还主要由政府机构行使，致使我国许多行业协会很难完全发挥出行业协调、行业管理、行业整体代言人的角色。

笔者所采访的一位地方服装行业协会的副会长表达了服装行业协会所面临的艰难处境。"我们这个商会，老实讲无钱无权，实际上是一种政府行为，不是企业自发形成的组织，商会是政府要办，而不是企业要办，所以不是一个真正的商会。政府的职能太大了，商会基本上没有什么职能，所以商会既没钱，也没权。宁波的企业与政府的关系很密切，有什么问题一般会直接去找政府，所以它基本不需要你这个商会，因此，商会也就没什么权力，也没什么资金来源渠道。"（访谈资料，2006-07-05-A）服装行业协会的上述地位，影响了服装行业协会在地方服装业集群中的号召力和凝聚力，造成一些服装企业对行业协会缺乏认同感。

5 加强本地联系，促进服装业集群升级

宁波服装业集群地方网络的分析表明，集群的地方网络对集群中的企业升级和技术学习发挥着不可替代的作用。即使是像我国这样的发展中国家，产业集群内部同样存在密切的本地联系。现有许多全球价值链过于强调了集群外部联系对企业升级的决定作用（Dolan and Humphrey，2000；Rabellotti，1997；Schmitz，1995；Nadvi and Halider，2002）。宁波服装业本地联系的分析表明，集群中企业的升级并非完全由全球价值链的结构及跨国公司的战略所决定。相反，集群中的企业不仅在全球价值链中学习和升级，而且也在地方网络中学习和升级。集群中的企业之间的技术学习与模仿，不仅促进创新在地方企业中的扩散，而且也促使了领先企业不断采取新的差异化战略，最终提高了集群的整体竞争力。

宁波服装业集群中企业不仅存在大量的水平联系，而且存在不同类型的分包网络，这些本地分包网络对地方小企业提供了成长和学习的机会。对于这些小企业而言，多数并不具备直接参与全球价值链的实力。但是，依靠地方分包

网络，地方龙头企业不仅提高了灵活性，而且小企业也获得了间接进入全球价值链的机会，并在本地分包中获得宝贵的学习机会，在实力壮大后，能最终获得直接进入全球价值链的能力。受访企业长隆国泰的成长历程，充分反映了这一点。

宁波服装业集群中的各种支撑机构，同样对集群中地方企业的发展发挥了重要作用。地方政府不仅在早期特殊的背景下，直接创办了众多服装企业，而且还积极举办服装节、交易会等活动，形成政府搭台、企业唱戏的有效协作。其他机构如各类学校、行业协会等，尽管还存在许多不足，但这也正是需要用集群的理念来不断促进地方联系的地方。

现有全球价值链理论中的集群升级研究，虽然研究的对象是发展中国家的产业集群，但是，这些文献在突出集群中企业的全球联结时，却忽视了集群本身应该具有地方联系的内涵。发展中国家产业集群的全球联结固然重要，但是，集群中单个企业在全球联结中的学习和提升，只有通过地方联系形成扩散效应，带动关联企业共同发展，才能使整个集群在全球价值链中不断实现升级。

6 本章小结

本章主要研究了地方服装业集群的本地网络对升级的作用。地方联系对区域发展及区域创新能力的提高具有重要作用，一直是集群理论的主要观点。但是，因为发展中国家的集群大多与全球跨国公司有紧密联系，因此，强调全球联结对集群中企业升级的重要作用，成为现有发展中国家集群升级文献的主要议题。然而，本文对宁波服装业集群地方网络的案例研究表明，即使是宁波这样的发展中国家的区域，集群内部同样有很强的地方联系，而且这种联系在集群的整个发展过程中有重要作用。因此，在研究发展中国家服装业集群升级时，应该对集群的地方联系给予充分的关注。笔者这里强调集群地方联系的研究，并非否认集群中企业的全球联结，以及集群中的企业在全球价值链中的学习与升级机会。那么，服装业集群中的企业究竟在全球价值链怎样实现升级？在升级方面会遇到哪些障碍？这些企业如何应对这些障碍？在第六章中将对这些问题进行讨论。

第六章
服装业集群的全球联结与升级

既存在密切联系的本地网络，又与全球服装价值链联结，是我国众多服装业集群的典型特征。第五章详细讨论了服装业集群的地方网络在升级中的重要作用，本章将对集群中服装企业在全球价值链中的学习与升级进行分析。首先简单概述全球价值链升级理论中两种不同的升级观点，然后用宁波服装业集群中的企业升级作为案例，讨论服装企业在全球价值链中的学习、升级空间及障碍以及企业在功能升级中的不同战略选择。最后从理论上对企业的不同战略进行理论分析，得出企业在全球价值链中实现功能升级的一般性结论。

1 服装业集群升级的理论讨论

20世纪80年代，基于全球服装制造业价值环节的国际分工，使发展中国家许多地方出现了许多出口加工型集群。甚至一些早期以国内市场为主的集群，在获得一定的技术能力之后，也开始融入全球价值链之中，如本文所研究的宁波服装业集群就经历了这样的历程。

对于这些融入全球价值链中的产业集群，集群中的企业能否获得学习机会、不断实现升级，是价值链理论研究者及集群研究者共同关注的焦点。对于这个问题，主要存在两种不同的理论争论。

1.1 格利菲等的升级理论

格利菲等在研究国际服装业转移过程中发现，全球服装制造环节虽然逐步从发达国家转移到发展中国家，但是，在全球服装业中，发达国家的服装品牌商或服装零售商仍然占据着控制地位（Gereffi，1994）。

全球价值链理论的研究自然引出了一个重要问题：发展中国家的服装制造企业能够在全球价值链中实现升级吗？格利菲研究东亚、墨西哥等地的服装业后发现，加入全球价值链，这些地区的服装业能够获得学习机会，通过组织学习及技术学习，能够不断升级（Gereffi，1999；Gereffi，2003）。

格利菲以东亚地区的服装制造企业为案例，将升级过程总结为：来料加工—自主采购原材料负责生产（OEM）—掌握服装设计（ODM）—自创服装品牌（OBM）在国内市场及国外市场销售（Gereffi，1999）。

后来的研究进一步发现，由于全球价值链内品牌通常是最有利可图的价值环节，要求企业同时具备营销能力和技术能力，如图6-1所示。路径A表示，发展中国家的制造企业加入全球价值链，在营销能力方面获得快速提升，然后将早期的制造活动转移，专注供应链的管理职能，最后提高技术能力，创立自有品牌，中国香港利丰集团的策略与此有点类似。路径B表示，发展中国家加入全球价值链后，在技术能力方面获得学习会，然后获得营销能力的提高，最后发展自有品牌。

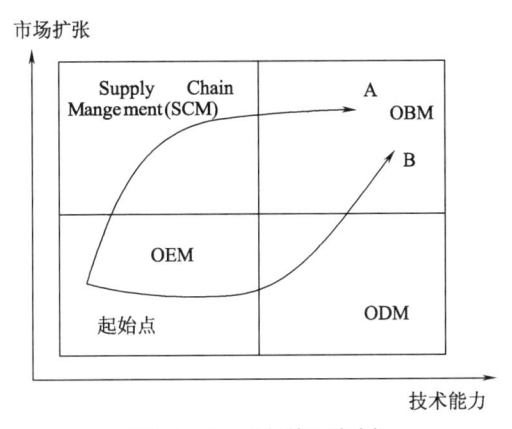

图6-1　企业升级的两种路径

资料来源：联合国工业发展组织.《工业发展报告2002/2003》，第108页。

在上述升级过程中，这些观点认为，无论采取哪条道路，发展中国家都能最终实现品牌环节的功能升级。但是，笔者认为，这些升级的乐观观点中隐含着一个假设前提：全球服装领军企业会不断帮助发展中国家服装制造企业进行升级，二者之间的利益基本一致。在这种假设前提下，发达国家的领军企业会从帮助发展中国家服装制造企业的升级中获得好处，而发展中国家只要能够在全球服装价值链中与发达国家的服装领军企业始终保持合作，就能不断获得大量的学习机会，最终在全球服装价值链中实现升级。

但是，在发展中国家服装制造业的升级过程中，服装制造企业与发达国家服装领军企业的利益不可能完全一致。随着升级过程的不断演进，发展中国家的服装制造企业有可能不再获得进一步的学习机会，当进一步升级威胁到领军企业的核心利益时，最终可能使领军企业对服装制造企业设置种种升级障碍。因此，加入全球价值链并不一定保证发展中国家服装制造业能够成功实现升级。正是在这种背景下，舒米茨等开始对全球价值链中有关升级的乐观观点提出了质疑，并在进行了大量的案例研究后，对全球价值链中的升级过程进行详细的实证分析，从而得出了另外一种不同的升级结论。

1.2 舒米茨等对功能升级障碍的发现

基于格利菲等总结的升级过程：来料加工—自主采购原材料负责生产（OEM）—掌握服装设计（ODM）—自创服装品牌（OBM），舒米茨等将其进一步细分为四种升级方式：制造流程升级，即提高生产环节中的效率和产品质量；产品升级，即引进新的产品或对旧产品进行改进；功能升级，即转换到更高附加值的环节；价值链升级，即进入新的价值链（Schmitz and Knorringa 2000），并将这四种升级方式广泛运用于全球价值链中的发展中国家制造业升级的案例研究之中。

在对墨西哥和巴西等多个国家的鞋业、服装业集群的研究中发现，加入全球价值链的发展中国家的企业，在功能升级上面临巨大的障碍（Humphrey and Schmitz，2002）。在开始进入全球价值链时，这些企业虽然拥有劳动力成本优势，但是，在制造制造流程和技术水平乃至生产设备方面普遍比较落后。为了使发展中国家服装制造企业所生产的服装，符合发达国家服装采购商的质量要求、准时供货，发达国家的服装采购商会对发展中国家的服装制造企业提供技术指导、设备信息、员工培训，甚至提供一定的资金帮助。因此，加入全球价值链，有助于发展中国家的服装制造企业提高制造流程水平，不断实现制造流程升级和产品升级（Humphrey and Schmitz，2002；Schmitz and Knorringa，2000）。

进入全球服装价值链，虽然能够在制造流程及产品质量上获得升级机会。但是，巴西鞋业集群的研究同样发现，供应商很难在设计、品牌营销方面获得学习机会。不仅如此，发展中国家的企业在这方面进行的努力，由于会直接威胁到领军企业的核心利益，这些领军企业不仅不会支持这种行动，还会以撤销订单等方式对其进行威胁和惩罚（Humphrey and Schmitz，2002）。要实现功能升级，只能依靠发展中国家服装制造业集群和服装企业的战略行动，才能最终实现功能升级，从而最终避免成本优势丧失、又无法实现功能升级的困境。

舒米茨等在研究结论中提出，功能升级只能依靠企业自身的战略以及国家层面的政策支持。遗憾的是，舒米茨等只是指出了这种战略行动的重要性，并没有从集群层面或者企业层面出发，去分析战略行动的具体实施过程。

为了进一步发展舒米茨等的升级理论，本章首先从分析宁波服装产业集群融入全球服装业的历史过程出发，通过实地企业访谈资料，分析宁波服装业集群在全球服装业中的技术学习过程，以及在功能升级方面所面临的挑战和困境，并根据企业访谈资料，分析企业为突破功能升级的障碍所进行的战略决策及效果，最后对企业的升级战略进行简单的理论讨论。

2　融入全球价值链的宁波服装业集群

2.1　宁波服装业集群融入全球服装业的历史过程

宁波服装业集群中，不仅有众多国内服装品牌企业，而且也有大量的服装出口加工企业，即使是在国内服装市场上拥有知名服装品牌的企业，也从事大量的外贸服装加工。国际服装交易会是宁波国际服装节的一个核心活动。在这个交易会上，向国外品牌企业展示服装加工能力、承接外贸服装加工订单，是众多服装企业参加国际服装交易会的主要目的。2004年，宁波全市服装出口高达152.38亿元，占整个服装销售值的比重高达74%，宁波服装产业集群的外向型特征十分明显。

与珠三角地区依靠承接我国香港服装企业的外向加工订单起步的服装业集群不同，宁波服装业集群的起步及形成源于国内服装市场。20世纪80年代，宁波的乡镇服装企业通过承接上海服装企业的加工订单而逐步发展起来。在当时国内普遍处于短缺经济的情况下，国内市场的服装需求非常旺盛，农村改革的成功为服装生产企业带来了巨大的市场空间。加上当时的国有企业处于改制阶段，而乡镇企业体制灵活，责任明确，鄞县、奉化等地的乡镇服装企业在承接上海服装企业加工订单的基础上，积极拓展自己的市场空间，逐步摆脱了对上海服装企业的依赖，众多乡镇服装企业如雨后春笋般成长起来，逐渐形成一个以内销市场为主的服装产业集群。

宁波服装企业从事服装出口加工大多始于20世纪90年代初。据许多受访企业介绍，由于当时国家开始实行治理整顿，国内服装市场由此受到了国家宏观经济环境的影响，生产企业与国内服装批发商之间相互拖欠的"三角债"严重，加上1989~1990年连续两次对人民币进行的大幅贬值，促使许多服装生产企业开始转向国外服装市场，见表6-1。

表6-1 部分受访企业早期出口市场及年份

服装出口企业名称	首次出口年份	出口国家或地区
培罗成集团	1991	日本
罗蒙集团	1990	日本、韩国
爱伊美服饰有限公司	1992	通过华侨（奉化人）出口美国
老K服饰有限公司	1992	日本
布利杰制衣有限公司	1991	日本
洛兹集团有限公司	1992	欧洲
巨鹰针织有限公司	1987	中国香港

资料来源：根据笔者的调研资料整理所得。

老K服饰有限公司从事外贸加工的历程，反映了当时国内宏观环境对宁波服装企业走向出口加工的促进作用。老K起步于1984年，同奉化许多乡镇服装企业一样，请上海的红帮师傅提供技术指导，为上海的服装店加工西装、中山装和大衣，后来自己开拓了河南服装市场，老K牌西装和大衣在郑州的亚细亚商场具有很高的知名度，仅在该商场一天就能销售1000多套。由于当时国内市场不成熟，企业的思想定位不准确，以产定销，盲目生产，做多少销多少，在国内需求比较旺盛的时候，还不存在什么问题。但是，随着国家在1990年开始治理整顿，防治经济过热之后，该企业的产品销售遇到了很大困难，盲目生产带来了大量产品的积压，大量货款无法收回。在国内市场不景气的情况下，开始两条腿走路，承接了一日本客户的加工订单，试做了几百件羊绒大衣，客户比较满意，加工价格相对也比较高，而且不存在货款拖欠问题，于是逐步扩大了出口加工业务。

随着出口贸易的扩大，老K制衣有限公司于1994年获得了自营出口权，并开始到德国科隆参加服装博览会。在展会上结识了一意大利客户，与承接日本客户的订单一样，开始意大利的客户对该公司的生产制造流程及产品质量都缺乏信息，只是试探性地给很少的加工订单（1000件），随后逐渐认同了该企业所生产的服装，据介绍，现在已经与早期的客户有六年的业务关系，每年都有1000万~1300万美元的加工业务量。近几年，该企业还参加了美国的拉斯维加斯服装博览会，在该展会上结识了一美国客户，最初该客户也是试探性地下了1000件的加工订单，第二年就增加到3万件，据称2006年的加工订单增加到了9万件。

综合企业访谈资料，可以将宁波服装企业融入全球服装业的历程总结为三个阶段（表6-2）。第一个阶段约为1992年之前，服装企业迫于国内市场不景气的压力，为了规避国内市场三角债的风险，开始承接国外、特别是来自日本客户的加工订单，逐渐积累外贸经验、提高加工制造流程。第二阶段为1992~1999年外贸加工大规模扩张，在经过第一阶段的试水之后，宁波许都服装企业从承接国外加工订单中尝到了甜头，同时也看到了与国外技术上的差距，为了进一步扩大外贸服装出口，开始大规模引进国外先进设备，提高服装制造水平，同时广泛参展国外各类服装博览会。外贸客户也从日本逐渐扩展到了欧洲、美国等主流市场。第三阶段为2000年至今的服装出口战略调整阶段，随着国内劳动力成本的上涨，贸易配额问题所引发的订单流失、出口退税率降低以及人民币升值等，宁波服装企业传统的服装出口加工模式开始面临严峻的生存压力，许多订单开始流向印度、巴基斯坦、越南等成本更低地区，成本上涨价格不变甚至相对下降的局面，使服装出口企业面临两难困境，一方面订单成本上涨，另一方面订单减少，开工不足。面对这些挑战，宁波的一些服装企业开始了战略调整，此方面的内容将在下文中详细分析。

表6-2 宁波服装出口企业融入全球服装业的发展阶段及特征

服装出口的发展阶段	年份	特征
出口起步阶段	1992年以前	宁波企业为避免国内的货款拖欠、"三角债"问题，试探性承接国外客户（特别是日本客户）的加工订单，客户加工订单量少，双方均处于试探阶段

续表

服装出口的发展阶段	年份	特征
出口扩张阶段	1993~1999	经过前一阶段的试探阶段之后，宁波服装企业频繁参加欧美的服装博览会，与客户建立长期的业务联系，并大量引进先进服装生产设备，服装质量得到国外客户的认可
战略调整阶段	2000至今	人民币升值、配额纠纷、劳动力成本上涨等使服装加工企业面临升级压力，一些服装企业开始进行战略调整

资料来源：笔者根据调研资料整理所得。

无论是宁波服装企业出口的起步阶段，还是在出口大规模扩张阶段，宁波服装出口企业大多以贴牌加工为主，几乎没有控制服装销售渠道和品牌营销的能力。正如前文全球服装生产网络的结构中所指出，全球服装业的核心价值环节不在制造环节，而在品牌营销和设计环节，西方服装品牌商及零售商通过多年的积累，已经在全球服装市场上构筑了很强的品牌优势，赢得了消费者的认可，加之接近服装消费市场，能够准确把握市场的时尚流行趋势，因此既能在服装设计上主导全球服装市场，而且也能通过大规模的品牌营销以及历史积淀在消费者心中树立品牌知名度和忠诚度，从而对发展中国家的服装企业构筑起很高的进入壁垒。

由于品牌营销及服装设计存在很高的进入壁垒，宁波服装企业早期依靠成本优势和加工制造优势，进入全球服装业成了一种自然的选择。进入全球服装生产网络，不仅为宁波服装企业带来了可观的外汇收入，还为宁波服装企业提供了宝贵的技术学习机会，通过承接国外服装采购商的加工订单，宁波服装企业对西方消费者的板型、尺码要求、技术制造流程有了更多的了解，获得了更先进的加工设备信息和面料信息，这些技术学习对促进宁波服装企业的产品升级和制造流程升级有着重要的意义。

2.2 宁波服装企业在全球服装业中的技术学习

宁波服装企业通过承接国外加工订单进入全球服装业，虽然直到现在仍然很难实现全球价值链升级理论中的功能升级，但是，通过加入全球服装业，宁波服装加工企业确实在制造流程和产品质量上有了明显的提升，而在这种产品升级及制造流程升级过程中，全球服装业无疑为宁波服装企业的产品升级和制造流程升级提供了大量的技术学习机会。

这里的技术学习是一种广义的技术学习，不仅包括生产设备的改进、制造工艺的提高，还包括获得更先进、更准确的市场信息，在管理能力及经营理念上的提升等。从服装出口企业的产品升级方面来看，宁波许多服装企业的出口产品大多经历了一个从早期的低端服装、廉价服装产品向现在的中高档服装转变的过程。从制造流程升级方面来看，通过多年与全球采购商的业务联系，对发达国家服装消费市场需求把握更加准确，对客户的需求信息理解更加深入，从而能够为这些服装采购商提供更加满意的服装。具体来讲，宁波服装出口企业在全球服装业中的技术学习主要体现在以下几个方面。

2.2.1 大力引进先进生产设备，提高服装生产的制造水平

在加入全球服装业之前，宁波服装企业主要承接上海服装企业的国内加工订单，由于当时国内服装市场处于卖方市场，消费者对服装的质量要求普遍不高，加之乡镇服装企业的资金实力薄弱，只能依靠传统的手工缝制机械进行服装加工。但是，早期的一些服装企业依靠成本优势，承接了国外低档服装的加工订单，在与国外客户的业务联系中，逐渐意识到在生产设备与技术制造流程上存在的巨大差距，为了提高产品质量和制造流程水平，以满足国外客户的中高档服装加工订单，一些服装加工企业开始斥巨资引进国外先进服装生产设备，如西装生产流水线、整烫设备、高速平缝机、面料预缩机等。通过引进这些先进的生产设备，逐渐缩小与国外服装生产企业在制造技术方面的差距，提高了服装制造的质量。

在先行企业的带动下，许多服装出口企业相继跟进，于是，20世纪90年代中期，宁波服装企业出现了一波设备改造浪潮。通过对先进设备的引进，使宁波服装出口企业的制造水平基本上达到了国际一流水准。许多受访企业认为，宁波服装出口企业在服装制造流程和产品质量上，已经与西方发达国家的企业没什么区别。许多企业甚至自豪地认为，由于本地服装工人的技术熟练，劳动效率比西方国家的企业还高，企业的生产设备比西方发达国家的许多服装企业还先进。

在受访的30家服装企业中，所有的企业都有进口设备。80%的企业进口设备比率超过50%，其中，进口设备比率超过80%的企业占20%，特别是像罗

蒙、雅戈尔、培罗成等西装生产企业，不仅拥有各种先进的缝纫及整烫设备，而且还拥有多条服装自动调挂生产系统、自动裁剪设备、自动排料设备。这些企业的关键技术装备都已经达到了国际先进水准，见表6–3。

表6–3 受访企业进口设备比例分布情况

进口设备比例（%）	有效样本	所占比例（%）
没有进口设备	0	0
0~10	1	3.3
10~50	5	16.6
50~80	18	60
80以上	6	20
合计	30	100

资料来源：笔者调研资料。

宁波服装企业的先进设备主要集中于一些大的服装龙头企业，这些企业通过引进国际上先进的电脑设计、电脑排料、摊布、自动缝制、立体整烫、自动包装生产线，并采用CAD、CAM等柔性技术，大大提高了生产设备的加工制造流程水平，据服装行业协会介绍，宁波85%以上的重点服装企业关键设备已经达到了国际先进水准，成为参与国际服装制造业竞争的重要筹码。

2.2.2 在服装制板、生产制造流程上的技术学习

由于东西方人体差异，西方人的服装板型与国内服装有很大的差异。宁波服装出口企业要进入全球服装市场，需要在服装领军企业的指导下，了解西方服装市场的板型要求、尺码要求。只有经过长期的积累后，才会深刻而准确理解客户所提供样衣的尺码，最终制作出符合要求的服装。

据许多受访企业介绍，在初次为国外加工服装时，国外客户一般会提供样衣。宁波的服装加工企业需要按照样衣，采购合适的面辅料，然后进行裁剪、缝制、整烫，再提供给客户认可。一般情况下都要经过好几次修改，最终才能达到客户的尺码要求及制造流程要求。只有经过多次的交流与指导，宁波的服装加工企业才能完全领会客户的设计要求和制造流程技术指标。由于国外客户对产品的要求非常严格，所以对裁剪的误差、线头数量、乃至单位缝针数都有严格的规定。宁波服装出口企业要最终承接国外客户的加工订单，必须严格按

照客户所提供的样品制作出样衣。在这个过程中,宁波服装企业逐渐积累了大量有关西方服装的板型、放样、制板、针距等相关知识,从而赢得了国外客户的长期信任。

当一服装供应商对客户的产品要求熟练掌握之后,国外客户一般会与该供应商维持较为长久的业务关系,以免因更换供应商质量不达标而带来损失。另一方面,作为服装供应商,宁波服装出口企业由于已经熟悉客户的板型制造流程要求,也愿意与客户维持长久关系,以降低转换成本和出错的概率。因此,在受访服装企业中,有很多企业表示喜欢与客户维持长久业务关系。

现在,宁波许多服装加工企业都对客户的设计进行了电子存档。某受访企业表示,对客户过去的订单进行电子存档后,企业可以很容易理解客户的要求。经过几次业务后,只需根据客户提供的样衣,对以前的电子设计图纸稍作修改,对面料进行一下改变,就能生产出客户满意的样衣。这样打样的时间大大缩短了,而且成本预算与价格都比较准确。

"在初次为欧美客户从事加工业务时,客户对我们的产品质量都不是很放心,我们制作的样衣总要经过多次修改后才能批量生产,现在,许多国外老客户已经不再提供实物样衣,而是直接提供纸样给我们,我们按照过去的业务经验制作出样衣让客户确认,客户只是大致描述一下面辅料的要求,我们按照这些要求,自己采购面辅料,然后根据成本报价,现在我们依据纸样所制作的样衣,客户很少要求我们重新修改,这样显然提高了供货的速度,提高了我们自己的生产效率。"(访谈资料,2006-07-06-A)

总之,通过加入全球服装业,宁波服装出口企业在制造设备、制造流程等方面获得了许多学习机会。通过全球服装生产网络中的技术学习,宁波服装出口企业在产品质量及制造流程水平上获得了巨大的提升。许多服装出口企业从最初的廉价服装制造逐渐转向了中高端服装制造,有些服装龙头企业逐渐成为世界知名服装品牌的加工商。现在,许多受访企业对自己的制造能力及制造流程水平非常自信,认为在制造能力和制造流程水平方面,宁波服装制造企业与西方发达国家的企业基本上不存在什么差距。如果按照全球价值链的升级理论,宁波服装产业集群已经基本实现了制造环节上的产品升级和制造流程升级,但是,如果这些服装企业继续承接全球服装领军企业的加工订单,能够继续实现设计环节及品牌营销环节的功能升级吗?这些企业能够在全球服装业中获得服装设计和品牌营销方面的学习机会吗?

3 服装领先企业的升级困境及应对策略

正如全球价值链文献所指出的那样，当今的全球服装业属于典型的购买者驱动价值链。发达国家的服装企业可以依靠劳动力成本优势和技术学习，进入发达国家服装品牌企业和零售商所主导的全球服装业，并在这些领军企业的帮助下，不断提升制造流程水平，缩短供货时间，与发达国家的服装采购商维持一种长期的分包联系。

宁波服装企业经过近三十年的发展，劳动力成本不断上涨（现在普通工人的工资一般为1200~1300元之间）、人民币近期的不断升值、出口配额纠纷以及土地、原材料价格上涨等，使得宁波许多服装出口企业面临严峻的升级压力。一些企业为了降低生产成本，开始到中西部地区投资设厂，见表6-4。但是，部分企业表示，宁波劳动力成本、土地成本虽然较高，但本地的配套完善、管理比较规范，内地在这方面还是有很大的差距。

表6-4 部分受访企业外地设厂情况

外地设厂企业名称	外地设厂时间	外地设厂的地点
雅戈尔集团	2004年	重庆市南岸区
狮丹努制衣有限公司	2005年	江苏省淮安市淮阴区
长隆国泰有限公司	2005年	江苏省淮安市淮阴区
太平鸟集团	2002年	湖北省宜昌市
洛兹服饰有限公司	2002年	湖北省秭归县
巨鹰集团	2003年	新疆维吾尔自治区阿克苏市

资料来源：根据笔者调研资料整理所得。

一些企业虽然到中西部设厂，但转移的只是一些低档服装的制造，而许多中高档服装，内地还是有很大的差距。无论怎样，对于宁波服装业集群中的龙头企业而言，先进的设备、优良的制造工艺，已经达到或接近了国际水准。这些企业要想在现有的基础上进一步提升，存在四种选择：一是提高设备水平，提升加工产品的档次；二是加强管理，提升企业的生产效率；三是加强服装设计和品牌营销，实现功能升级；四是转向新的价值链或产业。虽然有一些宁波服装龙头企业近几年纷纷转向了高科技、纺织面料及房地产等其他行业，但是由于本书的产业升级主要集中于服装产业内部的升级,因此,这里仅分析宁波服装企业在前面三种升级方式的选择空间及挑战。

另外,集群中企业规模、实力各不相同。相对而言,小企业在制造设备、工艺水平、管理能力等方面还有很大的提升空间。相反,宁波服装集群的龙头企业目前已经基本完成制造流程升级和产品升级,已经开始在功能升级方面进行战略性的行动。考察这些战略行动,可以从中发现一些新的结论。

3.1 领先企业在价值链中难于获得设计、品牌方面的经验

按照格利菲等的全球价值链升级理论,发展中国家服装企业在为西方发达国家服装企业进行服装加工的过程中,在制造环节上不断实现产品升级和制造流程升级之后,能够在全球价值链中继续学习领军企业在服装设计及品牌营销方面的经验,从而不断转向服装设计和品牌营销,最终成功实现功能升级。然而,众多宁波受访企业表示,服装加工与服装设计和品牌营销是完全不同的事情,为西方发达国家服装采购商进行贴牌加工,服装加工企业除了获得一定的利润之外,确实能够在产品质量和制造流程水平上获得不断的提升,也只有这样,才能取得国外客户的认同,建立一种长期的业务关系。但是,按照服装采购商的设计要求和质量要求,生产出高质量的服装,并不等于这些服装加工企业能够提高服装设计水平,品牌营销经验更与服装制造无关。

"我们为国外客户加工服装,有些客户甚至是世界知名品牌服装商,唯一的好处就是能获得一定的盈利。其实,这些盈利大多又投入到了设备更新之中,因为你要获得这些客户的订单,就必须通过先进的设备来保证产品质量……至于服装设计能力方面的提升,基本上与这种服装加工无关,因为我们加工的服装都是国外客户所设计好了的,我们只知道国外客户的面料要求、款式要求,不可能因此就掌握了其设计主旨。加之服装流行很快,每年甚至每个季节的流行色都不一样,款式也不一样,因此,我们始终只是一个加工者,不可能准确把握发达国家服装市场上消费者喜欢什么样的颜色和款式,更不知道明年这些市场上会流行什么样的颜色和款式。"(访谈资料,2006-07-05-A)

上面的受访企业采访资料表明,宁波服装出口加工企业的贴牌加工,固然

可以提高服装加工水平和加工能力，但是如果这些加工企业要想提高服装设计能力，简单的贴牌加工显然无法提供有效的学习机会。由于这些服装加工企业远离最终消费者，对国外服装市场的流行趋势及生活方式缺乏近距离接触的机会，如果只是依靠客户设计好的纸样或制造流程说明，根本无法理解服装设计的真正内涵，最多只能了解西方人的体型特征（即服装板型），而对面料信息、款式设计及流行色彩变化趋势永远无法深刻理解。

服装加工不仅无助于提高宁波服装企业的设计能力之外，而且也很难使宁波服装加工企业获得品牌营销方面的经验。品牌营销是一个系统工程，涉及广告营销、渠道控制、物流配送、库存管理、店面设计等多方面的内容，而这些方面的技能都与服装加工并不存在直接的联系，宁波服装企业要想学习这方面的经营技巧、提高品牌营运能力，只能依靠自己在品牌营销及设计中去积累经验。

"品牌是一种无形资产，需要经过长期的历史积淀。品牌的成功不是依靠你的制造能力或者制造流程水平，而是取决于你的市场定位、设计理念以及其他多方面的品牌营运能力，这与简单的服装加工不是同一层次的概念。如果你总是为别人加工，你永远也不可能拥有自己的品牌，你永远也无法在服装消费市场上获得消费者的认可。宁波服装企业一定要有长期的战略眼光，不要仅仅盯着眼前的加工收入，今天你可以通过加工赚钱，但是，明天你还能这样吗？这并不是说服装加工不重要，但是，我们宁波企业一定要为明天的前途着想，企业要在服装行业长期生存下去，就必须创立自己的品牌，并精心对其呵护，逐渐在全球服装市场上赢得消费者的认可，服装制造能力仅仅是一种暂时的优势，不可能持久，真正持久的优势是品牌和设计能力，而这是无法在加工中学到的，这些东西只有依靠企业主动的战略和实践逐步积累起来。"（雅戈尔服饰有限公司负责人访谈录音资料）

从国外采购商的角度，宁波服装产业集群中的加工企业在设备改进、制造流程方面的提升，符合这些服装采购商的利益。因为供应商产品质量和制造流程的提升，保证了服装采购商的产品质量，最终能够在服装消费市场上赢得消费者的认可，因此，国外服装采购商会鼓励甚至帮助宁波服装企业改进设备、提升服装制作水平。宁波服装加工企业为了在竞争激烈的制造业环节中获得国外客户的订单，与这些客户维持一种长期业务关系，有足够的压力和动力去投资于先进设备的引进，不断提高制造流程水平。正是在这种双方利益基本一致的情况下，宁波服装出口企业在很短的时间内就在制造环节实现了产品升级和制造流程升级。

但是，宁波服装企业要在服装设计及品牌营销方面实现功能升级，即使不与国外服装采购商的利益发生直接冲突，国外客户同样也不会从这种升级中得到明显的利益。由于国外采购商靠近国内市场，对这些市场上的服饰文化及流行趋势比较熟悉，因此在服装设计方面具有明显的优势，在这种情况下，这些采购商不需要也没有必要让供应商去承担设计环节，更不会鼓励供应商去建立自己的品牌和营销渠道，因为这样会直接威胁服装采购商自己的核心利益。

上述分析表明，宁波服装企业在成功实现制造环节的产品升级和制造流程升级之后，已经无法通过承接国外加工订单，在服装设计和品牌营销环节实现功能升级。但是，龙头企业已经意识到，要在服装业中保持领先地位，需要掌握品牌、控制渠道、精于设计。根据笔者的调研、访谈，为了进一步提升自己的服装设计能力，积累品牌等无形资产，大致存在四种不同的升级策略。

3.2 雅戈尔的升级战略：向面料和营销渠道拓展

总部位于宁波的雅戈尔创建于1979年，凭2万元知青安置费起家，经过三十多年的发展，逐步确立了以纺织服装、房地产、对外贸易三大板块为核心的经营格局。2002年公司完成销售24.71亿元，主营业务利润10.09亿元，分别比上年增长41.09%和38.17%；实现净利润3.99亿元，同比增长14.89%。雅戈尔服装外贸出口收入达到5.89亿元，比上年同期上升了46.70%。雅戈尔目前已具备年产衬衫1000万件、西服150万套、休闲服2000万件的生产能力。按中国社会经济决策咨询中心的评估数据，雅戈尔集团股份有限公司名列中国527家最具竞争力的大企业集团的第49位，并名列世界服装制造业500强中国入选企业第一名。

经过三十多年的积累，雅戈尔已经在制造方面建立起了世界级的优势。2001年10月，雅戈尔国际服装城全面竣工（图6-2、图6-3）。这个总投资近8亿元的全国最大的服装生产基地，具有年产3000万件服装的规模以及从日本、德国、意大利等引进国际顶尖的服装流水线和专用设备，引起了世界服装大师皮尔·卡丹参观雅戈尔服装城后的称赞："我走遍了各国的知名服装企业，你们的设施、规模在世界上首屈一指。"

图6-2 雅戈尔国际服装城及厂房

图6-3 雅戈尔国际服装城主楼

2002年，投资9亿元，占地500亩的纺织工业城在雅戈尔国际服装城对面破土动工（图6-4）。雅戈尔逆流而上，向上游纺织面料进军，从斥巨资建设纺织工业城的背景来看，雅戈尔有点逼上梁山的感觉。面料问题是我国服装业的整体产业问题，雅戈尔剑走偏锋更多的是为了节省财务、交易和运输成本。集团总裁李如成认为，国营纺织企业"压锭改造"是因为技术制造流程老化，而不是产业的衰落。目前，我国服装面料自给率仅为40%，每年要进口近50亿美元的面料，倘若国产面料自给率能提高10%，不但可为国家节省外汇10亿美元,整个纺织行业也可增加几十亿元利润。雅戈尔集团负责人在采访中明确指出:"雅戈尔做上游纺织,主要是填补国内高档面料的空白,而且可以为下游的服装生产提供面料保障,下游可以即时反应,不会因为面料的问题而影响服装生产的工期和质量"。现在,雅戈尔纺织城所生产的面料,以高密度、精细编织及免烫、抗菌等多种功能的中高档面料为主,不仅满足了雅戈尔服装企业高档面料的需求,而且还出口欧美等主流面料市场。

图6-4 雅戈尔纺织工业城

除了继续巩固服装生产的原有优势、向上游面料环节拓展之外,雅戈尔还在销售渠道方面进行了重大的战略调整。雅戈尔的负责人居于自身对产业发展态势的理解,正在将雅戈尔由生产品牌向销售品牌转型,将企业在生产制造上的优势渐进移植到销售网络上来。过去,雅戈尔走的是产销分离的传统模式,但是从20世纪90年代中期起,雅戈尔开始着手打造自己的销售网络。经过十多年努力,雅戈尔耗资15亿元,在全国建起了100多家分公司、2100家营销网点,其中营业面积300平方米以上的自营店300多家。最具代表性的举动是投资1.5亿元在有"中国商业第一街"的上海南京路上建立了"雅戈尔自营旗舰店",店铺面积5000平方米,是目前国内最大的服装专卖店。在该企业的发展规划中,雅戈尔还将每年投入二三亿元开设大型专卖店,实现全国大型连锁店超500家的目标。

除此之外，为了在销售上形成优势，雅戈尔还在销售前端的品牌运营和后端网络的销售推广上同时着力。近几年雅戈尔紧步实施了企业标志革命，倡导"东情西韵，龙马精神"，重塑企业CIS，选用费祥为品牌形象代言人，实施多品牌和多产品线的规模化品牌发展，在品牌的销售推广上，雅戈尔借助"巴黎时尚工作室"创始人、MID理论创始人奥博·马蒂之手，欲三年内以量身定制方式，在品牌宣传、卖场设计、产品开发等各方面规划出完整的品牌国际发展路线。并按照公司的企业形象设计，对所有专卖店进行全范围"视觉包装"，改变建筑本身一成不变的呆板装修风格，将季节主题用色彩、视觉意象及装饰材料对店铺进行全面包装，从而全方位提升雅戈尔品牌的档次和形象。

雅戈尔还通过信息化技术，成功开发异地量体裁衣，无论顾客在北京、上海甚至是在国外，只要将其体态的相关数据输入计算机，经过技术合成，总部基地即可制板生产服装。这项技术本是从日本引进的，但经过本土化改造后，更为先进。近年来，雅戈尔为了进入国际服装市场，开始与意大利、日本、法国等服装业巨头联手，借船出海，在美国、日本及我国香港等国家或地区设立合资贸易机构，逐步建立自己的海外销售渠道。

综合来看，雅戈尔除了强化原有的服装制造环节之外，同时强化了上游的纺织面料和下游的渠道营销环节，与当前流行的品牌虚拟经营相反，雅戈尔根据自己的资源条件和产业发展未来的感受，选择了一条具有垂直一体化倾向的转型策略，如图6-5所示。

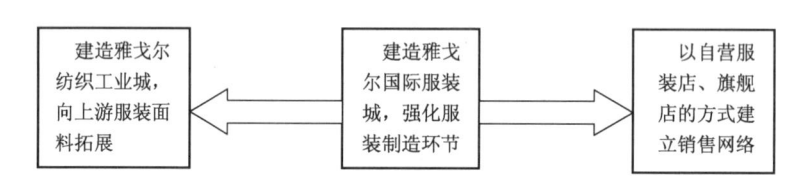

| 建造雅戈尔纺织工业城，向上游服装面料拓展 | ⇔ | 建造雅戈尔国际服装城，强化服装制造环节 | ⇔ | 以自营服装店、旗舰店的方式建立销售网络 |

图6-5 雅戈尔的一体化战略转型策略

3.3 杉杉的升级战略：强化服装设计和品牌多元化经营

杉杉集团是我国服装行业的龙头企业，列中国服装行业销售第三位。2001年销售收入28.2亿元，1997~1999年连续三年入选世界经济高成长性公司。目前杉杉以"立马沧海，挑战未来"的企业精神，初步形成了以服装为主业，以高新技术、资本运作为两翼三大板块的现代化、国际化产业集团。

杉杉集团以中国驰名商标——"杉杉"为依托，不断提升产品的品质品位，优化服务体制，通过与日本、意大利、法国、美国等国际一流公司的合作，逐步转向了品牌多元化经营。1993~1999年，杉杉的主业西服曾在我国市场占有率连续7年保持第一，最高时占有整个市场份额的37%，现在，杉杉旗下拥有21个服装品牌。

杉杉集团曾经是中国服装界的先锋企业，生产了中国第一套"轻、薄、软、挺"的薄料西装，在中国服装界最早提出名牌战略，最早经营市场网络经营，第一个到中央电视台去打广告，中国第一家服装上市公司，最早聘请设计师，推出设计品牌。

按照杉杉的未来发展规划，服装产业在其集团中的理想设定值是30%，因而尽管杉杉原有着不错的生产制造能力和优越的销售渠道，但囿于企业战略规划和产业发展趋势的预测，杉杉开始了从生产品牌向设计品牌的转变，集中精力专注于品牌运营能力的打造。杉杉认为，从消费群体细分看，现在我国服装市场上占主导地位的是一大批工业品牌，其消费对象基本上是蓝领阶层，而中国白领非常需要一批具有品牌设计意识的企业来满足他们的要求。

2000年以前，杉杉与雅戈尔一样，依靠的是传统的服装产业销售模式，在各地设立分公司，渠道流通在很大程度上是拿公司的钱订公司的货，零售店促销方式单调，不能灵活地随市场的变化而变化，随着国内市场环境的变化，杉杉面临着巨大的产品库存压力。在这种情形下，尽管杉杉1992~1997年共投资了7亿~8亿元建立了全国最大的服装销售体系，但杉杉从1999年开始，相继撤掉其遍布全国的分公司，代之以特许加盟的方式。

除了在销售领域进行瘦身之外，杉杉还大胆从服装生产加工领域抽身而退。从1999年开始，杉杉将以前在宁波全资建立的五家服装加工厂的大量股权和具体运营权全部转移给外资公司或个人，此后五年，杉杉的服装工人基本上处于稳定状态，杉杉已经确立了销售和生产全部外包、只负责品牌的核心运作、推广及服装设计的转型策略。

杉杉大刀阔斧的战略转型，将生产和销售全部外包，一心钻营品牌运作，在服装界引起了不小的震动。杉杉负责人这样解释了战略转型的理由：

"以往产供销一条龙的模式只适用于短缺经济时代，现在服装业已经变成买方市场。品牌多，消费者更理性，竞争更加激烈。为了适应新的市场环境，把生产外包可以节约大量人工费和生产设备投资。把销售外包，特许加盟商自己投资建店，由于要承担经营风险，它们会更尽心尽责地做好销售，这样，杉

杉不仅没有了销售压力,也不再会有库存积压的问题。"(杉杉集团有限公司负责人访谈录音资料)

转型后,杉杉品牌的西服、衬衫等相继丢失市场第一的份额,与此同时,雅戈尔、罗蒙、报喜鸟等对手迅速崛起,引起了业界对杉杉战略转型的广泛怀疑。但是,杉杉企业的负责人对战略转型所带来的市场占有率下降有自己的见解。

"战略转型是非常成功的,改革需要有一个大家接受的一个过程、一个时间,再一个就是任何改革都需要付出一些成本。单纯的市场占有率没有多大的意义,关键看品牌的品位是否在不断上升,杉杉现在的设计,和它的品质品位正在不断地提升。服装市场是宝塔形的,你的销售量越大,你的档次和品位在消费者心目中的地位相对来讲就往下降。所以我们现在的目标就是能够(品牌)再提升,希望把这个产品最终推到国际上去。如果杉杉西装的量再往大的方向发展,它会做到农贸市场去。但是,我们不希望杉杉往下面走,希望它能够往上走。"(杉杉集团有限公司负责人访谈录音资料)

杉杉在访谈中始终认为,服装业的核心在于品牌和网络,而产品的生产质量和制造流程只是服装品牌的一个组成部分。同时,中国服装企业现在绝大部分还在集中做加工,整体上的制造水平已经达到世界水平,这正是杉杉从服装生产撤退的重要原因,由于在中国、甚至在宁波,杉杉很容易按照自己的技术要求,自己的技术标准,采购到最便宜的服装,而不用自己生产。对于放弃自营销售网络,而改用加盟商的虚拟经营方式,杉杉负责人在访谈中给予了这样的解释:

"将销售委托加盟商代理,并不意味着杉杉失去了对销售渠道的控制,我们选择加盟商是有条件的,符合什么样的条件,你才能够做我的加盟商,而不是无限或者失控的。渠道其实完全掌控在杉杉手中,整个这个网络是我们自己的,只是在某一个点上,这一块,是授权给加盟商经营,但是后面还有次加盟商,跟杉杉保持(关系),如果一旦加盟商完成不了这个地区的营业或者不诚信,那么我们就会很快调整这些地方的特许加盟商,因此,实际杉杉还是完全掌控着销售渠道。"(杉杉集团有限公司负责人访谈录音资料)

根据美国外包协会统计,外包协议使得企业成本减少9%,而能力和质量则上升15%,但是,外包也会带来一系列风险,比如如何保持加盟商的忠诚度,应收账款延期支付,企业沟通和协作出现障碍等,杉杉要克服这些障碍,最根本的还是要在品牌经营上下工夫，只有杉杉始终在服装市场保持一定的强势地位，不断提升杉杉旗下服装品牌的品位、知名度和认可度，才会有更多的加盟商来竞争代理权，使杉杉在与加盟商的权力对比关系中能够始终处于一种强势地位。

杉杉除了在销售和生产走向虚拟经营之外，还正在大规模的进行多品牌经营策略。对于多品牌国际化的理由，杉杉负责人认为：

"凡是国际上大型的国际服装品牌公司，都是走一条多品牌国际化的思路，日本伊藤忠有二十多个品牌，路易·威登也有二十多个品牌，这些品牌都是受集团控制，但是各个品牌是独立的经营体，我们通常所看到的是它的经营体，而没有看到它背后的控制财团。"

"当今的服装市场细分定位分厂明确，分类越来越细，整个服装市场不仅有正装、休闲装、运动装等，在各个类别中同样有不同的年龄和层次细分，不同的年龄、不同阶层的价格、生活方式定位都不一样，任何一个服装企业永远不可能在某一个单一细分市场中占据绝大部分市场，因此，只能同时涉足多个细分市场。但是，在每个细分市场上都用一个品牌显然不切实际，比如杉杉西装原来定位于中档市场，现在要占据高端市场，就不可能继续用杉杉这个品牌，因为品牌一旦被消费者接受，其形象就很难改变，杉杉实行多元化品牌经营，就是要形成一个系统的品牌群，涉足不同的细分市场。"（杉杉集团有限公司负责人访谈录音资料）

杉杉为了实现自己的多元品牌经营，开始了与国外知名服装合作的步伐。杉杉自身的品牌还无法与国外强势品牌对抗，同时很多国际品牌也想进入中国市场，但他们并不了解中国市场。这些国外品牌拥有品牌优势和先进的管理、设计理念，但是在销售渠道、市场信息方面还比较弱，在这一背景下，杉杉采取了经营国际品牌的战略，首先与国外知名品牌合资，以合资的方式引进国外知名服装品牌，由合资方负责设计和制造流程技术，杉杉负责销售、经营和品牌运作，资本比例一般为6∶4。这样，杉杉可以在品牌合资中学习西方企业先进的技术设计、管理和品牌运作方法，还可经常与西方的设计师进行交流和学习，同时，还可以拓展杉杉的市场。现在，杉杉旗下经营的九个国际品牌中，有七个品牌属于合资引进。

除了通过合资引进国外知名品牌外，杉杉还主动在我国服装市场代理国外品牌，由于这些国际品牌不愿意与杉杉合资，而杉杉又认为这些品牌在我国有广阔的市场前景，而且可以通过代理学习这些品牌的运作、管理经验，最终通过代理达到提升自己原创品牌的档次的目的。不过杉杉负责人表示，杉杉始终不会专门去做品牌代理，品牌代理最主要的目的不在于盈利，而在于国际品牌的交流圈，获得品牌管理和运作的经验，最终为提升自己原创品牌的档次服务。目前，杉杉集团每年会组织原创品牌的老总去日本、韩国、法国等地参观杉杉的合作企业。除此之外，杉杉还分批派出技术骨干赴日本、意大利研修，将国外企业的质量文化带回杉杉，杉杉还在世界时尚之都巴黎设立了自己的设计工作室。

从国际品牌那里学艺，培养自己的设计师，是杉杉集团与国际品牌合作的重要目的。比如在杉杉集团的要求下，乐卡克公司日方合作伙伴承诺，日本的主要设计师将每年来中国两次，中方设计师同样每年去日本两次进行交流，并参与设计。"先看人家的设计师是怎么设计的，再和他们交流，一起工作，参与设计。过3~5年后，杉杉自己的设计师就成熟了，向国外品牌学习是一个长期的过程，从品牌设计、品牌控制、品牌发布到日常的经营管理，我们要学的东西太多。估计到了2007年，我们将把精力转移到右手，加大自主品牌的运作力度。那个时候，自主品牌经过几年的培育和竞争，有了一定的基础，我再把国际品牌培养的人才嫁接过去，加大投资，成功就是水到渠成的事情。"（杉杉集团有限公司负责人访谈录音资料）

杉杉的品牌国际化也是国内消费市场环境变化的体现，现在国内高档商店，几乎全是国际品牌。我国原来的品牌，即使像杉杉过去也一直定位于中低档市场需求。国内消费者对高档服装品牌需求不断膨胀，而我国现有的服装品牌又无法在短期内达到这个层次，国内的高端消费者只能选择国际品牌，这也正是许多高端商场被国际品牌充斥的重要原因。于是，杉杉选择了与国际高档品牌合作的道路，合作伙伴定位在中高档的国际品牌，也就是在北京的燕莎、国贸，上海的东方商厦等场所里的主流商品。这样的品牌，可以在我国开200家店，如果每家店年收入500万元，一个品牌一年可以创造10亿元销售额，七八千万元利润。未来的30个品牌，根据休闲、时装等门类以及地域和风格进行区隔，既能很好地覆盖市场，又不造成目标客户重叠。

总之，杉杉在转型中逐步将重点转向了服装设计及品牌经营，而在生产和终端销售方面采取了大规模外包的虚拟经营策略。基于杉杉目前设计能力和品牌运营能力不足的状况，实施了与国际品牌合作的国际化战略，通过合资、代理及自主品牌等多种方式，实行品牌经营的策略，同时，针对服装市场细分的现状，杉杉引进和培育了22个服装品牌，企图以后能够进一步收购、创立国际服装品牌，掌握世界服装市场的话语权和主动权，其战略转向如图6-6所示。

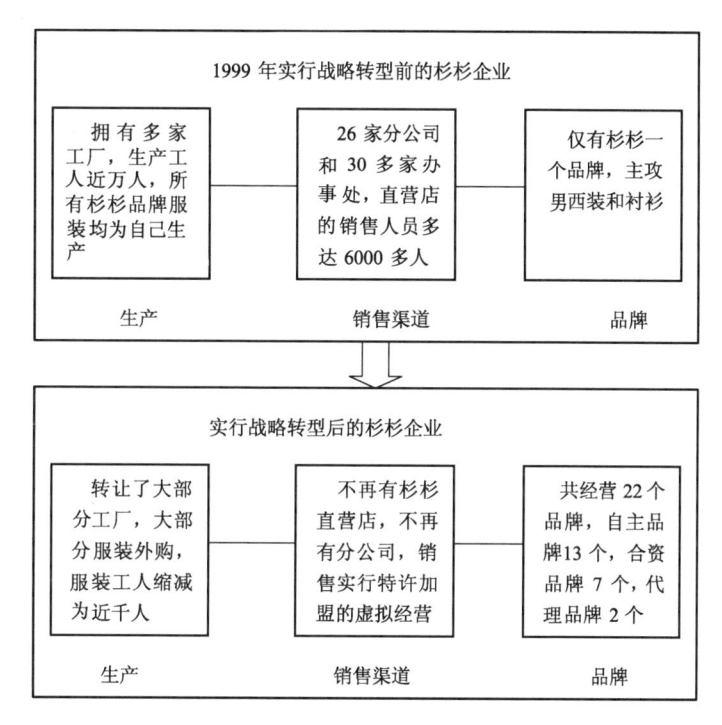

```
┌─────────────────────────────────────────────────────────┐
│              1999年实行战略转型前的杉杉企业              │
├───────────────┬───────────────────┬─────────────────────┤
│ 拥有多家工厂， │ 26家分公司和30多  │ 仅有杉杉一个品牌，  │
│ 生产工人近万人，│ 家办事处，直营店的│ 主攻男西装和衬衫    │
│ 所有杉杉品牌服 │ 销售人员多达6000 │                     │
│ 装均为自己生产 │ 多人              │                     │
├───────────────┼───────────────────┼─────────────────────┤
│     生产      │     销售渠道      │        品牌         │
└───────────────┴───────────────────┴─────────────────────┘
                          ↓
┌─────────────────────────────────────────────────────────┐
│              实行战略转型后的杉杉企业                   │
├───────────────┬───────────────────┬─────────────────────┤
│ 转让了大部分工 │ 不再有杉杉直营店，│ 共经营22个品牌，    │
│ 厂，大部分服装 │ 不再有分公司，销  │ 自主品牌13个，合资  │
│ 外购，服装工人 │ 售实行特许加盟的  │ 品牌7个，代理品牌   │
│ 缩减为近千人   │ 虚拟经营          │ 2个                 │
├───────────────┼───────────────────┼─────────────────────┤
│     生产      │     销售渠道      │        品牌         │
└───────────────┴───────────────────┴─────────────────────┘
```

图6-6 杉杉的多品牌、国际化战略转型

注：杉杉旗下22个品牌包括三类：自主核心品牌杉杉、法涵诗、梵尚。

正在培育的设计师品牌：意丹奴、马基堡、玫瑰黛薇，卡莎迪娅等9个品牌。

国外合资、代理和授权品牌：玛珂·爱萨尼（Macro Azzali）、卡拉威（Callaway）、雷诺玛（Renoma）、Pinky & Dianne、乐卡克（Lecoq）、莎喜（Sasch）、万星威（Munsingwear）、纪诺思、Maui and Sons等。

3.4 爱伊美的升级策略：借加工搭售品牌服装

与前面的雅戈尔和杉杉相比，爱伊美服装品牌无论是知名度，还是企业规模，都不属于同一个档次，但是，笔者在调研中发现，爱伊美的升级战略非常独特，对于宁波服装加工企业的升级具有一定的启发意义，因此，特地将其升级战略单列出来。

爱伊美服饰有限公司与宁波众多服装企业一样，最早以村办乡镇企业的形式、依靠上海红帮裁缝的技术支持起步。在起步之初，只有20多个员工，20多台缝纫机，车间也是由养鸡棚改造而成，主要替上海服装店加工大衣、西服和中山装。企业发展从建立到现在，大致经历了四个阶段：

第一阶段（1985年以前）：为单纯的加工阶段。

第二阶段（1985~1991年）：开始向生产企业的转变，注册了商标，自主服装销售，到商场承租柜台，直接进入市场，并获得纺织工业部首批部优产品称号。

第三阶段（1992~2000年）：开始由内销转向外销。据受访企业介绍，由于当时国内服装市场不景气，商业环境不好，三角债很严重，经过朋友关系引见了一位国外的浙江籍华侨，与该华侨合作开始做外销业务。在做完第一单业务之后，感觉比较轻松，只要按照质量和规定的时间交货，不会发生货款收回的困难，因此，开始继续扩大外销业务，相继与我国香港地区的企业合资。后来的外销业务逐渐增大，到1997年底，外贸出口超过了1000万美元，取得外贸部成立外贸公司的资格，成立了自己的外贸公司。

第四阶段（2000年至今）：我国加入WTO，国内市场环境开始日益规范。企业开始由外向转向内外并举的策略。企业认为，一些国内牌子比较大、名气比较响的服装企业，在承接外单时能够影响订单的价格和档次。不过，该企业在访谈时表示，自己在转向国内市场方面还是迟了一步。

经过十多年的外贸加工业务之后，爱伊美现意识到品牌的重要性。为了在欧美等发达国家打出自己的服装品牌，爱伊美正在探索一条新的国外品牌运作方式，即加工搭售品牌服装的方式。爱伊美与美国的一家客户达成协议，该客户在美国的专卖店既销售自己的服装，也销售爱伊美品牌的服装。比如客户下1万件大衣的订单，假设1万件大衣原本的单价是120美元，为了让它销售爱伊美品牌的大衣，其中贴牌的大衣单价仍然为120美元，但爱伊美品牌的大衣单价可以为100美元，给它每件让20美元的利润。这样，爱伊美试图利用国外客户的销售渠道，给国外客户让利的方式，来逐步扩大爱伊美品牌的影响力。该企业认为：

"因为我们是发展中国家，我们也要打品牌，要一点一点地做，打品牌并不一定表明你在短期内能够获得更高的利润，因为你的品牌正处于早期的培育阶段，你要打品牌就得让出一部分利润。在这个阶段，我们的目的不是赚多少钱，只要不赔钱就行了。不过这需要与客户建立良好的关系，有了稳固的合作关系之后，客户才愿意这样做，因为他也要承担一定的风险，比如卖不出去的风险。如果客户不愿意，我们一般还是采取贴牌加工的方式。"（访谈资料，2006-07-05-B）

不过，据笔者了解，爱伊美的这种加工让利推销品牌的方式，也只是一种尝试，效果并不是很理想。因为该企业还不具备雄厚的实力在国外进行很大的品牌投入，而且对国外的环境也不熟悉，因此，企业还是认为，如果要实施品牌战略，最好还是从国内市场起步。"我们这种加工让利在国外销售品牌服装也还只是一种试探性的策略。其实，要打品牌还是得首先从国内市场做起，因为与国外陌生的市场环境相比，你更熟悉国内的市场环境。要是在国内都没办法打出有影响力的品牌，在国外的品牌经营也就不可能成功。因此，我们打算还是将品牌的立足点放在国内。"（访谈资料，2006-07-05-B）

3.5 博洋、唐狮的升级策略：到周边国家开设专卖店

博洋集团原本以家纺为主，为了进一步拓展市场，加之20世纪90年代中期服装业发展势头很好，于是该企业老板欲进入服装业。在一次服装会议上结识了北京服装学院毕业的吴惠君先生，吴先生是浙江富阳人，毕业后在富阳工作，但由于当地的服装业基础赶不上宁波，于是想到宁波来发展，两人一拍即合。唐狮起步时非常曲折，最初做一些成熟的休闲服装，主要模仿万宝路品牌，开始时既做生产，也做设计和销售，产供销一条龙，但是并不顺利。后来通过广东考察后发现，别人在生产上做得比自己好，而且成本比自己做低很多，于是放弃生产环节，仅仅控制设计及渠道网络，但是也只控制一部分通路，其他主要通过加盟商的方式建立。起步时，由于唐狮的品牌知名度不高，只能吸引两三个加盟商，当这些加盟商赚到钱以后，市场开始逐步扩大，市场渠道也慢慢一步一步扩大。

现在，唐狮在全国已经有专卖店、连锁店800多家，产品定位于青年运动大众休闲服装，在宁波众多正装市场中走出了一条差异化的道路。现在仅唐狮年销售额已达10亿，并已上市了其他五个服装品牌，除了唐狮定位于青年大众运动休闲服装之外，33层则定位于高端休闲，F4（艾夫斯）定位休闲女装。

虽然博洋服饰不像杉杉那样拥有20多个服装品牌，但是，在产品多元化和

细分化方面，博洋与杉杉有许多相似之处。按照博洋服饰的定位，目标是做成中国休闲服装业的可口可乐，即定位于大众消费市场。该企业认为，中国服装市场的细分现在非常明显，单一品牌的销售额能超过10亿元已经非常不错了，能做到3亿元以上都很不容易。所以服装企业要想做大，只能在不同的细分市场上开发不同的品牌。博洋的品牌服装主要定位于年轻消费群体，虽然这些群体消费能力比较低，但比较注重品牌知名度，所以产品的价格比较低，但品牌含量比较高。

在生产外包方面，该企业在初创期经历失败之后，现在基本不从事服装制造，主要外包，这一点与杉杉现在的策略也非常相似。该企业在访谈中表示，宁波服装业的未来优势主要在于接单能力和开放程度以及较高的劳动技能。现在企业还具备一些制造能力，主要与这些因素有关，但近几年宁波的劳动力成本、土地等明显上升，服装制造向更低成本地区转移将是一个不可逆转的趋势。

唐狮除了运用广告、形象代言人等多种宣传手段提升品牌知名度之外，还特别重视服装设计与新产品开发环节。唐狮每年开发设计的新产品不下1500个，经过层层筛选，一般要每年投产400多个新款式。唐狮已经拥有一支100多人的设计队伍，设计渠道很广，主要通过采风、融入传统元素，以及将一些国际高端市场的服装款式、色彩通过嫁接的方式组合到自己的产品设计之中。

通过多年的品牌经营，唐狮对品牌的内涵有了许多新的认识，对品牌定位更加清楚。"做品牌是一个长期的过程，长期肯定是想赚钱，只有建立了成熟的体系，盈利才是自然的事情，即使品牌成熟了，要毁掉一个品牌也是一件非常容易的事情，要维护一个品牌，就像种花花草草一样，得精心呵护。最开始做品牌时，由于知名度很低，加盟商不认可，基本没什么优势。人家愿意做时，自己基本上没什么谈判力量，只有对加盟商让很大的利润。随着品牌的成熟，你与加盟商的讨价还价能力也就逐渐提高。"（访谈资料，2006-06-29-A）

两年前，唐狮走出国门在韩国、澳大利亚、马来西亚、中东开设专卖店。但是，公司负责人表示，这些专卖店的效果不是很理想。当时选择在澳大利亚、马来西亚及韩国设立专卖店，一方面是这些地区有一些代理商主动要求代理唐狮，从唐狮的角度来看，也希望能够将自己的品牌推到国外去。但是，由于距离相对比较遥远，供货的周期很长，国内好卖的款式不一定能在国外好销，唐狮也还没有对这些市场进行有针对性的产品开发，以致国外消费者对唐狮的认可度比较低，而且由于距离遥远，不好卖的也没办法退货，只能在当地消化。因此，从总体来看，国外专卖店效果并不是很好，有的客户也是一种尝试的心态。

但是，唐狮负责人在采访中对国外专卖店的效果做出了这样的评价："单从赚钱的角度看，我们在周边地区开设专卖店，效果不是很理想。但是，从积累的经验教训和长远发展来看，在国外开设专卖店有非常重要的意义。正如我们唐狮初次创牌失败一样，我们同样可以通过这次失败总结经验。国外专卖店的效果不理想，最主要的原因还是我们对国外市场缺乏研究，在设计本地化和品牌营销上的投入力度不够，服装市场是一个地域性很强的行业，你要想在市场上获得成功，你的款式、色彩设计必须与当地的市场需求合拍，你必须根据当地市场的特点设计全新的店面、产品陈列，同样需要采取适当的媒体宣传提高消费者的品牌认知度。有了这次经历之后，我们以后会更加重视对国外市场的研究，会加大国外的营销投入，并设立专门的设计队伍来开发这些市场。"（访谈资料，2006-06-29-A）

虽然唐狮在周边国家开设专卖店的升级策略在短期内并没有取得实质性的成功，但是，作为宁波服装业的龙头企业，唐狮努力加强品牌营销及设计环节的举措确实值得关注。宁波服装业集群的升级并不一定等于所有的服装企业都要转向品牌或者设计环节，但是，对于已经具备一定实力的服装企业及国内品牌企业而言，确实需要加强设计及品牌营销环节，逐步实现从市场加工型企业向注重设计的品牌企业转化。从上述四个典型服装企业的升级策略可以看出，服装企业向品牌和设计环节升级，完全有多种不同的策略，企业之所以选择不同的升级策略，取决于每个企业的资源状况、市场定位、成长经历，甚至在很大程度上还取决于企业家的性格特征。

4 宁波企业升级战略的理论解释

4.1 企业的升级战略与产品类型、企业拥有资源、档次定位密切相关

上述四个服装企业的产品类型、品牌定位以及与之相关的配套环境等都有很大差异，这些差异又与企业的升级战略选择紧密相连（表6-5）。

表6-5 四个企业的产品类型、定位、发展历史等特征

项目	雅戈尔	杉杉	爱伊美	博洋
产品类型	西装、衬衫	西装、衬衫、时装、运动休闲	羊绒大衣、西服	针织休闲
产品特点	中高档、非时尚	中高档、时尚	中档、非时尚	中低档、时尚
品牌	单一品牌	多品牌	单一品牌	多品牌
设计	专精设计	注重时尚设计	专精设计	时尚设计
生产组织	一体化、外包少	逐渐虚拟、外包多	一体化、外包少	虚拟经营、外包多
本地条件	非常满足	总部、设计转移上海	比较满足	生产外包福建、广东等休闲基地
外部联系	聘用国外设计师、开展量身定做	与国际品牌合作，增强品牌设计及运营能力	贴牌，搭售品牌，美国、日本设专卖店	在中东、印尼等地接受加盟
上游控制	自己建有面料厂、部分采购	制定原材料	自己建有面料厂、部分采购	完全外包采购
企业发展历史	从制造加工起步、有大量的生产设施投入	从生产加工起步、创立品牌时间早，近几年生产逐渐减少	从生产加工起步、厂房设施优势较为突出	早期经历生产加工失败、后转向虚拟经营

雅戈尔主要以西服、衬衫等正装为主，虽已开始向休闲夹克扩展，但西装、衬衫还是主打产品，特别是衬衫方面，雅戈尔衬衫在国内市场上已多年占据第一位。由于正装市场相对比较稳定，而且西装、衬衫一直是雅戈尔的强项。从该类型产品特性而言，面料质量直接决定了产品的档次和品位，作为全国西装业的龙头企业，雅戈尔力图在西装面料方面获得控制权，因此，在积极向上游纺织业扩张。

爱伊美在这方面与雅戈尔有相似之处，近几年也在面料方面有重大投入，目的也为增强对面料的控制。另外，爱伊美之所以能够搭售品牌，与爱伊美羊绒大衣的加工工艺独特有关，爱伊美的羊绒大衣是宁波服装企业中唯一一家出口免检企业，因此，对于跨国采购商，爱伊美拥有一定的议价能力。

杉杉早期虽然与雅戈尔的产品类型相似，但是，1997年杉杉经历了库存积压严重的不利处境。加上杉杉的设备投入比雅戈尔早许多年，已经收回了大部

分折旧，在面临库存危机的情况下，杉杉果断采取了瘦身策略。从此，杉杉将战略重点转向了设计及品牌运营环节，利用早期在国内市场上的品牌优势及国外品牌商想进入中国市场的机会，寻求与国外品牌企业合资，学习品牌企业的品牌设计、品牌运作等经验，力图在学习中提高杉杉原创品牌的档次。杉杉集中设计和品牌国际合作的战略决策，是促成杉杉将总部由宁波迁移上海的重要原因。由于上海的国际化程度高、能够吸引高级服装设计人才，有利于与国际品牌企业的合作与交流，这些条件加上杉杉自身的战略定位，使杉杉最终将总部迁到了上海。

博洋唐狮在宁波服装业集群中是后起之秀。产品类型主要为休闲针织，定位于中档，该类型服装市场变化很快，比正装更具时尚特征。博洋早期的产品曾经也采用自己生产，但因宁波本地休闲装配套不完善，使博洋唐狮不久即陷入困境，于是企业重新调整战略，将重点集中于设计、营销环节，逐渐成为国内有一定影响力的休闲品牌。博洋唐狮走出国门，主要源于企业大众品牌的定位，适合中东、印尼等地中档市场，加之国外华侨主动请求加盟代理，促成了博洋唐狮走出国门的尝试。

4.2 宁波服装企业升级的理论启示

宁波服装企业的升级对全球价值链升级理论提供了有益的理论补充。宁波服装企业的升级表明，发展中国家企业的升级，既不像格利菲认为的那样，能够在所有环节获得学习机会，最终顺利实现功能升级（Gereffi, 1999）。加入全球服装价值链，确实可以提高供应商的制造能力，使供应商实现流程升级和产品升级。因为这两种类型的升级，既对供应商有利，同时也对采购商有利。供应商在设备、制造流程等方面的提升，既可以提高供应商的生产效率、又可以提高产品质量，使企业在行业竞争中处于有利地位。同时，供应商在设备、制造流程上的提升，也为采购商的市场扩大、获得消费者的认可，创造了有利的条件。正是双方利益的一致，才使供应商在制造方面获得了大量的学习机会，从而能够实现格利菲等的制造流程升级和产品升级。

但是，供应商在这方面实现升级之后，并非表明升级过程结束。随着新的竞争者的不断进入，制造商要么被更低成本的竞争者所取代，要么向品牌设计和营销渠道等环节升级。但是，宁波企业的访谈资料表明，企业在采购商的供应链中，并不能在设计能力和品牌运营方面获得学习机会。因为采购商自己控制和掌握着这些战略环节，相关的信息和技能很难向供应商扩散，采购商更没有动力去促进这种技术扩散。因此，在全球价值链内部，供应商并不能在设计、品牌营销等环节上获得大量的学习机会。

在品牌、设计等战略环节，加入全球价值链对供应商的学习机会有限，并不等于供应商不能实现向这些战略环节的升级。宁波服装业集群中的领军企业的战略行动表明，发展中国家的企业在具备一定实力后，可以通过战略性投资，或利用已有的优势资源，与跨国采购商在品牌、设计方面合作，谋取功能升级。这些战略选择的成败与否，虽然现在还不明朗，但毕竟与以前仅专注于加工已有很大的不同。

5　本章小结

宁波服装业集群中的企业依靠成本优势，通过承接国外加工订单的方式成功进入了全球服装业，并在全球服装业中成功实现了在制造环节的产品升级和制造流程升级。但是，随着市场环境的变化（包括中国与欧美之间的配额纠纷、人民币升值、原材料价格和劳动力成本上涨等），宁波服装企业的加工优势逐渐减弱。在制造环节已经接近国际水平，同时又面临新的地区和国家不断进入服装制造环节的情况下，宁波服装加工企业已经无法依靠全球服装业实现设计环节和品牌营销的功能升级。由于宁波服装企业无法通过承接国外加工订单在服装设计和品牌营销方面获得学习机会，雅戈尔、杉杉等服装龙头企业开始在全球服装业之外进行了主动的设计策略。由于不同的企业在资源状况、市场定位、成长经历乃至企业家性格方面存在较大的差异，因此，所采取的升级策略也各不一样。但是，四个企业的升级方向都较为一致，即四个企业都在努力加强设计环节及品牌的控制力。宁波服装产业集群的升级，虽然并不等于所有企业都要从事服装设计、创立国际服装品牌，但是，像上述已经具备一定实力的企业，需要继续在品牌营销、设计等高端环节上不断提升。

第七章
服装业集群升级中的配额及社会责任制度

在全球服装生产网络中,企业之间的贸易关系不仅受价格机制的影响,还要受到各种制度的约束,如配额制度、绿色标准、健康标准以及企业的社会责任标准等。为了更好地讨论全球服装生产网络中的制度体系,本书将这些制度分为由各国政府或者国际组织制定,并由政府机构强制执行的制度,以及企业自行制定并要求供应商遵守的制度。前者如服装配额制度、绿色标准及健康标准,服装贸易是否满足这些条件,将由各国的海关机构直接进行审查;后者如公平贸易行动所推动的"公司行为守则",这种制度并非由政府机构直接制定并监督实施,而是由于一些发达国家的领军型企业(如零售巨头沃尔玛、牛仔服品牌李维·史特劳斯)迫于社会公众、非政府维权运动组织(如公平交易基金会)的压力,为了维护服装品牌的形象,对服装分包企业所制定的"公司行为守则"[1]。由于配额制度及新近的社会责任制度在纺织服装行业中受到了广泛关注,影响着地方服装业的结构调整,因此,本书集中对配额制度及社会责任制度在宁波服装企业中的实施情况进行分析,并讨论制度安排对宁波服装企业的升级行为所带来的影响,以及宁波服装企业对这些制度安排所做出的反应。

---

[1] 服装业中的公平贸易行动(Ethical Trading Initiative)最早始于1992年,《华盛顿邮报》揭露了李维·史特劳斯(Levi Strauss)的牛仔服由塞班岛上的华人犯人生产的丑闻,李维·史特劳斯公司迅速对此做出了反应,对所有的海外分包商制定了有关劳工制度的"行为规范"(codes of conduct),沃尔玛也在1993年制订了相似的用工制度,其他服装商很快相继做出了相似的反应(Angela Hale, 2000)。

1 全球纺织品服装贸易制度

1.1 《多种纤维协议（MFA）》的形成

纺织品和服装是全球受贸易配额限制的代表性部门之一。作为劳动密集型和相对低技术产业，发展中国家从20世纪60年代早期开始在基础纺织品和服装方面享有比较优势。当国外便宜的进口货对国内高收入产业形成压力时，发达国家的纺织品及服装制造企业成功地游说政府，要求实施贸易限制。自20世纪50年代以来，如何对待来自发展中国家的廉价纺织品及服装进口一直是OECD国家面临的问题。20世纪50年代，日本的纺织品服装开始大规模出口美国，冲击了美国的纺织服装制造业。美国以"扰乱市场"为由，率先对纺织服装产品实施进口数量限制。

由于对发展中国家的服装出口限制违背《关税与贸易总协定》取消数量限制的原则，为了使数量限制合法化，发达国家开始寻求多边协商一致背离《关税与贸易总协定》规则。最早对纺织服装产品发起进口数量限制的国际协定，始于1961年"狄龙回合"中达成的《棉纺织品短期协定》（为期一年）。该协议规定，当被列入受限范围的棉纺织品进口达到一定数量并使发达国家受到市场扰乱时，进口国就可以单方面地实施配额限制。1962年10月安排期满之后，短期安排被《长期纤维协定》所取代。

长期棉纺织品安排相比短期安排，受配额限制的类目从一部分棉纺织品扩大到几乎所有的棉纺织品，实施进口数量限制的国家也从美国一个国家增至几乎所有的发达国家，同时受限国家也从日本一国增至三十多个国家。在短期安排中，采取"自动"限制进口的形式，但是长期安排则采取了双边协商签订纺织品贸易协定的形式来限制进口。从内容上看，长期棉纺织品安排已经具备了长期实施配额方法的基本纲领，从而对《多种纤维协定》的形成产生了重大影响，见表7-1。

20世纪60年代末，化学纤维品开始大量投入国际市场，发达国家觉得长期棉纺织品安排不能达到限制化纤纺织品进口的目的，而发展中国家对发达国家经常对化纤纺织品进口实施单方面强制性数量限制感到不满。在这种情况下，关贸总协定建议各国以缔约协定的方法来解决多种纤维产品的贸易问题，并于1974年1月签署了《多边纤维协定》（MFA），该协议同样历经了多次延长，《多种纤维协定》几乎将所有的纺织品都纳入了数量限制的范围。该协定原本目的是为了扩大纺织品贸易，减少贸易障碍，但实际的情况并非如此，该协定更多地成为了美国等发达国家实行纺织品贸易保护地工具，非但无助于扩大纺织品贸易，反而限制了这个领域的贸易。

表7-1 "多种纤维协定"的演变

协定名称及期限	限制范围	主要规定内容
《纺织品短期协定》（1961~1962）	棉纺织品	发生"市场扰乱"时可实行短期数量限制
《长期纤维协定》（1962~1973）（包括两次延长）	棉花占50%以上的纺织品和服装	发生"市场扰乱"可对不受限制的产品实行新的限制 可与出口国达成协议或单方面实行限制 配额水平不低于前期的进口水平 配额的最低年增长率为5%
《多种纤维协定》（1974~1977）	毛、棉、人造纤维纺织品和服装	对"市场扰乱"的威胁做了具体规定 对基本限额、年增长率、配额的灵活性做了新的规定 对新、小纺织品出口国的照顾 建立纺织品监督机构对双边协定实行监督
《多种纤维协定》（1977~1982）	毛、棉、人造纤维纺织品和服装	同原协定，另增加"合理背离"条款，允许背离MFA要求（如基本限额、增长率） 同原协定
《多种纤维协定》（1983~1986）	毛、棉、人造纤维纺织品和服装	取消"合理背离"条款 另增"反激增"条款，以纺织进口急剧、大量增加
《多种纤维协定》（1986~1991）	毛、棉、人造纤维纺织品和服装并扩大范围到植物纤维、混纺植物纤维、丝混纺产品	同原协定 另增：1. 恢复"合理背离"条款 2. 单方面进口限制延长一年 3. 对最不发达国家、棉毛制品生产国优惠

资料来源：世界银行："乌拉圭回合多边贸易谈判手册"，1987年英文版。

1.2 《纺织品和服装协议》及配额制度的废除

由于纺织品和服装占经济合作与发展组织（OECD）从发展中国家进口总额的45%，《多种纤维协定》（MFA）已成为南北方贸易框架的基石，对发展中国家的出口和全球纺织品贸易构成了巨大的限制条件。如果没有MFA，据估计服装的贸易将增加25%，纺织品的贸易会增加10%（Yang, Y., 1994, "the impact of phasing out the MFA on world clothing and textiles markets", journal of development studies, vol.30）。《多种纤维协定》所实施的数量限制，使发展中国家纺织服装制造业的比较优势无法完全发挥，在发展中国家的强烈要求和努力下，1986年开始的关贸总协定"乌拉圭回合"谈判终于把纺织品和服装贸易列为重要谈判议题，最终提出《纺织品和服装协议》（ATC）作为一揽子方案，并于1995年开始生效。该协议规定，纺织品和服装贸易将从1995年1月1日起至2005年1月1日完成贸易一体化，在过渡时期内将不断提高纺织品出口增长率，逐步取消数量限制，直至最后实现自由贸易。

《纺织品和服装协议》所确定的十年贸易自由化方案涉及《多种纤维协定》项下取消纺织品贸易的数量限制协定和非《多种纤维协定》项下取消与《关税与贸易总协定》的规则不一致的数量限制协定两部分。

（1）《多种纤维协定》项下数量限制的分阶段取消。取消配额限制，共分为四个阶段来实施，具体时间为1995年1月1日~2005年1月1日，前三个阶段中每一个阶段取消配额限制的产品都应该包括毛条和纱、机织物、纺织制成品与服装这四类产品中的每一类。

第一阶段：自1995年1月1日起，每个成员需以1990年纺织服装进口总额为基数，首先取消不低于16%的数额限制。这些产品的贸易将按照《关税与贸易总协定》的一般规则进行。

第二阶段：自1998年1月1日起，以1990年为基期，进口国再取消不低于1990年总进口量的17%的配额限制。

第三阶段：自2002年1月1日起，以1990年为基期，进口国取消不低于1990年进口总量18%的配额限制。

第四阶段：自2005年1月1日起，进口国在一年内取消剩下的全部配额限制，实现纺织品贸易自由化。

（2）不在《多边纤维协议》项下的限制性措施的分阶段取消。世界贸易组织任何成员所实行的不属于《多种纤维协定》的限制性措施和《关税与贸易总协定》下没有被认可的措施，应于1996年前使其《关税与贸易贸总协定》一致或在不超过规定的有效期内，即于2005年以前，逐步取消。

上述纺织品和服装分阶段取消数量限制的进程表，归并过程带有很大的滞后性，即将大多数艰难的贸易自由化向后拖延了，即到最后一天，进口国家并没有兑现所有承诺，但是，《纺织品和服装协议》规定了在10年过渡期中要大幅增加配额，这可以确保出口进口压力下的国家逐步面对更加激烈的竞争，从而有助于按计划取消数量限制。

中国于2001年加入世界贸易组织，意味着发达国家于2005年1月1日以后没有权利再对我国纺织品服装实施配额限制。但是，根据中国加入世界贸易组织议定书第242段的规定，所有世界贸易组织成员在2008年12月31日以前，如认为自中国进口的纺织品激增对其国（地区）内产业造成影响，可对中国实施为期1年的配额限制，而且这种限制一直可以持续到2008年结束。正是这一保障条款，在全球纺织品贸易配额取消之后，我国仍然要受到欧美等发达国家对我国纺织品服装贸易配额的限制。

1.3 纺织品服装贸易制度对服装业集群升级的影响

国外有关纺织品、服装贸易配额的限制，最终要通过国内的配额分配机制来影响出口国纺织品服装生产企业或贸易企业的出口行为。国外对我国实行的纺织品服装配额，最终会通过国内的配额分配制度影响我国纺织品服装出口企业的生产和经营状况，并最终影响服装企业的升级行为。因此，下面将以企业定性访谈的资料，来分析国内纺织品、服装配额分配制度对宁波服装企业集群中企业升级的影响结果及具体的影响机制。

1.3.1 配额提高了服装出口企业的出口价格

发达国家对我国服装出口的配额限制，最终的结果是我国政府部门需要对出口配额地区的服装类别在服装出口企业之间进行配额分配，出口分配既可以是免费的，也可以采取招标方式。到目前为止，我国纺织品服装配额的分配方式主要有三种，即按上年出口业绩免费下年配额、按业绩有偿协议招标、公开招标。2005年以前，我国的纺织品服装配额分配主要采取按业绩分配的方式，从2005年开始，我国纺织品服装出口配额分两种方式，即业绩分配和公开招标，业绩分配占70%，公开招标占30%。由于配额指标作为一种稀缺资源，即使是企业依照过去业绩免费得到的配额指标，也存在一定的价值，特别是在配额可转让的情况下，配额的价值体现得更加明显。因此，任何得到配额指标的企业都会努力以最有效的方式去利用配额。当配额实施对象包括多种具有不同规格、品种、型号或者质量的一组产品时，会使出口结构可能趋向于具有较高价值的品种，学术界将其称为配额的"价格提升"效应。

对这种升级现象的一种解释是，获得配额的服装出口企业想使配额的使用利润最大化。比如，以某种大衣为例，在实施被动出口配额以前，一种款式的出口单价为50美元，另一种出口单价为100美元，在实施被动配额后，致使两种款式的大衣因配额竞争增加了1美元的成本，这个时候，50美元的大衣成本上涨率为2%，而100美元的大衣成本上涨率为1%，这样对获取配额的服装出口商而言，选择价格更高、档次更高的服装类别出口更加有利。

这种配额限制所引起的升级效应非常普遍，例如，在美国对日本汽车实施自动出口配额的情况下，日本对美国出口的汽车业，从小规模、经济型的汽车迅速向规模更大、更豪华的汽车升级。

上述理论上的分析，是否在宁波服装企业出口中有所反应？因为笔者无法得到宁波受限市场上出口单价的数据资料，所以只能通过少数企业的定性访谈来对上述假设进行检验。在笔者所采访的30家企业中，几乎都在受限市场上获得了配额分配，通过商业部2006年所发布的输欧、美配额业绩分配公告中，可以确认所采访企业获得了配额指标，见表7-2。

表7-2 受访企业输欧盟协议纺织品2006年度第二次业绩分配可申请数量

企业名称	第二次分配可申请总数量（件）
奉化市爱伊美西服进出口有限公司	22,275
宁波长隆制衣有限公司	328,439
罗蒙集团股份有限公司	9,601
宁波老K制衣有限公司	10,989
宁波博洋进出口有限公司	133,643
宁波培罗成国际经贸有限公司	1,794
宁波爱尔妮服饰有限公司	929
宁波布利杰针织集团有限公司	228,914
宁波巨鹰国际经贸有限公司	152,137
宁波伟绅进出口有限公司	194,540
宁波宏利集团有限公司	227,343
浙江巨鹰集团股份有限公司	270,324
雅戈尔及其各分公司	1,000,180
宁波太平鸟进出口有限公司	112,909
宁波博洋纺织有限公司	61,275
宁波杉杉进出口有限公司	29,208
宁波甬南针织有限公司	450,559
宁波布利杰进出口有限公司	998,576

资料来源：根据中华人民共和国商务部对外贸易司《商务部关于下达全国各经营者输欧盟纺织品2006年度第二次分配方案的通知》中的数据整理所得。

访谈中，笔者针对每个涉及出口配额的企业提出了这样一个问题："当贵企业获得同一类别的配额之后，贵企业会优先签订单价更高的加工订单吗？"，上述所有的企业都做出了肯定的回答，认为同一类别的配额价值一样或者说成本一样的情况下，自然希望所获得的单位配额能够创造更高的价值，因此会优先考虑同一类别中价格更高的服装订单。除此之外，企业为了在下一年度获取更多的配额指标或者完成今年的配额指标，也倾向于出口单价更高的服装订单，见表7-3。

表7-3 受访企业出口倾向及原因调查表　　　　　　　　　　　　　　单位：家

是否倾向承接单价更高的出口订单	是	否
企业数量	28	2
倾向承接单价更高订单的原因	分摊配额成本	25
	为下年获取更多的配额指标	21
	其他	5
企业总数	30	

资料来源：根据笔者的企业访谈资料整理。

当然，配额对宁波服装出口企业出口价格的影响，仅限于获得受限地区配额的出口企业，由于每个企业所获得的配额毕竟有限，同时还有大量的出口企业无法获得受限市场的配额，因此，还需要出口到大量非设限市场，或者出口非设限服装产品，对于这类不存在配额限制的服装出口，也就不存在配额对出口价格的影响。因此，配额对宁波服装出口企业的价格拉动的作用是有限的，配额可能提高受限市场出口价格的上升倾向，并不一定表现为宁波整体服装出口价格的上涨。

另外，如果因配额成本存在，而其他国家免受配额控制，配额成本的增加有可能使订单转移到其他国家。这样企业为了赢得出口订单，有可能在原来的基础上降价出口，从而使出口价格普遍下跌，但是这并不影响配额成本的存在，促使企业倾向出口价格更高的服装产品的结论。

1.3.2 业绩分配方案有利于形成稳定的出口环境

配额限制的存在，自然产生了一个配额如何在出口企业中进行分配的问题。虽然从1982年起，美国就与我国签署了纺织品双边协议，从这时起，我国就开始根据协议对纺织品出口企业实行配额管理。但是，由于我国当时的外贸体制基本上处于严格的计划控制时期，纺织品服装出口完全由少数几个国有贸易企业所控制，服装生产企业没有外贸出口权，配额指标自然无偿分给了这些国营外贸公司，并且严格规定配额不允许转让。在这种体制下，配额对宁波的服装生产企业基本没有什么影响，服装外贸公司的主要任务也不是为了盈利最大化，而是完成国家下达的外汇指标任务。

20世纪90年代中期以后，我国开始逐步放松国家对外贸的计划控制，开始允许一些服装生产企业自营出口。宁波也开始出现少数独立的外贸公司，随着这些外贸企业及生产企业服装出口业绩的逐步扩大，这些企业所获得的配额分配指标也开始提高。加上国家外汇体制的改革，出口企业开始自负盈亏、以追求企业的利润为目标。贸易配额开始成为一种稀缺资源，逐渐受到出口企业的重视。但是，这时具有外贸资格的企业数量毕竟非常有限，企业之间对配额的竞争也还不是十分激烈，宁波的服装生产企业也还是主要依靠国营外贸公司的采购订单出口，绝大部分服装生产企业基本不需要考虑配额指标。

直到1998年以后，特别是在1998~2004年期间，国家加大了外贸改革的力度，降低了成立外贸公司的资格要求，同时降低了生产企业获取自营出口权的要求，从而打破了少数国营外贸企业长期垄断纺织品服装贸易的局面。随着拥有服装出口权的企业数量的增多，配额的竞争日趋激烈，为了更好地利用配额指标，对2006年出口欧美的纺织品服装受限配额类别实行了配额业绩分配和配额公开招标相结合的方式。配额按业绩分配方式如下：

$$S = T \times (70\% \times Q_1/M_1 + 30\% \times Q_2/M_2)$$

式中：S——经营者可申请数量。

T——确定的全国临时出口许可总量。

Q_1——经营者对设限国家（地区）出口实绩。

Q_2——经营者（$Q_1 \neq 0$）除设限国家（地区）之外的对全球的出口实绩。

M_1——全国经营者对设限国家（地区）出口实绩。

M_2——全国经营者（$Q_1 \neq 0$）除设限国家（地区）之外的对全球的出口实绩。

业绩分配方式，对宁波服装企业扩大出口起到了一定的推动作用。由于受限市场出口在配额分配中的权重很高，因此，企业会优先承接欧美等受限市场的出口订单。据奉化服装商会阮华成会长介绍，与俄罗斯、东南亚、非洲等非受限地区的出口订单相比,出口欧美等受限市场的出口订单档次普遍较高,单价相对较高,不仅有利于提高出口企业的技术水平,而且也能使企业增加这些地区的出口业绩,从而在下一年分配到更多的配额指标。

另一方面,对于那些无法获得配额分配指标的企业,业绩分配同样在某种程度上促进了受限配额市场订单不足的情况下,加大非受限市场出口的动力。因为按照上述业绩分配方案,企业在非设限地区的出口在业绩分配指标中占据30%的权重,增加非受限市场的出口,同样可以使企业在次年的配额业绩分配中获得更多的配额指标。因此,在配额总量受到限制的情况下,上述配额的业绩分配方案会促进宁波服装企业扩大非受限配额市场的出口。

上述推论可以2006年宁波服装出口的统计数据得以验证,宁波海关数据显示,2006年1~8月,宁波口岸累计出口纺织品和服装72.1亿美元,同期增长23.9%。欧美市场比重已由去年同期的32%下降至27.5%;对美国出口6.2亿美元,增长11.1%。但是,与出口欧美下降相对比的是出口亚非拉增长迅速。其中,宁波口岸对俄罗斯纺织品服装出口高涨,2006年1~8月同比去年增长了一倍。2006年1月以来,宁波口岸输欧美设限纺织品和服装出口额为2.6亿美元,占输欧美总额的13.1%。虽然很多设限纺织品服装出口数量锐减,但部分非设限纺织品服装的出口却呈现大幅增长趋势[1]。

总之,上述业绩分配方案,从整体上起到了促进宁波服装企业扩大出口的作用。在配额总量一定的情况下,上述业绩分配方案有助于得到配额分配指标的企业优先选择受限配额市场的出口,以利于下一年分配更多的配额指标。由于欧美受限市场出口单价相对较高,因此,上述业绩分配方案在一定程度上促进了宁波服装出口企业的单价水平。另一方面,对于配额不足的企业,上述配额方案同样促进了宁波服装企业扩大非受限市场出口的动力,因为非受限市场在配额业绩分配中占有一定的权重。配额不足的企业会努力开拓非设限市场的出口,以在下一年的配额分配中分到更多的配额。

1.3.3 配额公开招标及协议招标对宁波服装出口企业升级的影响

2005年以前,我国纺织服装出口的配额一直实行业绩分配方式。但是,在2005年底我国分别与欧盟和美国就纺织品贸易摩擦问题达成共识,为我国纺织品未来几年的出口分别定下8%~12.5%和10%~17%的年增幅后,商务部专门制定了

---

[1] http://provincedata.mofcom.gov.cn/hottxt/index.asp.

《纺织品出口临时管理办法》并出台了配额招标制度。规定按企业出口业绩,将协议的70%配额用以分配,另30%用做公开招标,并在招标过程中采取"价格优先"的原则。一年多的出口情况显示,这种配额分配机制导致国内纺织品出口配额浪费严重,清关率过低,见下表7-4、表7-5,以及大量的外单流向我国周边国家。同时,人民币升值压力不减、纺织品出口退税税率下调以及纺织品出口形势不容乐观等不利因素,也间接导致国内纺织企业出口成本增加。

表7-4 2006年输美国部分协议纺织品清关率(1~8月)

输美国服装类别号	单位	协议总量	清关量	清关率(%)
338/339 棉制针织衬衫	打	20,822,111	6,886,628	33.1
340/640 男式梭织衬衫	打	6,743,644	2,207,210	32.7
347/348 棉制裤子	打	19,666,049	8,779,909	44.6
349/649 棉及化纤制胸衣	打	22,785,906	8,989,578	39.5
352/652 棉及化纤制内衣	打	18,948,937	4,790,311	25.3
443 毛制西装套装	条	1,346,082	520,480	38.7
447 毛制裤子	打	215,004	71,885	33.4
638/639 化纤制针织衬衫	打	8,060,063	2,866,524	35.6
345/645/646 套衫	打	8,179,211	1,641,260	20.1
647/648 化纤制裤子	打	7,960,355	3,337,220	41.9
847 毛制裤子	打	17,647,255	9,007,949	51

资料来源:中华人民共和国商务部网站:http://wms.mofcom.gov.cn/aarticle/ztxx/ac/am/200609/20060903090311.html.

表7-5 2006年输欧盟部分协议纺织品清关率(1~8月)

输欧盟服装类别号	单位	协议总量	清关量	清关率(%)
4 T恤衫	件	540,204,000	233,612,667	43.25
5 套头衫	件	189,719,000	109,510,379	57.72
6 裤子	件	338,923,000	163,505,105	48.24
7 女式衬衫	件	80,493,000	45,437,118	56.45
26 连衣裙	件	27,001,000	13,366,839	49.5
31 胸衣	件	219,882,000	114,534,511	52.09

资料来源:中华人民共和国商务部网站:http://wms.mofcom.gov.cn/am/200609/20060903090311.html.

笔者在宁波服装集群调研中发现，许多企业表示对配额公开招标的结果失望。有些受访企业认为，招标时的激烈竞争和炒作过度推高了中标价格，在之后市场配额价格大幅跳水，且远低于企业中标价格，配额浪费严重。同时，为了应对纺织品配额费用较高，宁波一些企业通过国外转口的方式改变纺织原产地，已经引起了美国等国家的警觉。如果纺织品出口配额进一步闲置，致使出口量下降，会对宁波乃至我国纺织服装出口增幅产生不利影响，也会影响我国纺织服装产品在国际贸易中的相关权利的实现。许多受访企业向笔者抱怨，由于配额竞标中过度炒作，企业经常出现有订单没配额、有配额没订单的情况。

在上述背景下，为了给纺织服装企业提供一个相对稳定的政策和贸易环境，利于纺织服装企业做好今后的生产和出口计划，也利于增强外商购买我国纺织品的信心；同时，为了避免纺织品出口配额炒卖，降低企业出口成本，减少纺织品配额浪费，最终增强我国纺织工业的整体竞争力，中华人民共和国商务部于2006年9月公布了新的纺织品出口配额管理及分配机制。

在商务部发布的《2007年度输欧、输美纺织品第一次协议招标公告》中，规定对2007年输欧、输美配额采用业绩分配和协议招标两种方式，取消了公开招标的方式。协议招标，就是投标企业在协议招标最高投标数量范围内，投标价格不低于最低投标价，即可中标，其本质就是有偿分配，以某一较低的价格获取额定数量的配额。协议招标的实施，为宁波服装企业出口提供了以下有利条件：首先，为宁波服装企业提供一个相对稳定的政策和贸易环境，有利于服装企业做好今后的生产和出口计划，也利于增强外商向宁波服装企业下单的信心。其次，对纺织品出口配额实行协议招标，可以避免公开招标中存在哄抬、炒作招标价格等不确定因素，有利于为宁波服装出口建立一个保持稳定、有序、可预见性的配额政策，从而为订单回流宁波提供了良好的条件。

另外，较之以前以价格优先为原则的公开竞标，协议招标的最大功能就是可以将纺织品出口配额价格控制在一个相对较低的水平，只有在统计时段拥有稳定出口业绩的企业才有可能获得协议招标资格，这样对真正有出口能力的企业提供了一个稳定的配额环境，有可能促进宁波服装企业的配额使用率。同时，新的《纺织品出口管理办法》增加了对企业社会责任的规定，《纺织品出品管理办法》第十条规定："经营者应按照国家有关劳动、安全和环保等法律法规的规定从事经营活动。对经有关部门认定，未能依法履行劳动、安全和环保等义务的经营者，商务部可取消其按照本办法第九条获得的临时出口许可数量资格,并收回已获得的全部许可数量。"这些规定,有助于在宁波服装企业中形成一种优胜劣汰的竞争机制。

1.3.4 配额限制对宁波服装制造企业出口的负面影响

不同的配额分配制度虽然在某种程度上对宁波服装企业的升级提供外在的压力和推力,但是,另一方面,配额制度也对宁波服装产业集群的发展带来了许多负面影响,如果配额成本超过一定的限度,宁波许多服装企业可能会丧失订单,大量企业可能会倒闭,这样,连生存都成为困难的情况下,企业升级也就失去了基础。因此,在认识到配额制度可能促进宁波服装企业升级的同时,还需要关注配额制度对宁波服装企业出口所造成的负面影响。

宁波作为我国重要的服装出口地,动荡不定的贸易配额环境对宁波服装企业的出口构成了种种挑战。根据企业访谈信息,在纺织品服装配额方面,宁波服装出口企业面临的挑战主要有以下几个方面:

首先,动荡不定的配额环境增加了宁波服装出口企业的接单风险。由于配额处于变动之中,每个出口企业所能得到的配额同样处于变动不定状态,今年某种类别配额比较丰富,但并不能保证明年,甚至下个月该类别的配额有保障。由于服装出口企业接单与正式出口之间的时间间隔至少需要两三个月的时间,甚至有时的订单需要提前一个季度就要签订,在这种情况下,动荡不定的配额环境给服装出口企业的接单带来了很大的风险。大部分受访出口企业承认,因为配额不确定,经常出现有配额没订单、有订单没配额的情况。

特别是在去年商务部实施部分配额招标之后,配额不确定性的矛盾更加突出。许多企业当时花了高价买来了配额指标,可是发现这些配额指标一部分浪费了,因为花钱买来的配额指标,配额成本肯定要计算到出口价格中去,自然使出口成本上涨,由于像越南、印度的服装出口企业并不受配额限制,在出口价格上涨之后,一些国外服装采购商纷纷向越南、印度转移订单,最终的结果是宁波一些服装企业花高价买来的配额指标接不到订单,受损失的还是这些服装加工出口企业。

除了因配额不确定使服装出口企业遭受直接的配额成本损失之外,不确定的配额环境还使许多宁波服装出口企业出口业务受到很大负面影响。以2005年中美、中欧纺织品贸易争端为例,在此期间,由于不确定的配额环境,宁波许多服装企业不敢承接来年欧美客商的加工订单,许多服装出口企业要么仅承接一些短期加工订单,要么转向本已十分激烈的国内服装市场,要么干脆停产静观局势变化。因为在企业看来,虽然停产导致设备闲置,但至少不会带来货款无法收回、产品大量库存的风险。有一位服装出口企业这样描述了动荡的贸易配额对企业所带来的压力和挑战:

"从事欧美服装外单加工,虽然有时比从事国内服装加工在货款回收方面更有保障,产品只要出去了一般不存在货款收不回的风险,但是,因为配额问题,使得从事国外加工订单就像踩钢丝一样,因为我们企业很难准确预测配额的变动趋势,而且和国外客商做生意,对准时供货的要求很高,一旦因配额问题不能准时交货,客户就会拒收,那么所有的货款也就没着落了,而且这次没按要求履行加工合同,这个客户以后再也不会相信你了,虽然问题的根本原因不在我们,但生意就是这样,我们这些加工企业始终处于弱势地位。从这种意义上看,从事服装外单加工的风险更大,因为配额问题不是由我们来控制,而是国家之间的大环境所决定的。"(某外加工服装企业访谈录音资料)

其次,配额限制了宁波中小型服装加工企业的升级机会。在实行配额按业绩分配的时候,服装出口企业,特别是那些直接得到配额分配的国营外贸公司或具有自营出口权的服装加工企业,能够直接从国家无偿得到一定的配额额度。而一些中小型服装加工企业虽然可以接单,但由于不能从国家分配到配额,必须挂靠外贸公司或具有自营出口权的服装加工企业进行出口。对于大多数宁波服装加工企业,因为无法得到配额,只能承接本地大企业的转包加工业务,使这些企业长期无法直接获取国外的市场信息,无法建立自己的客户网络。

2 公司行为准则及有效性讨论

2.1 服装业的全球分包与跨国公司的社会责任运动

20世纪90年代初的跨国公司行为守则,以世界驰名服装品牌为线索而展开。随着跨国公司全球外包的盛行,位于发展中国家,特别是一些出口加工区内的分包工厂普遍存在的"血汗工厂"频繁曝光,工作时间长、工资低、强迫加班、性别歧视、缺乏职业健康保护等滥用劳工的问题,引起了人们的广泛关注。一些西方国家的消费者、非政府组织、工会组织、学生组织等开始发起对跨国公司的批评,要求跨国公司在全球扩展及谋求最大经济利益的同时,必须承担其包括劳工权益保护在内的社会责任。在这些运动的压力下,为了维护品牌形象及市场竞争的需要，许多服装、鞋业及玩具品牌商与零售商纷纷制定"公司行为守则"（corporate codes of conduct）。这些公司行为守则通常以联合国《世界人权宣言》和国际劳工组织的"基本劳工公约"为蓝本，承诺承担社会责任、要求供应商遵守所在国的相关法律、维护劳工权益、改善劳动条件。

1991年，美国牛仔裤品牌商Levi's被指责其产品为"血汗工厂"所生产，后来媒体又揭露其位于赛番的合约工厂存在严重的劳工问题，迫于维护品牌声誉及形象的压力，Levi's率先制定了公司行为守则，对供应商的劳工待遇、加班时间、童工问题、工作环境等做出了相应的规定。此后，众多著名服装品牌商及零售商，如NIKE，CAP，WAL-MARK等，也分别制定了本公司的行为守则。这些公司行为守则通常由大型跨国公司自行负责制定、解释、实施并监测其效果，显然，这种"内部"守则的最大弊病在于缺乏来自外部的独立监督，而可能沦为这些跨国采购商争取消费者信任的公关工具。因此，在20世纪90年代中期以后，出现了包括跨国公司、工会组织、消费者组织、非政府组织、人权组织在内的行为守则多边机构，即由独立的第三方认证机构或监督机构对跨国公司整个商品供应链的生产行为进行独立的社会监督，可称为"外部守则"。这些外部守则通常以联合国和国际劳工组织的"基础性条约"为蓝本，对劳工权益保护有更为详尽的规定，这些守则包括英国的"道德贸易基本守则"（Ethical Trading Initiative Base Code），欧洲的"洁净衣服运动"发起的"成衣业公平贸易准则"（the Fair Trade Charter for Garments），以及美国"国际社会责任"组织发起的"社会责任8000认证"（SA 8000）。

上述公司行为守则的核心内容主要包括国际公约中有关社会保障、劳动者待遇、劳工权利、劳动标准等。公司行为守则一般以书面形式公布，制定起来一般不存在什么特别的难处，社会责任的关键在于能够确保跨国公司的供应商完全依照公司行为守则保护劳工权益。跨国公司之所以实行公司行为守则，不是源自跨国公司对分包企业的工人权益主动的关注，而是迫于舆论及负面报道损害公司形象的压力所采取的行动。

从公司行为守则所涉及的相关行动主体来看，公司行为守则涉及跨国服装采购商、分包商、工人、商业认证机构及其他非政府组织，从利益的角度，各自的利益存在很大的冲突（Taplin，1996）。跨国采购商之所以制定公司行为守则，主要还是处于自身利益最大化的目的，为了避免品牌形象受损于有关滥用劳工的负面报道,这些跨国公司一方面需要制止供应商的滥用劳动行为,同时又要供应商以最低的价格、快速而又准时地提供质量合格的服装,这自然与分包商的利益存在一定的冲突;作为公司行为守则所保护的对象——工人,经常被排除在公司行为准则的实施和监督过程之外。据许多调查报告显示,众多供应商虽然有对跨国公司遵守公司行为守则的承诺,但其工人根本不知道行为守则的内容,工人成为了"被保护"的对象,而不是"主动争取权益"的主体(Lee Kwan Ching,1995)。而一些商业认证机构与跨国公司是一种商业关系,如果这些商业认证公司依靠跨国公司的认证业务获取利益,认证的公正性和客观性就很难检验。

正是上述复杂的利益关系和权力对比关系,加之层层分包关系的存在,使得公司行为守则的有效性成为讨论的中心议题,同时也是公司行为守则引起质疑和批评的焦点。

2.2 公司行为守则有效性的相关讨论

目前,对于公司行为守则是否真正改善劳工问题的讨论主要集中于以下三个方面:公司行为守则自身的有效性;工人的自组织与赋权;国际化与地方法的强化与实施。

首先,守则的有效性直接与全球化带来的压低劳动力成本的"逐底竞争"(race to bottom)、转包体系底复杂性、守则底透明度、监督与核查机制、投诉与改善机制等有很大关系(Hale,2000)。正如全球商品链理论所指出的,制定公司行为守则的跨国公司处于复杂供应链的顶部,用订单掌握位于各国、各地区的生产商和代理商,生产商直接控制着生产线和工人,而且还可能延伸出更为复杂的转包关系。显而易见,由于所占的市场机会与资源不同,作为买家的大型服装零售商及品牌商与作为卖家的生产商在交易中处于不平等的谈判地位。国外服装商控制着产品设计、营销和品牌,经常以尽可能低的价格来选择供应商,供应商为了获得订单,只能将成本压力再次向工人转移,这样,采购商与供应商之间的利益冲突,最终致使规范制造商与工人之间的劳资关系时常流于形式,成为跨国公司的一种公关手段。

在监督机制方面,跨国采购商一般采取派自己的监督人员验厂的方式来对生产商进行监督,这些监察人员不可能长期驻扎于合约工厂,而是每隔半年或者几个月对合约工厂进行检查,即所谓的"验厂"或"查厂",由于这些检查人员在验厂前一般会提前通知合约厂商,这样,合约厂商就有充足的时间来应对"验厂",比如临时张贴公司行为守则、准备虚假的报表材料、遣散临时工,或者让工人做虚假回答等。另一方面,这些检查人员很难得知所有的订单业务是否存在进一步转包过程,即使知道,也很难跟踪转包订单的工人权益状况,这样,即使直接承担订单的合约工厂完全达到了公司行为准则的要求,也很难保证公司所采购产品所具有的"血汗工厂"烙印(Wanda and Moore,2003)。

其次,跨国公司行为守则只是赋予了合约工厂有保护工人权益的义务,但是并没有强调工人对整个守则过程的全面参与。虽然跨国公司制定的行为准则是为了改善合约工厂中的工人权益,但是,这些行为准则的制定从来都没有从合约工厂中的工人角度出发来考虑权益问题,相反,行为准则的内容完全根据跨国公司本身对劳工问题的理解,或者照搬国际劳工组织的劳工标准所制定,因此,公司行为守则运动是"劳动者缺席的劳工运动"。比如对于加班时间的规定就直接与许多劳工本身的利益相冲突。在服装制造行业,工人大多依靠计件工资取得报酬,由于加工工资相对较高,许多工人甚至希望经常加班,而许多公司行为准则对加班时间的限制过于严格,加上紧张的交货时间,最终使得合约工厂与验厂人员玩起猫捉老鼠的游戏,行为准则流于形式。另一方面,工人缺席公司行为守则的运动,经常使工人对公司行为守则的内容一无所知,甚至许多工人根本不知道有这些规定,加之工人之间经常处于一种原子式的孤立状态,缺乏集体谈判的权力,而且许多跨国采购商在选择供应商时,本身就有意避开那些存在工会或者集体谈判力量强的企业,因此,许多报告指责公司行为准则在维护劳工权益方面本身的虚伪性与工具性。

最后,公司行为守则有效性的讨论涉及守则与地方性劳动法规的有效性问题。对跨国公司行为准则持乐观预期的人认为,由于绝大部分守则承诺尊重并实施所在地的相关法律和行业规范,因此,公司行为守则的推行,有利于强化地方劳动法规的执行。但是,怀疑公司行为守则有效性的人认为,跨国公司作为"逐底竞争"的发起者,跨国公司权力膨胀会对供应商所在地的法律法规的推行产生负面影响。由于跨国公司经常以订单转移为威胁,地方政府一旦严格实施劳动保护法规,必然使供应商的成本上升,本地供应商在与其他地方竞争订单中自然丧失成本优势,如果接不到大量订单,会导致许多服装工厂关闭,最终减少政府部门的财政收入。由于地方政府的利益关系,造成许多地方政府在实施劳动法及环保法规方面缺乏动力。例如,美国非政府组织National Labor

Committee在一份针对中国玩具业的调查报告中指出,"正是美国的玩具零售商在领导着'逐底竞争',压低工资与福利,不向发展中国家纳税,无视健康与安全标准,对因行驶权力而被解雇的工人视而不见。"如果有一天中国开始认真实施劳动法与环保法,沃尔玛就会撤离中国而转向孟加拉国和洪都拉斯❶。

3 公司行为守则与宁波服装业集群升级

3.1 受访企业公司行为守则的实施情况

在宁波,笔者采访了30家服装企业及三个县市的服装协会负责人,由于无法与众多小企业取得联系,笔者所采访的30家服装企业全部是宁波服装业集群中的大企业,都有服装出口业务。在访谈中,笔者的问题主要涉及是否接受过客户的行为守则和其他类型的社会责任检查和认证;检查或认证的主要内容;检查或认证的主要过程;检查或认证是否促进了工人工作条件的改善,是否影响了工厂的经营成本;以及企业对社会责任的看法等。

访谈的30家服装企业全部接受过国外的"验厂"或"查厂",但是,并不是所有的出口业务量都需要经过跨国公司的验厂。由于这些服装企业的出口地区的范围比较广泛,国外客户类型多样,因此,出口业务中验厂的比率也不一样。其中出口业务中,需要验厂的业务占总出口业务比重在70%以上的有3家,在50%~70%之间的有2家,在30%~50%之间的有14家,在30%以下的有11家,见表7-6。

表7-6 国外客户要求社会责任验厂的订单比例

采购商要求社会责任验厂比例	样本量	百分比
70%以上	3	10.0
50% ~ 70%	2	6.7
30% ~ 50%	14	46.6
30以下	11	36.7
合计	30	100.0

资料来源:笔者调研资料整理。

---

❶ The National Labor Committee.2002. "Toys of Misery :A report on the toy industrial in China", see http://www.nlcnet.org/china/1201/toysofmisery.pdf.

这些企业中最早接受社会检查的时间是1996年，有三家企业表示，国外采购商在洽谈业务时，提供了书面的公司行为守则，对工厂的安全卫生、环境和劳工标准进行了参观和检查，并提出了一些改进意见，但当时的要求与现在相比，并不是很严格。有24家企业反应，大约从1997年或1998年开始，国外客户对工厂检查的次数明显增加，要求也更加严格，检查的范围不仅包括厂房清洁卫生、职工食堂宿舍卫生，还包括消防设施、安全通道、加班时间，甚至包括工人隐私保护等。有一家服装企业反应，有一家美国客户对工人人权保护相当重视，要求供应商给每个工人建造一个配锁的箱柜，以保护工人的隐私。这些情况表明，从1998年以后，越来越多的国外客户开始在宁波服装企业中执行公司行为守则。

由于宁波受访企业对谁来验厂并不十分在意，许多受访企业只知道这些验厂人员大多来自上海或者深圳，根据客户所在国家的不同，所检查的内容也不一样。许多受访企业表示，来自日本的客户一般不是很在意企业的社会责任状况，而是对产品的质量更加关注，这些客户也会参观工厂，考察工人食堂、宿舍及车间环境，但是，它们考察的目的主要还是通过这些方面的考察，来判断企业的管理能力及品质判断。相反，欧美的客户比较注重人权，验厂时不仅考察车间卫生、职工宿舍及食堂，还会对消防通道、通风条件，甚至还会对工人进行访谈，访谈的内容包括是否存在强制劳动和歧视现象，以及是否存在对女工的性骚扰等人权方面的问题。大部分受访企业反应，美国的验厂程序最为严格，其次是欧洲的客户，相对最为轻松的是日本客户的验厂。

在整个验厂过程中，除了考察工厂及与工人进行部分访谈之外，验厂人员还会根据一定的程序分别检查，审核有关考情记录、工资单等。在完成这些检查程序之后，验厂人员一般会对检查中发现的问题，以面谈、会谈和书面报告的形式向宁波服装企业的相关负责人提出评估意见，并要求工厂拿出改善措施及时间进程表，然后还会确定具体的复查时间。

3.2 受访企业对"验厂"的评价

在30家受访企业中，有26家企业认为，跨国公司行为守则及验厂在不同程度上改善了工人工作和生活状况。一些企业表示，要是没有国外客户的要求，企业一般不会主动对工厂管理及工作环境进行改变。因为这些受访企业大多在宁波服装业中有一定的影响力，在工资待遇和员工工作环境及生活环境方面优于当地一般企业，地方劳动管理部门一般不会对企业的劳动管理进行检查，所以在"验厂"以前所暴露出来的问题也不多。但是，在客户进行公司行为守则检查之后，这些企业的管理人员才发现，原来的许多做法其实是违反国家劳动法律的。许多企业表示，尽管企业要100%的达到客户公司行为守则的要求基本上不可能，但是毕竟可以在有些方面进行有针对性的改善。比如消防设备的增加及消防通道、车间卫生、宿舍及食堂卫生等方面的改善，不仅可以给国外客户很好的印象，赢得订单，同时也提高了生产的安全性，改善了工人的工作和生活环境，能够使企业找到满意的员工，留住员工，降低员工的跳槽率。

另一方面，多数受访企业都表示，执行公司行为守则肯定提高了工厂的经营成本。客户只是检查并发现问题，然后提出改善要求，而任何改善都要投入资金，提高成本。在一般情况下，客户内部负责订单和负责公司行为守则检查的是两个不同的部门。在客户订单部门下订单时，一般会将订单同时发送给多家供应商，然后对比价格、交货时间和生产质量，然后做出选择，所以这些客户总是把价格压得很低，交货时间规定得很紧，对产品质量要求也较高。在企业接到订单后，这些国外客户所派遣的守则检查部门又会来查厂，如果这些验厂人员提出了改进意见，企业一般需要对所发现的问题进行改善，否则，就会面临退货或者撤单的危险。

不过，有很大一部分企业表示，虽然验厂使得成本提高了，但是只要能够与客户保持良好的关系和长期稳定的订单，适当的成本投入还是必要和划算的。一些工厂表示，由于车间环境改善、工人生活条件改善，稳定了熟练工人，使工人的整体效率上升，产品返工率下降，最终反而使企业的综合效益提高了。另一方面，许多受访企业也表示，国外客户的验厂人员也知道，要100%地遵照公司行为守则很难达到，只要企业尽量做出某些方面的改善，验厂人员一般也还是能够理解。在公司行为守则验厂对促进工厂劳工的具体改善方面，存在很大差别。在受访企业中，认为公司行为守则促进了车间卫生、安全的企业达28家，认为守则促进了职工宿舍、食堂设施改善的有23家，认为守则提高了工人工资待遇的有13家，认为守则缩短了工人加班时间的有5家，认为守则促使工厂完全按照劳动法支付加班工资的有两家，如图7-1所示。

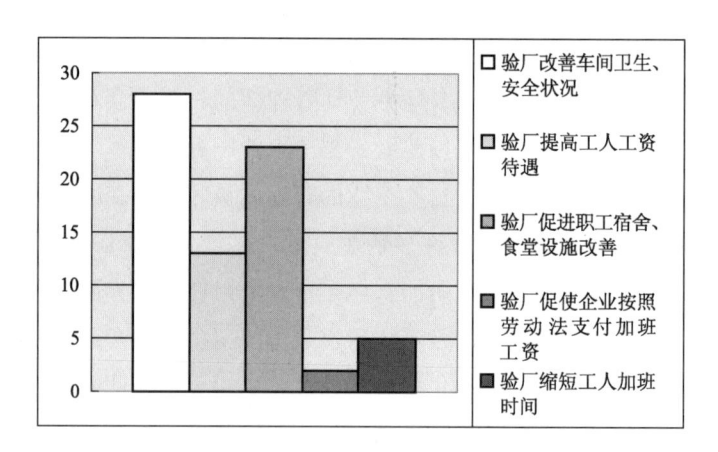

图7-1　受访企业对验厂效果评价

有关社会责任方面，受访企业反应最难做到的是加班问题及员工社会保险问题。有关加班问题，主要涉及加班时间和加班工资的给付，绝大部分受访企业表示，服装行业不可能不加班，因为现在从下单到交货之间的间隔越来越短，加之客户订单季节性变化大，企业不可能在员工配置上做到与订单量完全相符。在生产淡季，工厂因为没有订单而不得不大批解雇工人，而到生产旺季只能持续加班。因跨国公司行为守则一般有遵循当地劳动法的规定，因此，按照我国劳动法规定，中国企业实行每周40小时的工时制度，员工每月加班时间不能超过36小时。对于这些有关加班方面的规定，受访企业绝大部分表示很难做到，见表7-7，这些受访企业在宁波服装业集群中都属于待遇相对较好的企业，连这些企业都很难完全遵守劳动法的有关规定，对于众多小型加工企业来说，要完全执行劳动法规定的劳动时间就更不可能了。

表7-7　受访企业认为执行《中华人民共和国劳动法》规定劳动时间的难易

执行《劳动法》规定的工作时间	样本量	百分比（%）
很难做到	17	56.7
较难做到	7	23.3
有点困难	4	13.3
比较容易	2	6.7
很容易	0	0
合计	30	100.0

- 有关员工的社会保险问题，许多受访企业表示，养老保险金一般只能覆盖正式职工，对于众多来自内地的打工者来说，即使公司愿意为他们交纳规定的养老保险金，可这些打工者自己不愿意承担相应的比率。相对而言，工伤保险在企业和职工中最容易执行，而失业保险一般也只涉及公司管理层类别的正式员工。据受访企业介绍，国外客户虽然守则上规定供应商需要遵守本国劳动法的规定，但是，这些验厂人员也知道几乎所有企业都很难达到，而且验厂的业务人员大多是国外客户聘请的中国人，他们对国内的状况更加熟悉，所以，这些检查人员一般也不会在这方面对企业提出过高的苛求条件。

3.3 受访企业接受社会责任的动力机制

跨国公司的行为守则，对宁波服装企业提供了一种外部压力。宁波服装企业是否接受国外客户的社会责任要求，取决于客户订单对企业的吸引力大小、企业自身的规模及效益状况等多种因素。在企业实施社会责任的决策过程中，各种相关利益主体的利益存在冲突，不可能存在使每一方利益都满足的选择。由于企业社会责任存在多方面的内容，相对而言，工厂环境的改善，消防设施的增加，职工食堂及宿舍条件的改善，不仅对工人有利，而且对增强企业对工人的吸引力，减少工人的流动率方面有明显的作用，而且还会改善企业对客户的形象，增加接单的机会。因此，这方面的社会责任与企业经济绩效存在合力，企业接受跨国公司行为守则的动力也就较强。

相反，对于像加班时间、加班工资、个人隐私、人权等方面的社会责任，可能与企业的经济绩效存在很大的冲突，企业就缺乏执行社会责任的动力。另外，据有些企业反应，有些工厂因为客户较多，有时候一个月会有多批客户到访，他们每次都要对工厂进行一系列复杂的审核和采访，使工厂不得不安排大批人员做好准备，有时甚至会影响工厂的正常生产。这些检查和访问有时直接影响了工人的收入，因为服装企业一般采取计件工资制度，上班时间采访工人会直接影响工人个人的收入，加上工人平时工作时间非常长、劳动强度比较大，休息时间很珍贵，而审核人员的采访有时也并不考虑这些实际情况，因此，许多工人一般不愿意接受审核人员的采访。

另一方面，有些审核人员由于自身素质不高，经常运用手中的权力对企业进行敲诈勒索。一些生产商为了通过验厂，不得不花出一笔昂贵的接待费，以此得到订单，直接的结果是工人的权利可能丝毫没有得到改善，反而还得不停地加班。有关拖欠工人工资问题，一些企业表示，由于招工时跟工人大多达成的是口头协议，服装行业的员工流动性本来就很高，企业其实无法组织员工的正常流动，但是，这种流动经常会对业务产生影响，因此，为了稳定员工；让企业提前根据员工流动信息补充员工，才不得不采取押一部分工资的做法。据一些企业介绍，只要员工提前二十天向企业表达跳槽的意向，在员工离开时，企业会归还员工的所有押金。

上述企业有选择性地执行企业社会责任的行为表明，企业是否自觉执行公司行为守则中的社会责任，取决于这些社会责任要求是否与宁波服装企业的经济绩效或企业利益存在某种程度的一致性。跨国公司行为守则虽然为宁波服装企业改善劳工权益提供了外部压力，但是，要最终达到这种目标，不能靠宁波服装企业单方面的努力。即使宁波服装企业有改善劳工待遇的动力，也同样需要国外客户合理确定采购服装的价格。由于落实公司行为守则，必然要增加企业的运行成本，虽然某些方面的改善可能会提高企业的整体生产效率，从而抵消执行社会责任所带来的成本，但是，服装行业毕竟属于劳动密集型行业，企业的利润空间十分有限，因此，要落实公司行为准则，国外采购商与供应商之间合理划分利润和承担成本非常重要。跨国公司的市场销售部门必须与社会责任部门、生产商一起协调处理好这些问题，在全面分析工厂应承担的成本之后，合理确定产品的价格。否则，成本的压力最终必然转嫁到工人身上。

从全球生产网络的角度，跨国公司行为守则的运作模式，同样体现了国外采购商与宁波服装集群中的供应商之间不平等的权力关系：国外采购商是公司行为守则的制定者、推行者和得利者；而宁波的服装企业则是执行者和成本的被动承担者。这种不平等的权力关系，最终可能使行为守则成为国外客户的公关工具：一方面，这些跨国采购商可以向消费者夸耀自己如何致力于保护劳工权益；另一方面，却在与卖家的谈判中，维持甚至提高产品质量、性能和工期的种种要求，并尽量压低产品价格，从而使宁波服装企业有限的边际利润空间无法承担改善劳工状况的成本。

在采访中，笔者在问及验厂情况时经常听到这样的抱怨："客户总是有各种各样的挑剔，要厂商改进，但同时总是把订单的工期压得很短，把价格压得很低"。其中一个受访企业表示，有的订单根本就没有利润，工厂只是为了保持开工率才勉强接单，企业有时为了接到订单，不得不花钱买一个SA 8000证书，有时为了通过客户的验厂，不得不缩小工厂规模、减少工人数量，通过验厂接到订单后，把大部分订单外派到本地其他客户无法掌握的工厂加工，工厂从中赚取差价。在上述情况下，即使这些企业通过了国外客户的社会责任验厂，承担转包加工的工人状况可能没有丝毫的改善。

总之，跨国公司行为准则虽然促使部分宁波服装企业改善劳工权益，提高企业的整体效率改善方面有一定的积极作用，但是，全球服装业本身不对称的权力对比关系，决定了这种积极作用的影响范围非常有限。要从根本上改善宁波服装企业的劳工权益、提高服装企业的生产效率，最终只能依靠宁波服装企业本身是否能够在设计能力、品牌环节方面成功实现功能升级，以改善宁波服装企业在全球服装业中的地位。

4 本章小结

全球纺织品服装配额制度，从总体上限制了我国服装业比较优势的充分发挥。宁波服装企业的案例研究表明，在配额总量既定的情况下，不同的配额分配制度对宁波服装企业升级会产生不同的影响。业绩分配方案及协议招标选择有助于宁波企业有限考虑受限市场的配额订单，提高出口产品的档次和单价，同时对非受限市场的出口业绩在配额分配和协议招标中赋予一定的权重，对宁波服装企业中配额不足的企业扩大非受限市场的出口具有一定的促进作用。

配额制度在为宁波服装企业提供一定的升级压力的同时，也对宁波服装企业的出口有重要的负面影响。首先是配额争端所带来的不稳定出口环境，导致许多服装企业的订单流失，出口市场萎缩。其次是对众多中小服装企业的升级形成一定的阻碍，因为配额门槛的存在，宁波众多中小服装企业只能依靠转包加工间接进入国际市场，从而限制了这些中小加工企业的学习机会，使企业无法建立自己的客户网络。

跨国公司行为守则的制定及实施过程，充分体现了全球服装业中不平等的权力关系。宁波服装企业集群的案例分析表明，跨国公司行为守则的推行，使一些企业在工厂安全与卫生、工作环境、食堂与宿舍卫生方面有明显的改善，因为这方面的改善不仅能使这些企业改善与国外客户的关系，争取更多的订单机会，同时还可增强对工人的吸引力，提高服装企业的整体效率。因此，跨国公司行为守则对这方面的要求，对宁波服装企业的劳工权益改善有一定的积极作用。

但是，由于跨国公司行为守则的实施涉及利益相互矛盾的不同行为主体，国外客户处于相对强势地位，为了自己的利润最大化，既要求宁波服装企业遵守行为守则，同时又尽量压低出口价格，使得许多宁波服装企业无法履行行为守则，只能采取转包、做假等隐蔽手段来获取订单。因此，依靠简单的服装加工无法从根本上改善宁波服装企业的劳工权益，服装企业通过自身的努力和学习，不断提升自己的创新能力和在全球服装业中的地位，才是解决宁波服装企业本身长远发展及改善劳工权益的根本途径。

第八章
结论与展望

论文在相关文献回顾的基础上，提出了服装业升级研究的理论分析框架，运用该框架及宁波服装业的案例分析，从地方生产网络、全球服装业与全球服装制度体系三个方面，研究了服装业集群的升级问题，得出五个主要研究结论及三个需要进一步探讨的问题。

1 研究结论

（1）发展中国家的许多服装业集群，不仅嵌入于全球价值链，而且存在密切的本地联系，这些本地联系有利于集群中企业的升级

现有发展中国家的集群升级研究文献，在研究服装业集群升级时，过于强调全球联系对集群中企业升级的影响（Humphrey and Schmitz, 2002; Schmitz and Knorringa, 2000; Nadvi, 1999; Robert and Rabelotti, 1997）。笔者研究发现，发展中国家的服装业集群，同样存在密切的本地联系，这种本地联系，不仅有利于降低交易成本，提高企业的快速反应能力，而且有利于创新的扩散，促使领先企业采取新的差异化战略，最终可以使整个集群的能力得到提升。而且，地方分包网络不仅提高了地方龙头企业的灵活性，也使小企业在本地分包中获得宝贵的学习机会，在实力壮大后，能最终获得直接进入全球价值链的能力。

（2）融入全球价值链有利于制造流程升级及产品升级，对功能升级的帮助有限。集群中企业的功能升级，大多依靠龙头企业主动的战略意识及决策

现有的全球价值链理论认为，全球服装价值链为发展中国家服装企业提供了大量学习机会，发展中国家的服装产业在融入全球价值链之后，能够沿着

"来料加工—贴牌生产—自主设计—自有品牌营销"的线性方式不断成功升级（Gereffi，1999）。虽然有些全球价值链理论近期开始对此种乐观的升级观点提出了质疑（Schmitz and Knorringa，2000），但是，并没有对此进行深入研究。宁波服装产业集群的研究发现，加入全球价值链，确实有助于服装出口企业在制造环节实现产品升级及制造流程升级，但是，对服装出口加工企业在设计及品牌营销方面并不能提供什么学习机会，服装企业的功能升级大多依靠集群中的龙头企业主动的战略意识和决策。

（3）宁波服装业集群升级的研究表明，即使服装企业的升级方向大体一致，具体的升级策略却各不相同。这种策略上的差异与企业的历史、产品定位、类型及拥有的资源存在密切联系

虽然当前的全球价值链理论已经指出，发展中国家服装产业升级最终依靠在服装设计及品牌营销能力方面的提升（Gereffi，1999），但是，并没有对企业提升这方面能力的具体策略进行研究。论文在对宁波服装企业实地调研与访谈的基础上，发现宁波服装业的龙头企业大致采用了以下四种不同的升级策略：雅戈尔的垂直一体化、爱伊美的加工订单搭售、杉杉的多品牌国际化经营、博洋唐狮赴周边地区建立销售渠道等四种，根据笔者对这些企业的访谈资料和实地考察，发现这些企业之所以采取不同的升级策略，是企业自身所拥有资源现状、产品定位、类型及企业历史有关。

（4）虽然配额制度在很大程度上限制了服装企业的出口市场，但是，在配额分配总量既定的情况下，合理的配额制度对提高服装企业的出口单价、扩大非设限市场的出口有较为明显的促进作用，因此，对服装出口企业的产品升级和制造流程升级有一定的积极作用

以往有关配额方面的研究，主要将配额作为一种贸易障碍，很少从不同配额分配制度如何影响服装企业升级行为的角度去研究配额制度。笔者在研究宁波服装业集群中配额制度的实施过程及实施效果后发现，配额制度虽然对宁波服装业出口造成了一定的限制，使宁波服装企业的出口经常受到不稳定政策环境的负面影响，但是，在既定配额数量的情况下，不同的配额分配对宁波服装企业的出口有不同的影响。业绩分配及协议招标方式不仅为宁波服装企业提供了一个相对稳定的政策环境，而且对宁波服装出口企业提高出口产品的档次和价格有一定的促进作用。

（5）根据国外服装采购商对供应商所制定的跨国公司行为守则，服装供

应商会根据自己的利益与议价能力，对行为守则中不同的内容进行有选择性的执行和改善

现有社会责任方面的研究通常将公司行为守则看成一个整体，来判断行为守则在发展中国家的实施效果。笔者在宁波服装企业的调研和采访中发现，宁波服装企业对公司行为守则的不同内容进行了选择地执行和改善。大部分受访企业因公司行为守则的要求，在生产车间的工作环境、卫生条件、消防设施以及职工宿舍及食堂卫生等方面有明显的改善，而在加班时间、社会保险、人权保障以及加班工资等方面并没有特别明显的改善。上述服装企业有选择执行公司行为守则要求的结论表明，跨国公司行为守则的执行情况，在很大程度上取决于这些社会责任要求是否与服装出口的利益一致，而且还受到产业本身的特性及全球生产网络权力结构的影响。

2　有待进一步研究的议题

从全球生产网络的视角研究服装产业集群的升级问题，不仅从空间上需要跨越全球，在研究内容上需要涉及服装贸易制度、全球服装生产网络复杂的产业组织关系及地方服装集群内部的组织形态等多个方面，由于作者积累的理论基础知识和资料不是很深厚，故本书所论述的内容有许多地方需要进一步深入探讨。作者以为，存在以下两个问题需要进一步研究和探讨。

（1）服装产业集群内部治理结构与升级之间的关系

在本书所构建的全球服装生产网络分析框架中，虽然讨论了全球服装生产网络的治理模式，也对服装产业集群的本地生产网络进行了详细分析，但由于所调研企业数量较少，无法全面而准确勾勒服装业集群内部企业之间不同的治理关系及其对行业整体层面升级的影响。在全球服装业中，发达国家领导型厂商与发展中国家服装供应商之间存在多种治理关系，存在不同程度的权力对比关系，不同的治理关系对服装企业的升级空间有不同的影响。那么在宁波服装业集群内部，是否同样存在多种不同的治理关系（或企业结构）？不同的治理关系对服装产业集群的整体升级有何种影响？集群内部的治理关系如何演化？

（2）沿海服装产业集群升级与企业的空间转移研究

像宁波等沿海地区，随着本地劳动力、土地成本的不断上涨，一些服装企业已经开始向内地转移。笔者虽然在企业访谈中发现这种转移现象已经较为普

遍，但由于受研究议题的限制，笔者没有深入涉足。因此，沿海地区服装业集群的升级与企业的国内转移，有待笔者在未来进一步研究。这方面的研究，可以回答以下问题：除了成本因素之外，还有哪些因素影响了转移的区位选择？这种转移会在内地形成服装产业集群吗？内地的服装企业与沿海服装产业集群的企业会形成一种什么样的关系？内地服装企业与沿海服装企业之间的组织形态会如何演化？

参考文献

［1］埃德加·M.胡佛.区域经济学导论［M］.北京：商务印书馆，1990.

［2］安纳利.萨克森宁.硅谷优势［M］.曹蓬，杨宇光，等译.上海：上海远东出版社，2000.

［3］戴维.赫尔德，等.全球大变革：全球化时代的政治、经济与文化［M］.杨雪冬，等译.北京：社会科学文献出版社，2001.

［4］艾华."后配额时代"我国纺织品服装贸易摩擦探析［J］.时代经贸，2004（7）：28-34.

［5］包国宪，贾旭东.加入WTO对中国服装业的挑战及对策研究［J］.兰州大学学报（社科版），2003（3）：17-22.

［6］保罗·克鲁格曼.发展、地理学与经济理论［M］.北京：北京大学出版社，2000.

［7］鲍勤飞.纺织工业的国际相对优势比较及我国的双梯结构转变模式［J］.中国纺织，1993（3）：34-36.

［8］常亚平，饶红军，刘蒿.美国服装快速反应系统的发展及其对中国的借鉴意义［J］.中国纺织经济，1998（5）：38-40.

［9］常亚平，阎俊.走近WTO：看中国纺织服装业的未来之路［J］.中国纺织，1999（8）：21-23.

［10］仇保兴.小企业集群［M］.上海：复旦大学出版社，1999.

［11］顾强.多功能贸易管理手段——纺织原产地规则评价［J］.国际贸易问题，1997（5）：1-7.

［12］顾强.加入WTO对中国纺织业的影响及对策［M］.北京：中国纺织信息中心，2000.

［13］顾庆良.宁波服装产业集群竞争力分析［J］.山东纺织经济，2004（5）：14-17.

[14] 贺灿飞，梁进社，张华.区域制造业集群的辨识——以北京市制造业为例[J].地理科学，2005（5）：521-528.

[15] 贾根良，张峰.传统产业的竞争力与地方生产体系[J].中国工业经济，2001（9）：46-52.

[16] 金祥荣，朱希伟.专业化产业区的起源与演化——一个历史与理论视角的考察[J].经济研究，2002（8）：74-82.

[17] 黎继子，刘春玲，常亚平，李柏勋.集群式供应链组织续衍与物流园区发展的耦合分析——以苏州IT产业集群为例[J].中国软科学，2006（1），108-116.

[18] 李海舰，冯丽.企业价值来源及其理论研究[J].中国工业经济，2004（3）：87-92.

[19] 李小建.新产业区经济活动全球化的地理研究[J].地理科学进展，1997（3）.

[20] 李小建，李二玲.中国中部农区企业集群的竞争优势研究——以河南省虞城县南庄村钢卷尺企业集群为例[J].地理科学，2004（2）：136-143.

[21] 李小建，覃成林，高建华.我国产业转移与中原经济崛起[J].中州学刊，2004（3）：15-18.

[22] 利丰研究中心.供应链管理：香港利丰集团的实践[M].北京：中国人民大学出版社，2003.

[23] 梁能.跨国经营概论[M].上海：上海人民出版社，1995.

[24] 林承格.市场在产业集群生成与发展中的作用——以福绵服装产业集群为例[J].改革与战略，2005（7）：10-12.

[25] 林毅夫，蔡昉，李周.中国的奇迹：发展战略与经济改革[M].上海：上海三联出版社，1994.

[26] 林毅夫，刘明兴.经济发展战略与中国的工业化[J].经济研究，2004（7）：48-58.

[27] 刘曙光，杨华.关于全球价值链与区域产业升级的研究综述[J].中国海洋大学学报（社会科学版），2004（5）：27-30.

[28] 刘卫东.论全球化与地区发展之间的辩证关系——被动嵌入[J].世界地理研究，2003，12（1）：1-9.

[29] 刘卫东，马丽，刘毅.经济全球化对我国区域发展空间格局的影响[J].地域研究与开发，2003（6）：11-17.

[30] 刘卫东，Peter Dicken，杨伟聪.信息技术对企业空间组织的影响——以诺基亚北

京星网工业园为例[J].地理研究,2004(6):833-844.

[31] 卢峰.产品内分工:一个分析框架[R].北京大学中国经济研究中心讨论稿,No. C2004005.

[32] 马丽,刘卫东,等.经济全球化下地方生产网络模式演变分析——以中国为例[J].地理研究,2004(1):87-96.

[33] 迈克尔·波特.国家竞争优势[M].李明轩,邱如美,译.北京:华夏出版社,2002.

[34] 迈克尔·波特.竞争论[M].高登第,李明轩,译.北京:中信出版社,2003.

[35] 迈克尔·波特.日本还有竞争力吗?[M].陈小悦,等译.北京:中信出版社,2002.

[36] 孟晓晨,石晓宇.深圳——卫星平台式的经济发展[J].特区经济,2002(5):43-46.

[37] 苗长虹,樊杰,张文忠.西方经济地理学区域研究的新视角——论"新区域主义"的兴起[J].经济地理,2002(6):644-650.

[38] 盛世豪,郑燕伟."浙江现象"产业集群与区域经济发展[M].北京:清华大学出版社,2004.

[39] 苏珊.博尔格,等.由香港制造:香港制造业的过去·现在·未来[M].侯世昌,等译.北京:清华大学出版社,2000.

[40] 孙淮滨.我国服装加工贸易现象探究[J].中国纺织经济,1995(9):29-31.

[41] 童昕,王缉慈.硅谷—新竹—东莞:透视信息技术产业的全球生产网络[J].科技导报,1999(9):14-16.

[42] 童昕,王缉慈.全球商品链中的地方产业集群:以东莞的商圈为例[J].地域研究与开发,2003(1):36-39.

[43] 王缉慈.产业集群和工业园区发展中的企业邻近与集聚辨析[J].中国软科学,2005(12):91-98.

[44] 王缉慈.关于发展创新型产业集群的政策建议[J].经济地理,2004(4):433-436.

[45] 王缉慈.我国服装业的地方集群战略思考[J].世界地理研究,2003(2):32-38.

[46] 王缉慈,等.创新的空间:企业集群与区域发展[M].北京:北京大学出版社,2001.

[47] 王珺.集群成长与区域发展[M].北京:经济科学出版社,2004.

[48] 王力军. 嵌入全球价值链：全球化时代的地方产业集群升级策略 [J]. 特区经济, 2004 (10)：16–18.

[49] 王岳平. 开放条件下的工业结构升级 [M]. 北京：经济管理出版社, 2004.

[50] 王仲辉. 跨越贸易壁垒——技术性贸易壁垒对中国纺织品服装贸易的影响 [M]. 北京：中国社会科学出版社, 2005.

[51] 文嫮, 曾刚. 从地方到全球：全球价值链框架下集群的升级研究 [J]. 人文地理, 2005 (4)：21–25.

[52] 文嫮, 曾刚. 上海浦东新区信息产业集群的升级研究 [J]. 经济问题探索, 2005 (1)：72–77.

[53] 谢琴. "动态"之中见我国纺织服装的走势 [J]. 新纺织, 2003 (12)：9–14.

[54] 徐维祥. 浙江"块状经济"的地理空间分布特征及成因分析 [J]. 中国工业经济, 2001 (12)：55–60.

[55] 徐维祥, 张静尧, 卢丽华. 小企业与大市场对接的内涵、特征及对接程度研究 [J]. 中国工业经济, 2001 (7)：49–54.

[56] 薛青. 宁波服装产业集群现状分析及发展对策 [J]. 经济论坛, 2005 (8)：25–27.

[57] 薛求知, 郑琴琴. 专业服务跨国公司价值链分析 [J]. 外国经济与管理, 2003 (5)：31–35.

[58] 杨丹辉. "后配额时代"的中国纺织服装业 [J]. 经济管理, 2005 (1)：22–26.

[59] 杨丹辉. 成为真正的"世界工厂"——中国纺织服装业的国际分工地位及发展战略 [J]. 国际贸易, 2004 (9)：19–22.

[60] 杨开忠. 中国区域发展研究 [M]. 北京：海洋出版社, 1989.

[61] 张汉林, 等. 制造业承诺与重新分工和产业升级 [M]. 北京：人民日报出版社, 2002.

[62] 张辉. 全球价值链理论与我国产业发展研究 [J]. 中国工业经济, 2004 (5)：38–46.

[63] 张金昌. 用出口数据评价国际竞争力的方法 [J]. 经济管理, 2001 (20)：17–25.

[64] 张其仔. 新经济社会学 [M]. 北京：中国社会科学出版社, 2001.

[65] 张神勇. 中国纺织服装出口地区结构与扩大出口的策略 [J]. 中国纺织, 2002 (3)：11–13.

［66］赵广飞. 纺织品扩大出口重在提高环保意识［J］. 城市质量监督，2002（17）：18-18.

［67］中国纺织工业协会. 2003/2004中国纺织工业发展报告［M］. 北京：中国纺织出版社，2004.

［68］中国制衣杂志社，纺织导报杂志社. 2006中国著名纺织服装产业基地实用商务地图［M］. 北京：中国纺织出版社，2006.

［69］周一星. 城市地理学［M］. 北京：商务印书馆，1999.

［70］朱华晟. 基于FDI的产业集群发展模式与动力机制［J］. 中国工业经济，2004（3）：106-112.

［71］朱华晟. 浙江产业群发展机理研究［D］，北京大学博士论文，2002.

［72］朱澈. 服装产业集群与宁波区域经济发展［J］. 浙江学刊，2003（5）：207-209.

［73］Abernathy, F., J. Dunlop J. Hammond and D. Weil Stitch in time: lean retailing and the transformation of manufacturing – lessons from the apparel and textile industries［M］, New York: Oxford University Press, 1999.

［74］Abernathy, F. H., J. T. Dunlop, J. H. Hammond and D. Weil. Control Your Inventory in a World of Lean Retailing［J］. Harvard Business Review, 2000（12）:169-176.

［75］Asheim, B. T. and Cooke, P. Local learning and interactive innovation networks in a global economy［C］, in Malecki, E. and Oinäs, P. (eds.) Making connections. Ashgate:Aldershot, 145-178, 1999.

［76］Bair J. Beyond the Maquila Model? NAFTA and the Mexican Apparel Industry［J］. Industry and Innovation, 2002, 26（7）:1414–1434.

［77］Bair Jennifer and Gereffi Gary. Local clusters in global chains:The causes and consequences of export dynamism in Torreon's blue jeans industry［J］. World Development, 2001, 29（11）:1885-1903.

［78］Berger Suzanne and Ronald Dore, et al. National Diversity and Global Capitalism［M］, New York: Cornell University Press, 1996.

［79］Bonacich Edna, Lucie Cheng, Norma Hamilton, et al. Global Production:The Apparel Industry in the Pacific Rim［M］, Temple University Press:Philadelphia, 1994.

［80］Boschma R. A. Proximity and innovation: a critical assessment［J］. Regional Studies, 2005, 39: 61–74.

[81] Boyer Robert. The Regulation School: A Critical Introduction [M]. New York: Columbia University Press, 1989.

[82] Braczyk H. Cooke P. and Heidenreich M. Regional Innovation Systems [M], London: UCL Press, 1998.

[83] Brusco S. The idea of the industrial district: the experience of Italy. in D Keeble and E Wever(eds): New firms and regional development in Europe [M]. London: Groom Helm, 1990, 184–202.

[84] Camagni R. Local 'milieu', uncertainty and innovation networks: towards a new dynamic theory of economic space, in Camagni, R. (Ed.) Innovation Networks: spatial perspectives [M], London: Belhaven, 1991, 121–142.

[85] Camagni R. The Concept of Innovative Milieu and Its Relevance for Public Policies in European Lagging Regions [J]. The Journal of the RSAI, 1995, 74(4):317–340.

[86] Clark G. l. and Wrigley N. Sunk costs:a framework for economic geography, Transactions [J]. Institute of British Geographers, 1995, 20(1): 204–223.

[87] Cook P. The associational economy: firms, regions, and innovation [M]. Oxford, U. K :Oxford University Press, 1998.

[88] Corbridge S et al. Money Power and Space [M], Blackwell:Oxford, 1994.

[89] Dicken P. and Malmberg A. Firms in territories: a relational perspective [J]. Economic Geography, 2001, 77:345–363.

[90] Dicken, P. Kelly, P. Olds, K. and Yung, H. W. Chains and networks, territories and scales: towards a relational framework for analysing the global economy [J]. Global Networks, 2001, 1 (2):89–112.

[91] Dicken P. et al. Global–local tensions: firms and states in the global space–economy [J]. Economic Geography, 1994, 70:101–128.

[92] Dicken P. Global Shift(3rd edition) [M]. Londen:P. C. P, 1998.

[93] Dickerson K. G. Textiles and Apparel in the International Economy [M]. New York: Macmillan, 1995.

[94] Dolan C. and Humphrey J. Governance and trade in fresh vegetables:the impact of UK supermarkets on the African horticulture industry [J]. Journal of Development Studies, 2000, 37(2):147–176.

[95] Elson D. Marketing factors affecting the globalization of textiles [J]. Textiles Outlook

International, 1990, 3:51–61.

[96] Ernst D. Global production networks and the changing geography of innovation systems: implications for developing countries [R]. East-West Centre Working Paper, 9, Honolulu, 2000.

[97] Ernst D. Inter-Organization Knowledge Outsourcing. What Permits small Taiwanese Firms to Compete in the Computer Industry? [J]. Asia Pacific Journal of Management. special issue on "Knowledge Management in Asia", 2000, 17(8): 223–255.

[98] Ernst D. and L. Kim Global Production Networks, Knowledge Diffusion and Local Capability Formation [J]. Research Policy, 2002, 31:1417–1429.

[99] Finger J. M. Tariff provisions for offshore assembly and the exports of developing countries [J]. The Economic Journal, 1975, Vol. 85, Issue 338: 365–371.

[100] Fredriksson C.G. and Lindmark L.G. From firms to systems of firms: a study of interregional interdependence in a dynamic society [C]. In FEI Hamilton and GJR Linge(ed) Spatial Analysis, Industry and the Industrial Environment, New York: Wiley, 1979, 155–186.

[101] Fröebel F., Heinrichs J. and Kreye O. The New International Division of Labour [M]. Cambridge: Cambridge University Press, 1980.

[102] Gereffi G. International trade and industrial upgrading in the apparel commodity chains [J]. Journal of International Economics, 1999, 48:37–70.

[103] Gereffi G. and O. Memedovic The Global Apparel Value Chain: What prospects for upgrading by developing countries [R]. UNIDO Report, 2003.

[104] Gereffi G., and Korzeniewicz M. (Eds). Commodity Chains and Global Capitalism, Westport: Praeger, 1994.

[105] Gereffi G. The Governance of Global Value Chains [J]. Review of International Political Economy, 2003, 11(4).

[106] Gereffi. G. The organisation of buyer-driven global commodity chains: how US retailers shape overseas production networks, in G. Gereffi. and M. Korzeniewicz (eds), Commodity Chains and Global Development [M]. Westport: Praeger, 1994, 95–122.

[107] Gereffi. G. Global production systems and third world development, in B. Stallings (ed.), Global Change, Regional Response [M]. New York: Cambridge University Press, 1995, 100–142.

［108］Hale A. What hope for 'ethical' trade in the globalised garment industry？［J］. Antipode, 2000, 32（4）, 349–356.

［109］Hall, Peter A., and David Soskice, et al. Varieties of Capitalism: The Institutional Foundations of Comparative Advantage［M］. Oxford: Oxford University Press, 2001.

［110］Hammond J. H. Quick Response in the Apparel Industry［M］. Cambridge:Harvard Business School, 1991.

［111］Hassler M. The global clothing production system: commodity chains and business networks［J］. Global Networks, 2003, 3（4）: 513–531.

［112］Henderson, et al. Global production networks and the analysis of economic development［J］. Review of International Political Economy, 2002, 9（3）: 436–464.

［113］Henderson J. Uneven crises: institutional foundations of East Asian economic turmoil［J］. Economy and Society, 1999, 28（3）: 327–368.

［114］Hirschman A. The strategy of economic development［M］. London: Yale University Press, 1958.

［115］Hoffman K and Rush H. Microelectronics and Clothing: The Impact of Technical Change on a Global Industry［M］. New York: Praeger, 1988.

［116］Hopkins T. and Wallerstein, I. Commodity chains in the world economy prior to 1800［J］. Review, 1986, X（1）: 157–170.

［117］Hubert Schmitz. Global Competition and Local Cooperation: Success and Failure in the Sinos Valley, Brazil［J］. World Development, 1999, 27（9）: 1627–1650.

［118］Hughes A. Retailers knowledges and changing commodity networks: the case of the cut flower trade［J］. Geoforum, 2000, 31:175–90.

［119］Humphrey J. and H. Schmitz Governance and Upgrading: Linking Industrial Cluster and Global Value Chain Research［R］. IDS Working Paper No. 120, Brighton, Institute of Development Studies, University of Sussex, 2000.

［120］Humphrey J. and Schmitz H. The triple C approach to local industrial policy［J］. World Development, 1996, 24（12）: 1859–1877.

［121］Humphrey J., Schmitz H. How does Insertion in Global Value Chains Affect Upgrading in Industrial Clusters?［J］. Regional Studies, 2002, 36（9）: 1017–1027.

［122］Humphrey, John and Hubert Schmitz. Governance in Global Value Chains［J］. IDS

Bulletin, 2001, 32 (3): 19-29.

[123] Jonsson O. Innovation Processes and Proximity: The Case of IDEON Firms in Lund, Sweden [J]. European Planning Studies, 2002, 10 (6): 705-722.

[124] Kaplinsky R. Globalization and Unequalisation: What can be Learned from Value Chain Analysis? [J]. Journal of Development Studies, 2000, 37 (2): 117-146.

[125] Kitschelt Herbert, Peter Lange, Gary Marks and John D. Stephens, eds. Continuity and Change in Contemporary Capitalism [M]. Cambridge: Cambridge University Press, 1999.

[126] Krugman P. Increasing Returns and Economic Geography [J]. Journal of Political Economy, 1991, 99:183-199.

[127] Krugman P. Geography and Trade [M]. Cambridge, MA: MIT Press, 1991.

[128] Lee Kwan Ching. Engendering the Worlds of Labor: Women Workers, Labor Markets, and Production Politics in the South China Economic Miracle [J]. American Sociological Review, 1995, 60 (3): 378-397.

[129] Leslie D. and Reimer S. Spatializing commodity chains [J]. Progress in Human Geography, 1999, 23 (3): 401-420.

[130] Lloyd P. and Dicken P. Location in Space: A Theoretical Approach to Economic Geography [M]. 3rd edition, New York: Harper and Row, 1990.

[131] Lundvall Bengt-Ake et al. National Systems of Innovation:Towards a Theory of Innovation and Interactive Learning [M]. London: Pinter, 1992.

[132] Markusen A. Sticky Places in Slippery Space: a Typology of Industrial Districts [J]. Economic Geography, 1996, 72:293-313.

[133] Markusen A. Fuzzy concepts, scanty evidence, policy distance: the case for rigor and policy relevance in critical regional studies [J]. Regional Studies, 1999, 33 (9): 869-884.

[134] Marshall A. Principles of Economies [M]. Vol. 1. London: Macmillan, 1890.

[135] Mydal G. Economic Theory and Underdeveloped Regions [M]. London:Duckworth, 1957.

[136] Nadvi K. and Halder. Local clusters in global value chains: Exploring dynamics linkages between Germany and Pakistan [R]. IDS Working Paper 152. Brighton: IDS-Sussex, 2002.

[137] Nadvi K. Small firms industrial districts in Pakistan [D]. University of Sussex, 1996.

[138] Nadvi K. Global Standards and Local Responses [R], Paper Presented at Workshop on Local Upgrading in Global Chains, Brighton, Institute of Development Studies: February, 2001.

[139] Nadvi K. et al. Vietnam in the global garment and textile value chain: impacts on firms and workers [J]. Journal of International Development, 2004, 16(1):111–123.

[140] Neil M Coe and Martin Hess et al. Globalizing' regional development: a global production networks perspective [J]. Transactions of the Institute of British Geographers, 2004, 29:468–484.

[141] Nelson R and N. Rosenberg. Technical innovation and national systems, in R Nelson (editor), National Innovation Systems: A Comparative Analysis [M], New York/Oxford:Oxford University Press, 1993, 1–21.

[142] Nelson, Richard R., et al. (1993), National Innovation Systems:A Comparative Analysis. Oxford: Oxford University Press.

[143] Norma M. R. The Local Innovation System as a Source of 'Variety': Openness and Adaptability in New York City's Garment District [J]. Regional Studies, 2002, 36(6): 587–602.

[144] Perroux, F. Note on the concept of growth poles. In Livingstone I. (ed) 1971: Economic Policy for Development: Selected Resdings [C]. Harmondsworth: Peguin, 1955, 278–289.

[145] Piore M. J. and Sabel C. F. The Second Industrial Divide [M]. New York:Basic Books, 1984.

[146] Porter M. E. Clusters and the New Economics of Competition [J]. Harvard Business Review, 1998, 11(1).

[147] Powell W. Neither market nor hierarchy: network forms of organization [J]. Research in Organizational Behavior, 1990, 12:295–336.

[148] Rabellotti R. External economies and cooperation in industrial districts: a comparison of Italy and Mexico [M]. London: Macmillan, 1997.

[149] Schmitz H. Global competition and local co-operation: success and failure in the Sinos Valley, Brazil [J]. World Development, 1999, 27(9). 1627–1650.

[150] Schmitz H. Special Issue on Industrial Clusters in Developing Countries [J]. World Development, 1999, 27(9).

[151] Schmitz, Hubert and Peter. Knorringa Learning from Global Buyers [J]. Journal of Development Studies, 2000, 37(2): 177-205.

[152] Scott A. J. New Industrial Spaces: Flexible Production Organization and Regional Development in North America and Western Europe [M]. London:Pion, 1988.

[153] Scott A. J. Regions and the World Economy: The Coming Shape of Global Production, Competition and Political Order [M]. Oxford: Oxford University Press, 1998.

[154] Scott A. J. Competitive Dynamics of Southern California's Clothing Industry: The Widening Global Connection and its Local Ramifications [J]. Urban Studies, 2002, 39(8):1287-1306.

[155] Scott A. J. Industrial Organization and the Logic of Intra-Metropolition Location, III: A Case Study of the Women's Dress Industry in the Greater Los Angeles Region [J]. Economic Geography, 1984, 60(1):3-27.

[156] Storper M. and Salais R. Worlds of Production. The Action Frameworks of the Economy [M]. Cambridge/Mass: Harvard University Press, 1997.

[157] Sturgeon T. J. How do we define value chains and production networks? [J]. IDS Bulletin, 2001, 32(3): 9-18.

[158] Taplin, I. M. Rethinking Flexibility: The Case of the Apparel Industry [J]. Review of Social Economy, 1996, 2:191-220.

[159] Torre A. and Rallet A. Proximity and Localization [J]. Regional Studies, 2005, 39, (1): 47-59.

[160] UNCTAD (United Nations Conference on Trade and Development). Trade and Development Report [R]. Geneva: UNCTAD, 2002.

[161] UNCTAD(United Nations Conference on Trade and Development). World Investment Report: Transnational Corporations and Integrated International Production [R]. New York: United Nations, 1993.

[162] USITC (United States International Trade Commission). Production Sharing: Use of U. S. Components and Materials in Foreign Assembly Operations, 1991-1994 [R]. USITC Publication, 1966.

[163] Visser E. A Comparison of Clustered and Dispersed Firms in the Small-Scale Clothing

Industry of Lima [J]. World Development, 1999, 27(9):1553-1570.

[164] Wanda K. and Moore C. E. Apparel sweatshops at home and abroad: Global and ethical issues [J]. Journal of Family and Consumer Sciences, 2003, 95（1）: 9-19.

[165] Wang J. C., Wang J. X. An analysis of New-tech Agglomeration in Beijing: A New Industrial District In the Making? [J]. Environment and Planning A, 1998:681-701.

[166] Whitley R. Business systems and global commodity chains: competing or complementary forms of economic organization? [J]. Competition and Change, 1996, 1（4）: 411-425.

[167] Williamson O. Markets and Hierarchies [M]. New York: Free Press, 1975. Wolfe, D. A. and Gertler, M. S. Clusters from the Inside and Out: Local Dynamics and Global Linkages [J]. Urban Studies, Special Issue, 2004.

附录1 宁波服装业集群受访单位名单

序号	受访单位名称	受访者职务
1	雅戈尔服饰有限公司	董事长
2	杉杉集团有限公司	总裁
3	宁波布利杰服饰有限公司	副总经理
4	宏利集团	总裁
5	慈溪外贸集团宁波分公司	经理
6	宁波长隆制衣有限公司	总经理助理、办公室主任
7	宁波洛兹集团有限公司	董事、总经理助理
8	宁波老K制衣有限公司	董事长
9	宁波博洋服饰有限公司	董事长、总经理
10	宁波太平鸟股份有限公司	总监
11	宁波培罗成集团有限公司	办公室主任
12	爱伊美服饰有限公司	办公室主任
13	宁波东方宏业制衣有限公司	生产部经理
14	宁波爱尔妮制衣有限公司	办公室主任
15	鄞县大盛服饰有限公司	生产部经理
16	宁波市金点子服饰有限公司	经理
17	宁波艾盛服饰有限公司	副总经理
18	宁波市唐鹰服饰有限公司	办公室主任
19	宁波市罗蒙集团股份有限公司	办公室主任
20	宁波仙甸服饰有限公司	总经理助理
21	宁波冠越服饰有限公司	经理

序号	受访单位名称	受访者职务
22	宁波市小雨点制衣有限公司	总经理助理
23	象山甬南针织有限公司	总经理
24	象山海达针织厂	生产厂长
25	浙江巨鹰集团股份有限公司	外贸部经理
26	宁波新润制衣有限公司	总经理
27	鄞县立群制衣有限公司	办公室主任
28	宁波豪鹰服饰有限公司	副总经理
29	宁波欣欣制衣有限公司	企划部主任
30	浙江纺织服装学院	科研处处长
31	宁波市服装协会	主任
32	宁波市服装协会	秘书长
33	宁波继民红帮服装研究所	所长
34	奉化市服装商会	常务副会长
35	宁波象山针织行业协会	秘书长
36	《中国制衣》杂志社	市场部经理

附录2　温州、东莞服装业集群受访单位名单

序号	受访单位名称	受访者职务
1	浙江奥奔妮服饰有限公司	董事长
2	温州迪奈尔服饰有限公司	办公室主任
3	温州腾旭服饰有限公司	董事长助理
4	温州市服装商会外贸服装分会	秘书长
5	中国红黄蓝集团有限公司	副总经理
6	报喜鸟集团有限公司	董事会办公室编辑
7	中国森马集团	总经理办公室副主任
8	浙江菲斯特成衣有限公司	董事长
9	东莞福成制衣厂	董事长
10	龙的传说实业有限公司	办公室主任
11	东莞市虎门富民布料市场	办公室主任
12	广东虎门服装服饰行业协会	副会长
13	鸿越服装有限公司	总经理
14	东莞霓中依制衣实业有限公司	总经理助理
15	东莞龙姿服饰有限公司	董事长
16	东莞大朗新意思纺织服装有限公司	生产部总厂长
17	东莞兴业针织有限公司	总经理
18	东莞英伟服饰有限公司	行政处主任
19	东莞市纺织服装行业协会	副秘书长

附录3　部分受访单位访谈录音资料

1. 博洋服饰有限公司
（2006-06-29-A）

访谈对象：吴惠君（董事长、总经理）
访谈时间：2006—06—29　下午2：30

Q：您能给我们介绍一下博洋的发展历程吗？

A：博洋企业发展历程：博洋成立于1994年，最早以家纺出口为主，后来逐渐从事家纺内销及服装内销。博洋家纺现在已经成为全国知名品牌。为了进一步拓展市场，开始想做服装，在一次服装会议上结识了北京服装学院毕业的吴惠君先生，吴先生是浙江富阳人，当时毕业后在富阳工作，但由于当地的服装业基础赶不上宁波，想到宁波来发展，于是两人一拍即合。老板给了吴先生80万元，用于唐狮品牌的开发。吴先生由于自身从服装设计出来，比较重视服装设计，对下游的营销环节重视不够，并且从设计、生产到营销都由自己完成，在这种情况下，经历了第一次失败，为打自己的服装品牌交了第一次学费。但是，吴先生没有气馁，开始到珠三角考察，发现广东虎门等地的服装加工非常发达，加工成本非常低，于是想做虚拟品牌经营，回来后与大老板说出了自己的想法，获得了大老板的支持，再次给了吴先生200万元，重新开始唐狮品牌的培育。由于有了前一次失败所积累的经验，唐狮品牌逐渐获得了成功。现在唐狮在全国已经有专卖店、连锁店800多家，产品定位于青年运动大众休闲，现在仅唐狮年销售额已达10亿元，并已上市了其他五个服装品牌，除了唐狮定位于青年大众运动休闲之外，33层则定位于高端休闲，F4（艾夫斯）定位休闲女装，国内品牌很少有高端休闲装，1万个人虽然只有几个人会买，但10亿人则会是个很大的市场，宁波可能没有多大的市场，但像上海这样的地方，市场肯定会相对比较大。

Q：博洋服装的市场定位是怎样的？

A：我们的目标是做成中国休闲服装业的可口可乐，即定位于大众消费市场。跟可口可乐有点像，国内市场非常大，10亿元市场的品牌主要有以纯、美特斯·邦威、森马和唐狮。服装类的规模一般不可能很大，一般有3亿元就算很大的品牌了。除了港资品牌外，佐丹奴、班尼路、真维斯，国内运动休闲比较大的品牌不多（服装市场的细分非常明显，单一品牌的销售额能超过10亿元都非常不错了，能做到3亿元以上都很不容易了）。所以企业要想做大，只能在不同的细分市场上开发不同的品牌。

中国整个的服装市场确实很大，但这个市场可以分得很细。我们的服装主要定位于年轻消费群体，虽然这些群体消费能力比较低，但比较注重品牌知名度，所以产品的价格比较低，但品牌含量比较高。本企业现在基本不从事服装制造，主要外包，外包地点主要集中于广东、江浙、福建一带，宁波也有一些，但主要设在企业周边地区。宁波的制造业主要优势在于接单能力和开放程度以及劳动技能比较高，现在也还有一些制造能力，主要与这些因素有关。但是，近几年宁波的劳动力成本、土地等明显上升，服装制造向更低成本地区转移将是一个不可避免的趋势。

唐狮每年开发设计的新品不少于1500款，但投产的只有400多个款式。我们的设计师有100多人，设计渠道很广，主要通过采风，现在"韩日风"比较强。另外通过购买国外的样品，做服装关键是把握市场，可以将一些国际高端市场的服装款式、色彩通过嫁接的方式组合到自己的产品设计中。

Q：唐狮这个休闲品牌如何在定位上与耐克和阿迪等国际休闲品牌竞争？

A：运动休闲做得好的几个国际品牌主要是主导潮流，通过赞助世界级球队塑造权威性。产品虽然也是中国制造，但他们的品牌在媒体策划上非常强势，假设其制造成本同样只有10元，但我们只能卖30元，而他们可以卖100元。他们的品牌附加值很高。

我们的消费群体面向大众，所以价格不可能很贵。品牌的区别主要看定位，即你是定位于大众消费群体，还是少数人群的消费群体。比如你定位于少数高档消费群体，则销量就不可能很大，虽然单价比较高，但是如果你定位于大众消费群体，虽然价格比较低，但市场会很大，所以简单的单位附加值可能具有一定的片面性。

Q：原来做出口对现在做品牌是否有什么帮助？

A：出口和做品牌有很大的区别。出口就是简单的买进、卖出，中间所有程序不需要操心，产品的样式都由客户提供，企业就是从中赚取差价或者加工费。但是，做品牌就不一样了。为了卖好产品，我们需要对产品开发、产品推广策略、定价策略、专卖店形象设计、产品上柜时间等过程进行把握控制及对供应商指导、辅导。

我们现在仍然在做出口，因为本地有一种出口的氛围，企业本身也有一定的人才优势和专业优势，能够为国外客户提供非常好的服务，所以我们在出口方面还具有一定的优势。出口竞争也很激烈，东南亚地区赶追较快，全球贸易争端也很频繁，贸易配额及贸易壁垒都对出口造成很大的风险。转口贸易虽然可以解决贸易配额的束缚，但随着人民币的升值，风险很大。

我们现在有唐狮、德马纳、33层、艾夫斯四个服装品牌，另外在做涉趣品牌女鞋。每个品牌都有不同的定位，其中德马纳定位于年轻都市型女性，33层比较高端，艾夫斯比唐狮、德马纳更时尚一点。唐狮的年销售额大约10亿元，其他品牌刚刚起步，总共销售额为1亿~2亿元。

Q：未来企业的品牌打造方面有哪些设想？

A：现在博洋的出口比重仅占集团总产值的20%。做品牌有一个过程，我们是从单一品牌过渡到多种品牌，现在主要是唐狮。每个品牌的运作模式都不一样，33层品牌定位比较高，为了保证质量，全部由我们自己做。自己做比较放心，能保证产品的质量。

国内品牌中高档时装不多。虽然高档时装的量很小，10个人中可能只有不到一个人购买，但是我国有13亿人口，所以总体来看高档时装的市场还是很大的，比如可能宁波的市场不是很大，但上海的市场就可能很大。我们做33层正是想涉入中国的高档女装休闲市场。

就目前的状况而言，唐狮品牌定位的市场还是比较好的，因为这个市场比较好，所以进入得也比较多，虽然蛋糕也在不断变大，但竞争也逐渐激烈。虽然港资休闲品牌做得比较早，但现在已被国内品牌挤出去了。

目前唐狮在全国有800多家专卖店，约有20%的店为直营模式。因为有些地方，加盟商无法获得满意的利润，所以要进入市场，只能企业自己以直营的模式开拓市场。

Q：品牌经营哪些环节是比较关键的？

A：从长期来讲，服装行业最大的特点就是不确定性很高，难于把握。比如开发的许多新款式、新产品，大部分很难投入市场，今年好销的款式明年不一定好销，在某一地区销售好的在另一地区不一定销售好。

Q：博洋在国内也会向其他厂家委托外包，你们不担心承包企业会盗用你们的板式吗？

A：不担心。外包时一般都会向供应商提供成衣，而企业和供应商都有长期的合作关系，所以很少担心供应商将款式卖给其他厂家。只是制定面辅料采购厂商，但基本上由供应商自己采购。

Q：你们是怎么想到要从一个自己制造服装转向外包生产的？

A：唐狮起步时非常曲折，最开始做一些成熟的休闲服装，主要模仿万宝路品牌。开始时既做生产，也做设计和销售，产供销一条龙，但是发现这个市场很难做。后来到广东考察后发现，别人在生产上做得比我们好，而且成本比我们低很多，于是开始放弃生产环节，仅仅控制设计及渠道网络，但是通路也不是我们做的，我们也只控制一部分通路，其他主要通过加盟商的方式建立。起步时，由于自己的品牌知名度不是很高，能够吸引两三个加盟商，他们赚到钱以后，市场开始逐步扩大，这样市场渠道才慢慢一步一步地扩大。大家都没怎么走广告，也没有请形象代言人，但是近两年随着市场竞争程度的上升，服装品牌商开始走差异化道路，都开始请形象代言人、打电视广告，请形象代言人比不请肯定要好，打广告肯定比不打要好。现在每年的广告投入大致3000万元左右。

Q：唐狮品牌还可以提高附加值吗？

A：如果我的产品本来还是原来的产品，但店面形象改善了、购物环境更好，服务提升了，那么产品的价格也会提高。另一方面，我们也可以将产品质量提高、将价格拔高，所以主要还是看产品如何定位，是定位于大众消费群，还是少数高端消费群。

我们的品牌营销费用主要用于巩固现有的客户，广告的重复旨在增加消费者对品牌的认知，在中央电视台做广告比其他地方台的广告更强势。现在主要的广告投入包括电视、广播、网络及平面广告等。做品牌是一个长期的过程，只有建立了成熟的体系，盈利才是自然的事情。即使品牌成熟了，要毁掉一个品牌也是一件非常容易的实情，要维护一个品牌，就像种花花草草一样，需要精心呵护。最开始做品牌时，由于知名度很低，加盟商不认可，基本没什么优势，所以基本上没什么谈判力量，企业只能对加盟商让很大的利润。随着品牌的成熟，企业与加盟商的讨价还价能力也就逐渐提高了。

Q：品牌是一个体系，主要包括哪些方面？

A：如果把整个品牌当做一个体系，这个体系包括产品开发、产品营销、质量控制、店面形象设计、广告策划、营销网络，甚至包括售后服务等。

Q：是否会与上游面料商合作开发面料？

A：由于我们的产品属于大众产品，主要采用常规面料，一般根据市场的面料供应状况来设计、开发新的产品和款式。

Q：唐狮在韩国开有专卖店？

A：唐狮在韩国开有专卖店，而且在澳大利亚、马来西亚、中东都有专卖店。但说实话，我们现在其实并不具备这个条件。我们只是看到了我们产品的价格优势，产品跟他们的差不多，但是消费习惯、产品差不多得打个问号，可能是外象感觉差不多，但实质上差很多，我们其实是抱着一种尝试的心态在做。最初的开店主要是国外的代理商自己找上门来，因为供货的周期很长，好买的他可能拿不到，不好卖的也没办法退货，退换货的成本太高，所以必须在当地消化。因此，这些国外的专卖店感觉效果并不是很好，有的客户也是一种尝试的心态。

Q：像唐狮这样的服装专卖店，是否对零售商的促销活动做出规定？

A：一般是以区域为单位，在区域内必须做到统一，但区域之间可以存在不同。

Q：为什么在国外是一个很一般的品牌，但一到国内就可以卖很高的价呢？

A：其实我们对这个也想不通，但是这可以从经济发展水平的差异来解释，在国外即使是一般的品牌，至少也要卖到70~80欧元，但到中国之后，由于代理商利用国民目前的崇洋的心态，有意提高产品售价。

Q：唐狮品牌与国外品牌的差异在哪里？

A：我们的品牌既没有到国外去，国外也没有这样的品牌到国内来。像唐狮这样的国外品牌是很难在国内做的，因为我们在价格上具有明显的优势。像贝纳通这样的品牌其实在国外已经是一个没落品牌，它本身倒很适合中国市场，但相对国内来说，它的性价比还是没有什么优势。

服装这样一种消费品，虽然每个厂商都想避免价格战，但对于服装行业而言，价格战几乎不可避免，因为这个行业本身的进入门槛不是很高。另外，对国内的大众消费者来说，在购买服装的时候，最先关注的不是品牌，最主要的还是价格，然后才会考虑是什么牌子的，这可能是与国外市场最大的区别。

Q：如果要到国外去做品牌营销，必须做好哪些事情？

A：如果要到国外开专卖店，与国外品牌相比，我们的优势可能还是要回到成本，在设计、品牌知名度等方面是无法与他们相比的。像国外的奢侈品牌，不是他们迎合消费者，相反，是他们在引导消费潮流。其实没有哪个企业不想到国际市场上打高端品牌，但是这与一个国家的现实实力紧密相关，国家在国际市场的形象各自代表着不同的东西，至少目前我们现在还没有达到高端品牌形象的高度。

Q：为什么自己的服装都不做了，为什么还要做国外的加工订单？

A：我们做国外的订单主要是基于一种国家的整体优势，因为国内的劳动力优势，与国外相比是非常明显的。

Q：您觉得现在的配额限制对企业的出口会造成严重影响吗？

A：对于配额来说，办法其实是很多的，现在宁波的服装出口，有许多是通过新加坡中转，你看宁波港每天要出那么多服装，肯定有他们的办法。柬埔寨、新加坡等地方的港口关税很低，通过这些地方转口，反而比购买配额成本更低，所以出现了配额过剩的局面。

现在虽然竞争很激烈，但是服装行业还是有钱赚的，以前是不犯错就可以了，但现在大家都做得很好之后，不仅不能犯错，要做对，而且还要做得比别人更好。

Q：以前曾经在中东开过专卖店，企业以后是否会主动制订战略开拓国外市场？

A：是这样的，我们觉得本企业在国内的提升空间还很大，我们首先需要做好的是国内市场，如果我们连宁波都做不好，在杭州更做不好，所以我们首先是练好内功，一步一步拓展自己的市场。国外市场肯定要做，但要看时机是否成熟。

Q：企业已经有了唐狮，并且做得很好，为什么还会去建立另外一些品牌？

A：因为服装行业市场的细分度很高，每个品牌必须针对特定的市场定位。唐狮主要针对大众年轻运动休闲，但这个市场肯定会有一定的市场容量，达到这个限度时候，你想再扩展市场，就非常困难了。所以，我们需要建立另外一个品牌，来定位不同的消费群体，去拓展市场，这样既不会影响唐狮这个品牌的市场定位，又会使自己的市场得到扩张。

博洋唐狮从2003年开始建立电子网络信息系统，每天每个专卖店的销售情况我们都了如指掌。我们的新款上市前会在专卖店试销，通过及时的销售信息反馈，调整新款生产。先进的网络信息技术平台，不仅为企业降低了库存风险，还提升了企业对市场的反应速度。

2. 培罗成集团公司
（2006-07-03-A）

访谈对象：朱红军（集团办公室主任）

访谈时间：2006-07-03 上午

Q：请您先为我们介绍一下培罗成的发展历程吧。

A：好的。培罗成1984年建厂，1985年就开始打培罗成的牌子。最开始建厂时主要给上海的培罗蒙做西装加工，觉得做加工的利润很薄，于是开始创立自己的牌子。从企业的名称可以看出，培罗成与培罗蒙具有很深的历史渊源，最后的那个字主要是指当时的红帮师傅陆成发，陆师傅原来是培罗蒙的红帮嫡系传人，相当于现在的总工程师。培罗成建厂时请他过来负责技术指导，并且通过他获得一些加工业务。

Q：当时创品牌主要采取哪些形式？

A：当时创品牌其实非常原始，无论是出发点，还是创品牌运作手段，都非常简单。就是建一个牌子，让老百姓觉得我这个也是一个大牌子，因为当时上海的服装品牌在全国的影响最大，因此，这边的服装企业在创牌子的时候，好多都是模仿上海的牌子，让消费者觉得所创立的牌子有一定的基础。加之当时属于一个商品紧缺的年代，新的东西出来之后，人们的购买欲望很强，所以那个时候创立的品牌，只要企业经营上基本正常，到现在做的都还可以。

Q：开始建厂时为什么会与培罗蒙建立起加工关系？

A：培罗成最开始建厂时，是与上海纺织局合资创办的一个西服厂，当时通过乡亲关系聘请了红帮师傅陆成发做技术指导，在他的带领下，又来了两位红帮师傅。在建厂后不久，上海培罗蒙经理、红帮嫡传师傅江辅丰因西服盛销，正在寻求新的生产基地，因为陆成发跟江辅丰这两位师傅非常熟悉，培罗成因此承接了上海培罗蒙的西服加工业务。

Q：在培罗成自己创立品牌之后，通过怎样的销售方式走向市场？

A：在那个年代，创品牌的方式其实很简单，最通常的方式就是注册一个商标，参加纺织工业部的产品评优活动，以是否获得优质产品为品牌认可度的标准。在那个时候，穿西装的人一般属于层次比较高的人群，当时也没有什么专卖渠道，主要还是通过百货公司的订货进入商场销售，一个最大的不同是这时销售的产品上面的牌子是培罗成，而不是培罗蒙，而且需要工厂自己去寻找百货公司的订单，而不是只管生产加工。

Q：企业主要经历了哪几个大的发展阶段？

A：简单可以将企业的发展分为两个阶段：第一个阶段为1984~1997年，主要为企业打基础的时期，从加工走向了自创品牌，由于当时的市场需求比较旺盛，企业当时也不需要仔细去考虑自己的定位，只要搞好生产，保证质量，产品基本不愁销路。第二个阶段为1998年至今，主要为企业转型期。西服热度降温后，服装已经没以前那样好卖了，我们企业开始考虑企业自己的定位。因为宁波的西装企业非常多，仅杉杉、雅戈尔、罗蒙和我们的产量就不得了，市场开始出现饱和。在这种情况下，培罗成第一个将目光转向了职业装市场。1998年时，国内的职业装市场上培罗成已经排在了第一位，现在职业装的产值已经占到了整个产值的70%。因为国内的西装市场被许多企业瓜分，加上现在比较流行休闲装，所以西装企业只能调整自己的发展定位。

Q：那培罗成为什么会转向职业装，而不是转向休闲服装？

A：因为原来生产西服的摊子比较大，技术人员、设备生产线等都是以生产西装为主，不可能全部一下子转到其他类型上去。再加上中国企业开始壮大之后，许多大企业为了树立自己的形象，要求员工统一着装，因此形成了一个很大的国内职业装市场。而职业装的生产加工工艺与西装的生产工艺非常接近，所以培罗成很容易转向职业装市场。相反，如果以前没有做西装的传统，也很难做好职业装。培罗成做职业装都是单量单做的，针对企业的每个员工进行量身定做，每件衣服上都有员工的名字，一般的企业没有我们这个实力，我们仅量体的员工就有几百人，他们奔走于全国各地。像中国移动、中国电信、中国邮政，一个省就是几万人，量很大。这个都是通过公开招标的，利润都很薄，比西装的利润肯定要小，但是这跟做加工差不多，不需要承担库存风险。

Q：培罗成现在的出口情况怎样？

A：培罗成出口的比重不是很大，主要是西装贴牌加工。我国的服装出口基本是贴牌形式，国外的采购商看重的就是我国的廉价劳动力，他知道中国做出来的东西是可以的，但是利润非常薄。

Q：国外客户会对企业进行工艺上的技术指导吗？

A：基本不需要，我们的技术比它们还强，国外的技术并不一定比我们好。

Q：国外市场与国内市场哪个利润要高一些？

A：这个很难说，要辩证地看。做国外市场，国际上有一套通行的做法，相对比较规范，虽然利润薄，但可以解决一部分劳动力，因为服装行业也有淡旺季之分，淡季工人不可能都放假。做内贸风险相对比较高，做品牌要承担库存的风险和压力，为了长期的品牌声誉，即使不赚钱，甚至亏损，企业还是要在品牌上进行相对稳定的投入。

Q：出口订单中的验厂过程怎样？

A：西方的采购商一般会在下单之前来验厂，他下单时所考虑的不仅是成本因素，还包括企业的工厂规模、设备水平、员工福利待遇以及生产环境等各个方面。相对来说，西装生产的技术要求和设备投资比较高，有些专业设备很贵，像一个开袋机都好几十万元。企业如果没有几千万、上亿的规模、四五百工人，一般是达不到国外采购商的要求的。

Q：配额变动对培罗成的出口有什么大的影响吗？

A：影响不是很大，因为西装出口几乎不受配额限制，但是还是存在一些影响，因为当其他类型的服装产品在其他的地域采购之后，也可能将西装的采购引到其他地域去。对于许多出口企业而言，配额的不确定性影响还是很大的，2006年国内配额实行部分招标，一些企业用高价拿到了配额，但是高价配额肯定要记入成本，出口价格自然要提高。可是，提高了成本国外客户就不向你采购了，马上转到柬埔寨、越南去了，许多企业的高价配额没有了出路，因此，今年国内很多企业的配额出现了剩余。即使现在配额的价格下跌了，国外客户也不会要了，因为他已经在别的地方有供应商了，所以今年许多企业很被动，很多企业都关门了。老外算得也很仔细的，有时就为几分钱讨价还价，这个其实也很正常，因为像T恤这样的东西本来都是大众消费品，价格不可能很高，他也有一个零售的风险存在，所以他也是能够压一分钱是一分钱。就像做国内品牌市场一样，库存的风险非常大，很多企业现在不愿意做国内市场，很大的原因就在这里，企业得承担库存的风险。前一段时间许多出口加工企业转向做国内品牌，但成功的很少，因为品牌不是一两天就能做成的。做出口是别人要什么做什么，企业基本不用考虑库存问题，而做国内市场，就要考虑产品卖不出去的库存风险。

现在的服装企业很难做的，以前企业可能还有一点利润，如果企业一点利润都没有，是不会做的，但是现在是保命，即使没利润，有时也还得做，如果工人都跑光了，企业还做什么做啊？所以有时即使亏本也还得维持经营。

在信息社会，老外对中国的行情都比较清楚，政府的出口退税、补贴或者整体营运成本，老外算得都很清楚。当你退税之后，他也会相应要求降低采购价格，所以企业获得的好处相当有限。

Q：您觉得国外的社会责任认证对企业员工福利的改善是否有所帮助？

A：这个还是有一定的帮助的。因为国内的许多企业，包括一些大企业，原来对这些方面几乎没有什么概念，以前有些企业的做法就是他说给你600元就600元，其他什么都没有的，而现在开始逐渐也有社保、医保等，政府也在开始施压，这样对企业中员工还是有一定的好处的，至少现在有了这样一个氛围，一些大企业开始逐步重视这些方面，必然会对一些小企业的员工流动产生一定的影响，促使一些企业必须改善员工的福利。

国外之所以要求企业承担社会责任，它实际上所要求的是一种相对公平的竞争环境。因为如果采取了公平的竞争，最终受益的肯定是国外的企业，因为在公平的竞争环境下，他们是有竞争优势的。之所以要求公平竞争，是觉得你不规范的廉价劳动力产品冲击了他的市场，使得他们国内依靠公平竞争的企业没办法生存下去了。

Q：培罗成在品牌方面的运作现在怎样？

A：现在只有一个培罗成的牌子，以前也做过其他的品牌，但都不是很成功，后来就不去做了。这与企业家的性格有很大的关系，比如有些企业喜欢搞一些大手笔的东西，有些企业家喜欢谨小慎微，有些企业家立足于长远，有些企业家仅仅考虑短期的回报和收益。现在培罗成的广告营销与行业其他企业都差不多，形式也基本上没什么大的区别，服装行业的广告投入一般在4~8个点左右，我们的投入每年大概在6个点左右。

Q：您觉得宁波服装业的产业环境怎样？

A：宁波的服装产业环境还是很好的，最主要的优势还是企业多的优势，因为服装企业多，在人才、原辅料供应信息上肯定有明显的优势。比如你在西部一个孤零零的服装厂，上游的面料厂、辅料厂怎么给你提供新的供货？但是加入你这里有许多企业需要相似的面辅料，他很快就可以给你供货。

3. 太平鸟服饰有限公司
（2006-07-03-B）

采访对象：王明峰（产品总监）

采访时间：2006-07-03 下午2：30

背景资料：1989年成立，老板张江平、张江波两兄弟依靠2000元，几台缝纫机，以摆地摊的方式起步。由于当时的国内服装市场基本处于卖方市场，产品生产出来基本不愁销路，依靠这种有利的国内市场环境，完成了初步的原始资本积累。到了20世纪90年代中期，国内服装市场竞争日趋激烈，与此同时，以杉杉、雅戈尔为代表的宁波服装企业开始在国内掀起了服装品牌的浪潮，太平鸟服饰在这种环境下于1995年正式诞生。经过17年的发展，最初的家庭服装小作坊，已经发展成了中国休闲服装的领军企业，产品由单一的衬衫，逐步扩展为休闲男装、休闲女装、职业装，同时拥有了具有自营进出口业务的盛邦进出口公司，还同时还涉及二手车交易市场、医院以及印务等多种投资业务，已经成为一个具有相当实力的企业集团。

Q：太平鸟从作坊起步，1995年开始打品牌时处于一种什么样的环境和背景？

A：1995年的时候，国内企业刚开始有一种品牌意识，国内服装业打品牌就是从宁波开始的。当时，宁波的服装企业，像雅戈尔、杉杉，那几年做得特别热,同张肇达、王新元等搞了一个巡回展出,那时的市场竞争虽然没有现在这样激烈,但产品市场已经感觉到了一种同质化,感觉到需要借助其他力量来避免这种同质化困境。服装这种产品,不用说在1995年,即使在更早的时候,在某一阶段内,同质化是很严重的。后来杉杉推了一个西服轻、薄、软、挺的概念,我们推了一个时尚衬衫的概念,因为那个时候主要是常规衬衫。虽然现在都把时尚挂在嘴上,但那个时候基本还没有这样一个概念,当时休闲、时尚这些概念基本都还没怎么流行。那个时候基本还是以正装为主,宁波当时的服装就是西服、衬衫,就这两样东西,在这种环境下,太平鸟提出了休闲、时尚这种概念,推出彩色衬衫、格子衬衫,因为当时的衬衫都是老式衬衫,这种衬衫没看见过,所以觉得很时尚。当时的目的其实很简单,就是想做一点与众不同的东西。老板当时也考察了很多地方,觉得大家都在同一层面竞争,拼价格、拼质量,衬衫、西服还是跳不出一个模式,差异很小。

谈到品牌这一块,我们公司其实在1995年之前也做过几个品牌。为了品牌更加有利于记忆,所以重点推太平鸟这样一个品牌,渐渐就将其他的品牌都放弃了。在当时的环境下,做品牌是一件很辛苦的事情,也没有多品牌的意识。而且对于当时企业的实力和发展阶段来说,也只能推一个品牌。所以将所有的人力、财力、物力都扑在上面,做一样事情。

Q:贵公司有太平鸟男装、女装,但同时还有贝斯堡这样一个品牌,好像是定位于都市蓝领,既然贵公司已经有了太平鸟这样的品牌,为什么还要重新创一个牌子呢?

A:推出贝斯堡这样一个品牌,可以从品牌的发展过程来说明。太平鸟最早做男装,也就是刚才所说的衬衫及后来的时尚衬衫,到2000年的时候,正式开始推女装,这个与老板的性格有关系,因为当时的宁波几乎都是正装,即西装和衬衫,宁波的企业也尝试过做女装,但基本上都不是很成功,也许以前的基础(如人才储备、加工设备等)基本都是靠男装,女装生产跟男装生产还是有蛮大的区别的。做女装的原因可能是老板比较敢于突破吧。看到上述局面,在市政府的号召下,加上企业自身利润的冲动,同时也看到了巨大的市场需求,因为女装其实比男装的市场更大,因为女性比男性更注重穿着,衣服可能换得更快。在宁波地区来讲,我们的女装做得还是蛮成功的。在贝斯堡产生的中间,我们也做过很多尝试。前两年国外的品牌进来的也很多,像国际一线品牌如ARMANI、Hugo boss等,但在一线品牌与我们所看到的大众品牌之间有一个空档，我们也曾经与国外的品牌合作，跟意大利合作，搞过几个品牌，但都不是很成功。后来我们总结，做高档品牌，不是只将质量提高，或者将价格提高，就能成为一个高档品牌，别人之所以是高档品牌，不在于它有什么很高的性价比，不管是ARMANI也好，还是其他高档品牌也好，无论做工怎样好，它的性价比是不成比的。其实好多高端品牌都是在国内做OEM，但它之所以能成为高端品牌，主要是它有一种所谓的文化内涵，有一种很长的历史和文化沉淀。所以我们发现，一个一线品牌，往往做了一百年、两百年的时间。所以我们也开始静下心来思考，我们在服装市场能做什么。我们发现，近年来超市的服装市场特别火爆，逛超市的人特多，所以我们想从超市入手打入低端服装市场。我们之所以推出贝斯堡这个品牌，主要是担心如果沿用太平鸟这个品牌，会冲击我们已经形成的品牌形象，所以我们定位低端大众市场，推出了贝斯堡这样一个品牌。这个品牌主要进入国内的一些大型超市，像家乐福、乐购、好友多等，一般是它们给一个专柜，企业给几个样式，如8个样式，然后它选6个样式进入超市，我们主要利用这些超市的销售网络，远程管理是任何一个企业都很难控制的问题，利用家乐福我们不用自己去建立专门的销售网络。

Q：那么是家乐福主动找上门，还是你们的销售人员自己去开拓的市场？

A：这个很难说是谁主动，家乐福根据自己的定位，也会对国内的品牌商进行考察和筛选，名单会出来，然后双方再协商。

Q：你们是否再同家乐福这样的跨国超市进行接触的过程中，学到很多经营上的东西？

A：怎么说呢，这个只能是管理，家乐福这样的超市再管理技能上确实有它独到的地方，管理背后实际上是一套完整的制度，这需要在实际中不断地摸索，我们可能会向它学一些管理上的东西，但对企业的生产或集体的技术提升影响不是很大。

Q：你们的品牌服装是否都是自己生产的？

A：不是，大约有20%的比重是外色出去的。作为服装来讲，分工越来越细，对于宁波来讲，比如你所穿的针织服装不是我们这边所擅长的，要考虑是后面整个产业的支撑，如纱线、工人、厂房、染整、后整理等后面有一大块的支撑，所以我们有20%的生产要外包出去，比我自己生产要便宜得多。针织相关的产业集群这一块主要集中在广东那边。

Q：据我了解，休闲服装相对来讲，福建晋江、广东中山那边的加工能力比较强，那么太平鸟在宁波这边做休闲装，您觉得它的优势主要在哪方面？

A：那时陈主任提出产业集群概念，我们也在考虑，宁波是否真正有产业集群？如果以业绩或市场份额，而不是产品定位来衡量，国内做得比较好的一线品牌，宁波应该是男装，如杉杉、雅戈尔、罗蒙等，但是宁波本身的产业链并不是很完善。我们最近的面料市场在绍兴，但石狮的面料市场就在石狮，也许今天一个新的款式出来了，石狮就可以在本地采购面料，但是我们必须跑到绍兴。做服装比较细碎，纽扣、标志、拉链这些附件生产在宁波都不是很发达的，在石狮这块就很发达，好像是真正的产业集群。我们的产业集群实际上是一个品牌集群，不是生产概念上的集群，因为很多后道的东西在宁波都无法完成。

Q：太平鸟的原材料采购基本都不在本地吗？

A：宁波基本没有这样一个市场。

Q：那这些面料企业是否在宁波有固定的代销店或者门市部之类的销售点？

A：那当然有。因为这边毕竟有这么多服装企业，宁波毕竟是一个服装大市，从而对上游原辅料企业来讲是一个很大的市场，他们也不愿意失去这么大一个市场。这些服装面辅料企业会派人过来，提供一些新的面辅料样品给你，然后一起探讨这些东西是否符合你的需要。这种关系其实已经很长了，通过紧密的业务合作，形成了一个虚拟的网络。

Q：虽然宁波没有一个绍兴那样的面辅料市场，但存在这种虚拟网络，您觉得这种虚拟网络与本地有一个完整的市场之间有什么区别吗？

A：这个当然有，正如我前面所说的一样，服装生产比较琐碎，它不像有些产品，有一个很明确的标准要求，如要采购一个螺丝，我可以很清楚告诉要几公分长，内径几公分、外径几公分，要打几圈等，都非常明确。但是，对服装生产来说，很难有一个非常明确、具体的要求。很简单的一个例子，比如说今天要做一件像你身上穿的蓝色衬衫，首先如果我没有你这个原始面料，蓝色，你这个可以说浅蓝色，也可以说深蓝色，这样会有很多很多蓝色。好了，样打好了，我要提供一块面料，他要去对色，但是对色这个东西来说的话，有沟通的成本，因为服装本身没有一个明确的标准，没有说哪个款式、哪个颜色一定是好看的，这样对于交流来说成本会很高。而且你自己也不是很坚信，具体什么样的颜色合适，往往需要坐下来谈，来沟通。比如我今年确定下来要推蓝色，具体是一种什么样的蓝色，这个不是电话里能沟通的，需要坐下来讨论，具体是深一点，还是浅一点，到什么程度，这里面有很多是个人感情，依靠个人的眼光来判断。

Q：那您这边有20%的外包，是否经常会出现您刚才说的那些问题？

A：当然啊。我们刚才说服装没有标准，但质量它是有标准的。好跟不好没有一个确定的标准，但加工工艺、色牢度、化学指标等都是有标准的，国家都会颁布夹克要达到什么标准、裤子达到什么标准等。但是，总的来说，这里面还是有一些千差万别的、细小的东西，是没办法用标准还衡量的。

Q：像太平鸟服装所需要的原材料的交易过程，不是指具体的原材料来源地，是否都能在宁波本地完成？

A：我只能说50%~60%能在本地完成，其他部分还得在外地去跑，去搜索信息。产业链不完善对企业的制约其实还是蛮大的，对我们来说，一个月有好多时间其实是在外面的。

Q：贵公司的设计人员主要通过哪些方式开发出一些新的款式、样式？

A：虽然服装没有一个确定的标准，但是巴黎也好、米兰也好，它会提前搞一个发布会，很多研究机构，或者一些大的品牌会对流行色进行预测，每年大的方面基本不会变。国外的一些信息，通过一些大的发布会，一线品牌的发布会会获得一些时尚信息。另外一个方面，还会考虑流行国内外之间的流行时滞，国外一个一线品牌的流行，到国内一个产品真正做开，真正能大规模售卖，一般有三年差距，因为国外许多高端一线品牌做奢侈品，这些奢侈品的样式或款式，要成为大众服装产品的款式或样式，会经过一个很长的时间。在主导潮流方面，其实很大程度上与国家实力有关，品牌与企业无关这句话虽然说得有点过，但弱国无品牌这句话绝对是对的，作为目前我们国家来讲，要想主导国际服装潮流还是非常困难的，至少我们目前还没到那个阶段。

Q：现在作为一个信息社会，像国外这些流行色的发布或者新的款式之类等是不是会很快就会传到国内？

A：速度是很快，今年的流行色，应该是去年的发布会所发布出来的，当它们发布时，也许当天说得过了点，但是这些流行信息至少在一个星期内就会传送到国内。但是，这些东西用不用这是另外一回事，就像去年，枚红色在国外非常流行，但去年在国内很少能看到那种红色，今年做的也不会多，明年可能会有人做。就像我内弟今年来我这里过暑假，他看到我今天穿的这种红色T

恤之后，就说他一直以为这件衣服是他姐姐的，没想到是我的。

Q：太平鸟在宜昌设了一个子公司，为什么太平鸟会到宜昌投资呢？

A：大约是在2001~2002年，企业发展很快，五六年走下来，企业自身面临的问题，或者企业以后发展的目标都已经明确了。我们在思考走到这一步，现在存在哪些问题，我们下一步该怎么解决这些问题。我们发现了远程控制或者远程管理的概念。作为服装这个板块，东部的流行和西部的流行，有很大的差异。比如我身上穿的这种枚红色，在东部可能没人会说怪，但是这在西部，哪怕是到宜昌，许多人会觉得这个男的很怪。这就是说，东西部的流行还是有一个时间差异。就像刚才说得，国外跟国内有一个时间差，东西部也有一个时间差。另外，远程管理费用会很大，而且会投入很大的精力，但是管理不到细节上，很难达到想要的效果。基于前面这两点，我们想做好西部市场，所以我们选择在宜昌投资。一方面，可以以宜昌为基地、据点，拓展西部市场，比较容易了解西部的流行，能抓住当地的流行，使我们的产品做得更加贴近市场。另一方面，还可以提高对西部市场的反应速度，实现在西部制造、西部销售。另外在当地的供给和销售方面都十分通畅，企业整体运作费用会很低。过两年，还会在北方建立一个中心，负责北方市场，形成一个三足鼎立的局面。这样会使我们的产品能够更好地贴近不同的市场。

Q：可以为我们介绍一下太平鸟服装出口的情况吗？

A：在出口方面，我们有一个外贸公司，有一个专门做外单的制造厂，即盛邦。

Q：那我们出口只是做休闲类服装吗？

A：这个不是，外单没有什么明确的产品分类，我们能拿到什么单，或者别人给我们什么单，我们都做。因为国内服装出口定位本身就是贴牌加工，所谓贴牌加工，就是别人要求你做什么，你就做什么。

Q：那外贸的量大吗？

A：大。

Q：贵企业通过什么方式获取这些外单？

A：宁波是一个出口大市，宁波在这方面的资源很多，另一方面，我们本身有两个进出口公司。

Q：宁波本身的出口资源多，具体指哪方面？

A：最大的一个方面是，很多国外服装商知道宁波是一个服装大市，宁波有很强的生产能力,有很好的品质,有一种质量的意识,所以很多国外客户都愿意到宁波来。另一方面,宁波有许多外贸公司来与他们洽谈订单。

Q：那太平鸟接单的渠道具体有哪些？

A：我们自己的外贸公司经常到国外参展,频繁与国外客户接触,建立了一种长期的业务联系。我们与国外好多品牌是长期在做的,美国的也有,意大利的也有。这些品牌商自己也很不希望他们的品牌是在中国加工,因为这涉及他们的利益。

Q：贸易制度（配额、社会责任、技术标准生态标准）具体情况是怎样的？

A：关于配额这一块,因为我没有具体负责这一块,所以不好说,但有一点我是敢肯定的,现在有很多贸易公司、外贸公司自己开始建厂,在这方面,我们因为自己有贸易公司,同时又有生产能力,无疑我们具有明显的优势。不管是配额也好、退税的减少也好,还是人民币升值也好,直接产生的压力其实就是把你的利润空间压小,因为我们是出口贸易与生产一体化,这是我们的优势。从前年开始,特别是去年,有很多外贸公司都自己建厂,因为贸易配额、退税减少以及人民币升值造成了生产成本的上升,但是国外下单的价格并没有什么变化,如果贸易公司还要赚取原来的利润,出口加工商就没办法做下去了,贸易公司为了继续能有钱可赚,只能自己开厂。我们因为有生产能力,所以有这个优势。

对于您刚才所说的认证来说,我们在国内所申请的ISO 9000也好,还是ISO 14000也好,这些国外采购商都不会承认的。我们所接收的几个大的品牌的加工订单,一般他会委托国内的一家单位,比如说上海的一家单位,直接到我们公司来验厂。而社会责任,不同国家购买商的要求会有不同的侧重,比如美国人对你的要求比较侧重人权方面,比较重视人权,他验厂验什么啊？验我们有没有在做消防演练,你的人均居住面积有没有达到（职工宿舍）要求。有一次,他提出要求,说厂里的每个员工必须有一个柜子,能上锁,他说这是个人隐私,你必须要保证,如果你没有,我这个单子就不下给你。所以,美国人验厂很大一部分就是验人权,有没有加班,加班有没有工资,加班只能加到晚上9点钟……这些对我们的压力非常大的。

Q：那他们是怎么监督你们是否完全依照这些要求执行呢？

A：他会定期检查,一般是委托国内一家单位,也许是他们所信任的,或是可能有长期的合作关系,来负责帮助采购商验厂。但是,日本人更加注重产品质量，他也验厂，对质量的要求非常苛刻，他不相信国内的一些标准，甚至什么国际标准他都是没有的。他就是坚持他自己的标准，比如某个日本品牌，有一本非常厚的技术标准，这些技术标准非常详细，就像我们自己的公司一样，我们有内控标准，我们有国标，但一般内控标准都是大于国标的。他们也一样，不管你国际、国内的标准，我都不认，我就认我自己的标准。你要做我的产品，你必须达到我的标准，所以他们会派人来验厂，虽然我通过了ISO 9000质量认证了，还有环境体系认证ISO 14000等，这些他都不管，不管是社会责任还是产品质量，日本人验厂时都非常非常细，就像衣服的线头，一公分有多少针等，都会有非常具体的要求，但是在人权方面要求就很少。这一点其实跟各个国家的文化有关系。像美国，由于国内的消费者或非政府组织非常关注人权，所以迫使服装采购企业比较重视人权，作为企业之间的交易，说白了之间就是一个简单的钱货交易，它何必管你工人的待遇或者人权状况？这其实是来自国内消费者重视人权的一种文化压力。说实话，有些东西如果他不提，我们是不可能考虑到那些东西的，特别是对工厂里一些特定的工人，而他会考虑得很细，如出口通道，他会考虑到遇到紧急情况之后，你如何处理紧急疏散。

有关面料质量标准、安全标准等都有国际标准，这是硬性的，像pH值、甲醛含量、色牢度等指标都有一些通行的国际标准，这个必须达到。

Q：贵企业在加工过程中，是由采购商直接准备好面料，还是指定面料由企业自己去采购？

A：这个都有。像来料加工，他会给你准备好面料，不过现在这种情况已经不多了，绝大部分是仅提供样衣，你按照样衣首先制定一套相似的样品给他检查，如果合适，你就按照样衣的各项要求去采购面辅料等，然后进行加工。

Q：您觉得为国际品牌商加工，对您自身的技术水平、产品质量是否有很大的帮助？

A：这个其实很难说，你说有嘛，也有，比方说通过接单，你可以知道它们在做些什么东西，现在国际上流行什么，但是，这些对技术提升的作用其实也不大。像国外厂家的一些质量标准，其实我们都已经达到了，反而欧美的质量标准可能会低于我们国内的标准。一方面，他愿意到我们这边来下单，说明我们的技术能力能达到他的要求；另一方面，他来我们这边下单，说明我们的成本低。与欧美相比，我们的线头率也好，其他加工工艺也好，我们实际上都优于他们。因为他们的工人成本高,而且他们不能要求工人加班,工人也不愿意加班,国外很少有人加班。他们一天工作8小时,挣到了一定的钱之后,他们一般不愿意加班,他们要去玩,要去享受生活。

4. 奉化服装商会
（2006-07-05-A）

访谈对象：阮成华（副会长）
采访时间：2006-7-5　下午2:00—6:00

背景介绍：经宁波服装商会张晓峰秘书长的介绍,我于前一天联系了阮会长,阮会长曾经当过奉化工业局局长,对奉化服装业的发展相当熟悉,虽然已是66岁的老人,但精神矍铄,非常热情,也非常健谈。在宁波,年龄比较大的一代人中,普通话的宁波口音一般很重,阮会长也不例外,但阮会长对我非常有耐心,特意在身旁放了一张白纸,当我们无法用语言交流时,他就用笔写给我,这样,在不知不觉中,四个小时的访谈时间很快过去了。正是通过阮会长的热情而细致的讲解,让我对奉化服装业的发展历程有了深入地了解。

Q：阮会长,我通过阅读宁波服装业发展历史的资料发现,宁波服装业的发展都与宁波的红帮裁缝有着紧密的历史渊源,您能简单介绍一下奉化服装业的发展历程吗?

A：20世纪80年代,奉化当时有许多上海、宁波市区的知识青年来奉化插队（奉化当时属于农村）。他们来了以后,地方政府当时为了发展地方经济,经常问这些知识青年在上海或宁波有没有亲戚,可以帮助本地发展经济。当时在奉化有2000~3000个知青,以来自宁波和上海的知青为主。在来自上海的知青中,有一些知青的父母在上海服装名店中从事缝制工作,这些名店包括培罗蒙、敞发、开开等,比如其中有一个叫江开中的知青,其父母就是上海一个服装名店的师傅。这些名店中的师傅祖籍都是奉化或宁波人,当时大部分已经退休,这样通过这些知识青年,将这些已经退休的红帮裁缝师傅请到奉化,来做服装工厂的技术顾问或技术指导。通过这种方式,奉化的服装业开始起步,当时主要为上海的南京路、西安路、延安路的服装名店做服装加工，主要的服装产品为大衣和中山装，这样，上海服装名店的衣服基本都是从奉化出去的。

在这些老师傅的指导下，奉化的服装做得比较好，加上当时全国兴起了西服热，于是这些服装厂又请了一批做西服的师傅。到1987年，奉化已经有700多家西服、劳动服加工企业。就在这时，由于国内环境的变化，西服市场受到影响，做的西服无法卖出去，700多家西服企业只剩下了400多家，在当时还是计划经济占主导地位的情况下，这种情况经常出现。当时纺织工业部评优，奉化选了5家企业参评，都被评为部优产品。

随着国家经济逐渐由计划经济转向市场经济，一些服装加工企业开始打自己的品牌，比如上述五家企业都以自己的品牌参加了评优活动，如迷霞、爱伊美、申迷、老K、金海乐、罗蒙等服装品牌都是在这个时候出现的。

这些企业当时都是属于乡镇集体企业，到了1992年时，开始进行乡镇企业改制，原有的出现了分化，一些企业上去了，一些企业倒下了，五家部优服装品牌中，罗蒙、爱伊美、老K继续发展的很好，迷霞倒下了，申迷发展得不好。最近又有几家发展起来了，长隆、大盛、艾盛等几家销售额都超过了1亿元。目前奉化共有服装企业大约400多家，发展比较好，有一定规模得大致有300多家。

Q：您觉得奉化服装产业这么多年的发展，有哪些经验教训？

A：在发展经验方面，除了整个国家宏观环境提供了良好的发展环境之外，如计划经济转到市场经济，从集体经济转到个体经济。从单个企业来看，一个服装企业要发展成功，主要有以下几个方面的要求：

1. 企业为了自身的发展，具备思考能力、接收能力和应变能力。比如好多企业做西服的，搭了些衬衫，做衬衫的，搭了些西服，有些做针织的，搭了些衬衫，即实行多元化的生产。所以当市场变化时，这些企业具备很强的生存能力。

2. 企业发展一定要具有人才，企业领导也要提高。要重视人才，给予人才很好的待遇，重视企业对职工的培训。企业不应该担心投入培训之后员工跳槽的风险，因为如果员工频繁跳槽，表明企业的经营存在一定的问题，企业应加强自身的提高，以增强对人才的吸引力。如果你的企业很好，你也可以将别的企业的优秀人才吸引过来。正是通过这种竞争机制，使得本地服装业的企业能够不断地在竞争中提高自己的实力。

3. 要搞好企业的福利事业。我认为一个企业要发展得很好，必须将盈利的50%用于扩大再生产，如购买设备、新建厂房等，另外25%应该给员工提高待遇，剩下25%才是留给自己的，这些也是必需的，因为企业还要运转经费。这样才留得住人才，没有人才企业是搞不好的。一些企业搞不好，就是没有搞好企业的利益分配。

4. 注重企业的内部管理，关键是规章制度，主要包括质量管理和生产管理。

5. 加强营销队伍的建设，营销队伍我认为要懂行，什么叫懂行，比如我搞营销，什么都有成本，那么一个订单下来，我的成本是多少，我会有多少利润，这些营销队伍都应该计算得很清楚，这主要与外贸有关。在内销方面，价格定位、区位定位是否合适，你的价格老百姓是否接受。外贸方面，客户一定要自己的，要自己注册自己的公司，不要老是转接别人的单子。另外，要在外面开办事处，借用人家的人，借外力来发展自己，宁波许多外贸公司的人都退下来了，这些人才都可以聘用。

问题主要有以下几点：

1. 市政府要对服装企业确定一些优惠政策，特别是中小企业，像雅戈尔、罗蒙等大企业已经基本不需要政府的优惠政策，最需要政府支持的是中小企业，这些政策包括贷款（资金）问题、税收以及引进人才问题等，比如一些小企业在引进人才上如果没有一定的优惠政策，这些企业就不会在人才上花大力度。

2. 服装企业对人才的培养、人才的引进没有引起高度重视。

3. 中小企业的资金有困难。

4. 经济管理部门没有对真正服务企业给予足够的重视，政府应该针对不同的时期，为企业出点子、出政策，比如工业部门应该向市委、市政府出一些点子。比如配额、反倾销、绿色壁垒等多方面为企业提供充分的信息。

Q：奉化地区的服装企业出口的情况是怎样的？

A：奉化以外贸为主的企业占企业总数的95%，产量出口占整个服装出口总量的85%。主要有三种出口方式：第一种是自营出口，第二种是自己接单，让外贸公司代理出口业务，第三种是自己接单，但工厂之间相互转包。一般情况下，由采购商提供样衣，由出口企业采购面料，做成样衣让客户确认，确认之后签约按样衣正式生产。虽然有部分客户提供纸样，让出口企业自己做成样衣确认，但还是很少。如果企业能提供概念设计，企业谈判的能力就可以提高了，可以跟客户谈条件了。但是，现在几乎没有企业达到这种设计能力。

Q：最近因为配额限制引起了哪些问题？

A：一些企业经常出现有配额、没订单，有订单、没有配额，配额与订单很难完全符合。虽然企业之间可以自己协调，但还是经常存在矛盾。国家分配的配额主要被一些外贸公司获得，奉化地区的生产企业很少能获得分配的配额，只能通过招标的方式获得配额。对于多数小企业来说，很难拿到配额，只能替别人加工。一些企业现在虽然能通过竞标的方式获得一部分订单，但由于过去对国内市场普遍看好，近几年产能扩展的很快，当国外市场因配额受限制时，参与竞标的服装企业很多，导致配额所引发的成本上涨，致使一部分小企业倒闭了。

另外，在过去，因为外贸权主要由一些外贸公司所控制，因此，生产企业需要通过这些外贸公司才能获取出口订单。但是，随着我国外贸体制的改革，服装外贸公司逐渐丧失了过去的垄断优势，加之配额成本提高、原材料成本上涨、工人工资上涨等因素，在国外服装出口价格反而逐渐下滑的情况下，如果国内加工价格保持不变，而外贸企业仍然赚取原来的代理费或中介费，服装加工企业就没什么利润甚至出现亏本，在这种情况下，许多外贸公司纷纷自己开办服装加工厂，以维持原来的利润。

Q：国外服装采购商提供样衣，由购买商采购原材料做成样衣后由采购商确认，然后进行贴牌生产出口，这种方式您觉得对供应商的技术能力是否有所帮助？

A：这种情况要区分不同的客户情况，比如欧美、日本的服装产品档次要求较高，接到这种订单，对供应商的技术能力肯定会有提高，但是，对于俄罗斯、南亚、非洲等市场的外贸出口加工订单，档次一般比较低，对技术能力的提升就很小，因为成本考虑，这些订单的加工已经开始转移到湖南、湖北等地区。

Q：现在这边的工资上涨情况怎样？

A：普通工人一般月工资都在1200~1300元，高的达到1600~1800元。在20世纪90年代的时候，600元都算很高的了，但是从2003年开始大规模上涨。

Q：采购商下单后，一般对供应商的行为如何进行监督？

A：供应商一般会派人跟单，跟单员一般是中国人，对服装生产非常熟悉，工资很高。比如美国的一个服装采购商一般会在上海设一个采购处，雇用中国人负责跟单，当位于美国总部确定一份采购订单后，由这些采购处的中国人负责跟单。服装企业一般会有自己的质量检测设备，服装企业在采购面辅料后，一般会自己检测一下，以保证面辅料能够与样衣的要求相符，提前发现问题，以免以后造成更加严重的损失。

Q：有关原材料的来源及配套情况是怎样的？

A：常规衬衫面料方面，低档面料主要从绍兴采购，稍微好一些的面料从江苏、广州采购，毛纺面料主要来自江苏的江阴、上海、兰州及内蒙古等地，辅料大多来自宁波，也有从温州等地采购的。一般来说，因为宁波有这么多的西装企业，所以稍微大一点的毛纺厂在宁波都有销售点，衬衫面料厂商一般也会派人来宁波的服装企业上门推销，提供新的面料样品，建立渠道联系。宁波虽然本地的产业链不是很完整，但是因为众多服装制造企业的空间聚集，吸引了众多服装面料商前来设立销售点，这样实际上形成了一个完整的虚拟产业集群。

Q：奉化地区的服装出口企业如何应对绿色壁垒、反倾销等问题？

A：宁波的商质检局会及时将一些绿色壁垒及反倾销的信息及时向企业发布。商质检局有先进的检测设备，会根据国际上的绿色指标要求，通知服装制造企业，让企业去检验。虽然收费，但费用不是很高。对于这些环境、生态健康指标要求，服装企业一般没有什么余地，你必须达到这些要求，否则肯定无法进入国外的服装市场。

Q：这边服装行业在实施西方跨国采购商所要求的社会责任制度方面有什么困难吗？

A：虽然服装制造企业不可能完全达到西方采购商的社会责任制度，但是有些厂也还是在努力。要100%达到要求是不可能的，但是能做多少就是多少，基本达到就可以了。所以要求过高的订单，企业就不会做了。比如工人上班时间规定是8个小时，但这里的服装企业要加班到12小时，如果完全按照规定来付加班工资，企业根本付不起。对服装企业来说，要严格执行劳动法，企业基本没办法做，好多厂都要关，包括雅戈尔都要关，雅戈尔也要加班的，这个不是企业本身的问题，而是别人给我们的价格都比较低，在这么低的价格条件下，又要求满足苛刻的社会责任制度，比如加班要按照双倍的工资支付加班费，在这么低的价格下，这种要求根本没办法做到。比如一件衬衫的加工费4.5元，一个职工一天做20件，这20件不是一个职工做的，包括水电费、地价、税收等都要付的，这样扣除所有这些费用之后，剩下的是很少的，只能加班来多赚一点利润。

这种低价格部分与中国人自己有关。国外的订单价格一般不是外商自己确定的，大多是在中国人的帮助下确定加工价格的，因为这些中国人对国内的情况非常了解，对工人的工资情况，工人加班的费用情况，都非常清楚，因此它们下单时一般也会考虑这些情况，将价格压得很低，致使国内服装加工企业要存活，不得不加班。

虽然社会责任制度没办法完全执行，但一些企业也开始在进行一些改善，比如工作环境、用餐环境以及社保、差旅费等都有一些改善。比如原来做内贸的企业，一般很少注意这些问题，但是开始做外贸之后，企业在这些方面都有不同程度的改善。

无论是社会责任制度，还是配额制度，不同规模的企业在这些要求中所处的地位都不一样，所获得利益分配也不一样。一些大的企业接单后一般会转包一部分，许多企业的外协工厂都在20家以上，比如罗蒙、大盛、长隆、老K在本地都有许多加工厂，有些加工厂在邻县。这些小加工厂一般只能赚很少的加工费，别人赚1元，他只能赚1毛。这些加工厂就目前来看，已经很难再有机会达到罗蒙那样的水平了。一方面这些土生土长的老板，文化水平、管理能力都非常有限，企业的规模能达到300~500人、产值达到8000万~1亿元就已经算是发展得相当不错了。

Q：奉化的服装企业从最早为上海做加工起步，为什么后来会转向主要做服装外贸？具体经历了怎样的转变过程？

A：奉化最早主要也是做服装内贸，但是在1986年之后，因为国内环境的变化，许多做内贸的企业都倒闭了，这个时候开始有少数企业开始转向了外贸，当时只有一两家外贸服装企业。在当时的情况下，做外贸加工也是很难的，当时的商检局很严，要经过好多好多手续，这些企业都是一些比较好的企业，后来第二批又多了7家，当时主要做日本市场，做外贸最主要的好处就是款容易收，不存在欠款问题，你只要按照样衣的要求出口了服装，钱很快就能收到。外贸做得比较好是到了1990年之后，开始大规模转向外贸，1997年基本上全部转做外贸了。当时，国内的市场环境普遍不好，信用环境很差，好多企业都被别人骗了，一些客户拿货之后不按时还款，好多甚至根本都没法收回货款。2002年国内的大商场也有一些问题，大商场现在只管赚钱，卖不出去的货完全推给企业，使生产企业承担全部风险，使得生产企业陷入困境。

因为配额问题，服装出口转口的情况：企业转口新加坡、柬埔寨等地，一般是在国内裁剪好，比如做好领口、袖子等附件，在国外设一个办事处，然后将这些东西出口到国外，经过简单加工后贴上这些国家的原产地标签，出口欧美市场，但是这样做存在一定风险，因为不符合原产地原则。

Q：您觉得内贸与外贸对企业而言主要的区别表现在哪方面？

A：利润肯定是国内的高，但是存在很大的库存风险，做外贸不存在库存风险。所以加工费用比较有保证，比较稳定，除了配额、人民币等宏观环境变化所引起的外贸风险之外，其他有关成本费用等都比较容易计算和预测，所以利润率虽然很低，但收入一般相对比较稳定。

Q：您觉得目前中国服装企业有可能到国外以自主品牌进行销售吗？

A：这个至少在目前的情况下很难做到，国外的品牌服装一般都有很长的历史，比如杰尼亚都有200多年的历史了，我们的服装品牌企业最多只有20多年的历史，无论是雅戈尔、杉杉，还是罗蒙，现在要打到国外品牌服装市场上去根本不可能。经过很长的发展阶段之后，比如再过20年或者30年之后，这是有可能的。另一方面，品牌与国内的实力强弱有很大的关系，别人之所以认同欧美品牌，与这些国家的实力及文化影响力有很大关系，我们国家现在的实力和文化影响力还没有达到这种层次。

Q：您如何看待宁波一些服装企业向内地转移的趋势？

A：高档服装的制造不可能转移到西部，因为本地的技术工人有非常独特的优势，这是经过长期的历史发展所积累的，西部地区的工人技术水平现在无法达到本地技术员工的水平，比如我们这里本地的女工一天能做两件，外地员工就只能做一件，而且工艺质量上也存在很大的差距。

Q：您觉得宁波服装业的未来应该向哪个方向发展，怎样才能更好地达到您所希望的目标？

A：1. 宁波市政府应该首先重视服装业的发展，要重视国内服装品牌的培育，集体将国内服装品牌打到国际上去，不要分散，比如集体参加服装展销会，从而使宁波服装成为一个国际区域品牌。

2. 建立自己的设计队伍，不管是杰尼亚也好，还是皮尔·卡丹也好，都有一个完整的设计师队伍。宁波要创造一些条件，吸引设计师人才，引进人才，对引进设计师人才制定优惠政策。对宁波服装学院加强投入，可以将宁波服装学院进行升级，使其不仅具备培养一般服装技术工人的能力，同时也要进行大力投入，使其在培养高层次服装设计人才上具备相当的能力。

3. 企业厂长或所有者要提高自己的自身素质。

Q：您能对比一下宁波市服装商会与温州商会的职能吗？

A：我们这个商会，老实讲无钱无权，实际上是一种政府行为，不是企业自发形成的组织，商会是政府要办，而不是企业要办，所以不是一个真正的商会。政府的职能太大了，商会基本上没有什么职能，所以商会既没钱，也没权。宁波的企业与政府的关系很密切，有什么问题一般会直接去找政府，所以它基本不需要你这个商会，因此，商会也就没什么权力，也没什么资金来源渠道。

5. 爱伊美服饰有限责任公司
（2006-07-05-B）

访谈对象：办公室主任

访谈时间：2006-07-05　上午10：30

Q：爱伊美从建立到发展经历了怎样的历程？

A：爱伊美1979年建厂，具体时间大约是在8月份，属于滕头村办企业。当初这个村很穷，改革开放之后，为了发展经济，决定开办服装厂，开办服装厂的技术主要依赖于上海。当时有一个叫付阿发的上海师傅，是滕头村人，小的时候去上海服装店学裁缝之后留在上海当师傅，在上海比较有名气，是红帮裁缝的传人，过来时已经退休。通过这种乡亲关系，村里的老书记把他请过来，他又通过在上海三四十年所建立的关系，拉了一两个人做助手，再从同事那里要了一些业务，就这样办起来了。

到了20世纪80年代初，上海有句流行的话叫做"干活靠阿乡"。这些企业自己做品牌或者接单，其实在20世纪70年代末，像这样的加工企业在这里基本上开始轰轰烈烈起步了。到了80年代中期的时候，通过亲朋的关系，把上海的很多业务都拿到了乡下来，因为上海加工成本较高。像培罗成和罗蒙当时都是跟上海的培罗蒙联营的，联营当时就是承接加工业务，也就是培罗蒙接了业务，自己做一部分，做不过来的给培罗成和罗蒙一部分，像我们现在也是，我们现在也有20多家外发厂，我们当时也是这样，一块是直接接上海的外发单，另外一块是接江口区的服装企业的外发加工订单、他们的业务做不完，发给我们帮他做。当时的加工产品就是老三件，即大衣、西服和中山装，这些都是我们红帮裁缝的拿手好戏。当时我们就二十几个人，二十几台缝纫机，用养鸡棚改造的车间，总资金投入大约也就2000元左右。企业的发展大致可以分为以下几个阶段：

1979~1985年为第一阶段，主要是加工，依赖别人的作坊式发展阶段。

1986~1991年为第二阶段，发展成为生产企业的阶段，开始注册商标，直接经销，参与市场的活动，自己到商场租赁柜台，自己找市场，自己接单，逐渐摆脱了对别人的依赖。1986年的时候，产值大概100万元，有10来万元的利润。但是到了1991年，产值大概就有1000万元了，利润也有了100来万元了。在这个阶段，获得了国家纺织工业部的第一批部优产品。

1992~2000年经历了第三个发展阶段，由内销逐渐开始转向外销，开始搞外向型经济。由内销转向外销主要有以下几个原因：一个是当时的内销市场竞争很激烈，我们加工企业经历了大起大落，特别是1986~1988年的西装热，当时仅奉化的服装企业就达七八百家，现在就300多家，产品五花八门。加上当时我们属于市场的培育阶段，各种法规、行规不太规范，三角债很厉害。当时转向国外订单，也是这种特殊环境下的选择。另外，当时中国当时很政治化的，1989年学潮，不提倡穿西装，所以使得许多西装生产企业的市场出现大幅萎缩，一些西装生产企业不得不去寻找外单以维持经营。我们当时的老总通过朋友关系，接了一个外单。当时奉化已经有外商活动，这个外商也是华人，通过朋友引见，接了第一个外单，后来就逐渐开始做起来了。外销一做，感觉做起来比较轻松，只要保证质量，按时间交货之后，加工费就会到。这样逐步开始由内转到了外销。1992年的时候，又跟香港的一家企业搞了合资企业，通过奉化华侨的关系，1997年底，我们的自营出口额达到了1000万美元，创汇达到3000万美元，因为我们当时依靠外贸公司接单比较多，符合外经贸部自营出口达到1000万美元可以建立进出口公司的规定，于是在1998年成立了进出口公司。自从我们成立了外贸公司之后，自营出口基本上每年以20%~30%的速度增长。到2000年的时候,我们自营出口额已经达到4000万美元了,自营出口额在出口创汇总额的比重达已经达到70%以上。

以前我们的外贸出口主要依赖外贸公司,外贸公司依靠外贸经营的垄断权获取利润,后来外商逐渐意识到,如果直接与生产企业从事交易,可以节约外贸公司所获得的代理费。另一方面,外贸公司由于起步早,客户资源比较丰富,有人才优势,当时,生产企业做外贸不得不依靠这些外贸企业。第三,随着生产企业的自身成长,特别像我们成立自己的外贸公司以后,通过培养自己的外贸人员,给予这些人员很好的待遇,逐渐形成了自己的外贸队伍,提高了自己的出口能力,逐渐摆脱了对外贸公司的依赖。

这三个方面主要与国家的宏观政策逐渐放宽有关。在2000年以前,国家过去对外贸有规定,一年出口要达到50万美元以上才具有自营出口权,到现在这种规定没有了。即使一年一个外贸单子不做也可以,你只要有单子就可以变成外贸企业了。到2000年,我们的销售收入达到了7亿元。

2001年至今为第四个发展阶段,企业内外并举,两条腿走路。主要加强自己的实力,将自己的基础更加夯实一些。为什么又要开始做内销市场呢?第一个阶段是市场一体化,其实内销外销是我们自己的划分,其实市场就是市场,从本质上没什么区别,特别是加入WTO以后,市场一体化的程度在逐步深入。第二个阶段,通过长期的国外市场的锻炼,我们企业自身的实力也得到了明显的提高,企业有能力进行内销,在选择国内客户方面,有相当的议价能力,能够选择一些比较有信用的客户,在产品营销方面也有实力进行一定的资金投入。第三个阶段,随着国外客商对国内状况了解的日益深入,企业在国内市场上品牌知名度如何,直接会影响与国外客户的合作。如果你在国内的品牌知名度很好,你跟外商合作的基础就比较牢靠,你在订单价格方面,可以有一定的议价能力。如果你在国内有一定的品牌知名度,你接的单子可能也会是高档的,你如果在国内一点知名度都没有,别人也不会把高档服装的加工订单给你。另外,我们国内的市场情况也在发生变化,国内市场的经营环境也在日益规范,虽然过去的一些债务关系不能理顺,但是新的关系可以保证。我们现在实行买断制,我们产品的零售价格比如说3900元,我们可以给你2500元,或者3000元,一手交钱,一手交货。对自己的业务员实行抵押,比如说你抵押20万元或者30万元,同样实行买断,但允许你退货,比如我给你100件衣服,你必须卖掉70件,30件没有卖出的可以给你退货。第四个阶段,我们国内的市场也在逐步演化,生产企业也在重新划分市场,你可以去开专卖店,也可以直接经营商场。因为我们当时对这种情况不是很清楚,反应相对迟了一步,所以在内销方面我们主要开拓国内的职业装市场,这是一个相对较新的市场,政府开始搞采购,我们现在已经成为公安部、最高人民法院、人民检察院、海洋局、工商局、东方航空公司、全国的律师协会等职业装的定点生产企业。这一阶段,我们成为了国家免验企业,全国服装行业只有28家,宁波仅此一家。

Q:国外企业下单时是否会看重一些认证?

A:国外客户的验厂主要根据自己的社会责任标准或者SA 8000来验厂,这些按照西方的标准要求来做,单子一般很大,主要是为了应对其国内消费者的要求而进行验厂。对于我国相对较小的企业来说,客户下单时还会看你是否通过ISO 9000或者ISO 14000,至少这可以让客户相对较为放心些。

对于获得国家免验产品的证书,企业可以节约商检的费用和时间,商检部门不会每次出口都要进行商检,一年最多检查六次,一般检查四次,平时出口时只需报关就可以了,不用每次都进行商检,而且通过视频,商检部门不用来工厂,这样通关时间大为节约了,出口只需办一个手续,大大提高了通关的速度。

Q:下单到交货大约为多长时间?

A:一般为30~40天的时间,因为有个面辅料的到货时间,另一方面还要考虑量的大小。有时交货时间的长短不一定完全由生产企业决定。因为面料、辅料的生产都需要一定的时间。对我们企业来说,客户要给我们一个生产时间,对于羊绒大衣来说,你给我们一个样衣,我根据样衣选择面料制造出样衣,然后让客户确认,客户认可以后才能投产,一般需要30~40天的时间,而且这些面料一般是我们自己生产的。如果我们自己不生产羊绒面料,供货的时间会更长,因为要向面料厂家定制面料,这种样衣的面料一般不会超过10米,需要面料生产企业的协作。如果面料生产企业的业务安排很紧张,有时要等上一个星期或者更长,等样衣生产好确认以后,你再去委托生产确认的面料时,又可能需要再等10天才能拿到符合要求的面料,这样差不多一个月就过去了,加上裁剪、缝制、整烫等工序,一般又得需要一个月,这样,两个月就过去了。如果我们自己生产面料(1998年建立自己的毛纺厂),我们基本可以很快生产样衣的面料,然后加工成样衣,让客户确认,大大提高了供货的反应速度。

Q：一般下单有哪几种方式？

A：三种订单方式：第一种仅提供样衣，由生产企业自己采购面料，经客户确认；第二种是提供样衣，指定面料供应商和面料种类，由制造商去谈价钱、采购；第三种是提供样衣，并指定面料生产厂商和面料价格，由供应商直接去工厂进货。

第四阶段，还进行了多样化经营，除了服装、纺织品等主导产品外，还投资于房地产、小家电等项目。在纺织、服装方面，除了制作西服和羊绒大衣之外，还扩展到羊绒衫、印染、毛纺织、面料后整理等环节。这样，一方面可以缩短生产周期，提高了反应速度。另一方面减少了面料的库存，提高了捕捉信息的能力。

Q：你们为什么要自己投资建面料厂？

A：我们国家的服装产品在很大程度上与国外服装品牌存在很大差距，一个重要原因就是我们国家的服装面料跟不上，主要是面料的后整理，如纳米处理、防紫外线、光泽度、抗皱强度等后处理方面，是决定服装品质高低的重要因素。

Q：您觉得外贸加工对爱伊美的技术能力的提高有作用吗？

A：关于参与服装外贸加工对技术能力提高方面主要表现在两个方面：一方面，促进了生产效率的提高，包括流水线的设置，如由一条龙式的流水线改为方块型的流水线，由小流水线改为大流水线，从而提高工人的生产效率；另一方面，通过服装外贸加工，对各种国家或地区的服装板型更加熟悉，比如出口日本的服装有日本板型，出口欧美的服装有欧美板型。以前我们都是只能严格根据客户提供的实样和纸样制作各种尺码的样衣，让客户确认后进行生产，但现在我们可以根据客户的实样，自己进行推档，制作几种或一组样衣，提供给客户，由客户去选择确定具体的样衣，这样与客户的合作更加深入。现在许多客户仅给我们提供设计草图，由我们根据草图来进行打样和推档，我们也就可以要求更高的买价。

Q：爱伊美现在的技术人员状况是怎样的？

A：爱伊美现在有高级设计师2名，设计队伍大约有30多人，包括设计师、推档、制板人员。

西装面料一般自己有采购处，高档面料一般来自江苏的阳光集团。

Q：在美国纽约设立有专卖店，销售爱伊美品牌的羊绒大衣，其具体的操作过程是怎样的？

A：这是与美国客户所采取的一种合作形式，即客户在纽约有专卖店，既销售他们自己品牌的服装，同时也销售我们爱伊美品牌的服装。比如客户下1万件大衣的订单，我们让一定的利润给它，其中2000件大衣贴我们爱伊美的牌子在他的店里销售。假设1万件大衣原本的单价是120美元，为了让他帮我们销售爱伊美品牌的大衣，其中贴牌的大衣单价仍然为120美元，但爱伊美品牌的大衣单价可以为100美元，每件让20美元的利润。因为我们是发展中国家，我们也要打品牌，要一点一点的做，打品牌并不一定表明你在短期内能够获得更高的利润，因为你的品牌正处于早期的培育阶段，要打品牌就得让出一部分利润。在这个阶段，我们的目的不是赚多少钱，只要不赔钱就行了。这要与客户已经建立稳固的合作关系，客户才愿意这样做，因为他也要承担一定的风险，比如卖不出去的风险。如果客户不愿意，我们一般还是采取贴牌加工的方式。

这也只是一种尝试，效果并不是很理想。因为我们在国外的品牌投入还很小。这里主要有几个方面的因素：首先是远程管理存在很大的难度，如果你在国外自己开专卖店，你肯定需要从这边派员工，这就涉及员工是否忠诚，线长了，很难对远在国外的员工进行有效的管理和控制。其次是，派到国外的人一般的素质和知识文化水平更高，这些人的脑子更加活跃，他们一旦认为自己的翅膀硬了之后，很容易脱离企业，而企业在投入了大量的人力和物力，好不容易培养了这样的业务人员后，反而顷刻化为乌有。

Q：你们在配额方面目前有什么困难？

A：基本没什么困难。今年出口70%的是日本市场，去年40%是日本市场。所以这部分不需要考虑配额问题。对于欧美等需要配额的市场，一方面我们有一些国家分配的配额，当这些配额不够时，我们可以通过配额市场进行一部分调剂。另一方面通过南非出口英国，因为一个英国的老板在南非办了一家工厂，这样我们通过转口贸易进入英国市场。另外，我们与其他的贸易公司比较熟悉，可以向这些贸易公司借用一些配额。最后，因为我们的质量比较有优势，即使因为配额使得我们的成本提高一点，客户还是会将订单给我们，因为质量有保证，所以我们在讨价还价能力上具有一定的优势。

6. 象山县针织服装协会
（2006-07-12-A）

访谈对象：干国华（秘书长）

访谈时间：2006-07-12 下午2：30—5：00

访谈背景介绍：当地服装企业的老板一般都叫干国华老干，老干曾经当过象山针织厂的厂长，这个针织服装厂是象山县最早的针织企业，最早属于县办国营企业，建立之初，曾经以生产插头等小五金为主业，1972年开始从事纺织，主要是生产纱线，1976年开始涉足针织，在当时的计划经济环境下，产品主要通过百货公司的计划订单维持经营，主要产品为腈纶衫裤。改革开放后，传统的计划体制逐渐改变，不得不自己去寻找市场，由于原来生产的腈纶衫裤所需要的化纤原材料很难拿到，相反棉纱还比较好拿，于是开始生产全棉针织衫，加之当时国内三角债比较严重，于是开始逐渐转向外贸加工，外贸加工一个最大的好处就是货款回收基本没有什么问题，利润比较稳定。通过外贸加工，象山针织逐渐发展壮大，经过1994年改制后，象山针织改名为巨鹰集团公司，成为民营性质的股份公司。象山针织厂作为象山县针织行业的鼻祖，衍生了一大批针织企业，据介绍，直接或间接从象山针织衍生的企业多大100多家，包括在象山针织工作过的员工，自己出来创办的针织企业，也包括从象山针织厂接业务然后发展起来的企业。其中比较大的企业包括甬南针织、宏利集团、海达针织、宜胜针织等，经过企业的衍生关系，比如从宏利就衍生了50多家针织企业，甬南衍生了20多家企业，与宜胜存在衍生关系的针织企业有10多家，象山针织业逐渐形成了一个拥有1000多家针织企业，包括织布、染整、印花、绣花、制衣等完整产业环节的针织产业集群。

改革开放后，在象山针织厂的示范带动下，因为当时针织的技术比较简单、几台缝纫机、几台织布机基本就可以做，于是在象山出现许多针织乡镇企业，象山针织厂的许多员工出去自己创办了针织企业，现在一些比较大的针织企业基本都与象山针织有着密切的联系，主要的产品为简单的针织文化衫。

1982年开始，象山针织开始了外贸加工业务。在这个时候，计划经济的成分逐渐小了，政府逐渐不再干预，于是自己开始去找市场。因为我们国家的商业信用度很不够，导致卖掉的钱拿不回来，欠债太多。即使现在，做内销也是很头痛的，大量的货款拿不回来，后来发现还是做外贸好，只要质量符合要求，货出去了就可拿到货款。

Q：象山地区的服装企业做外贸，具体的接单过程是怎样的？

A：在早期，因为计划经济的成分在逐步减少，我们开始自己去寻找市场。在当时的情况下，化纤原料很难拿到，因为当时化纤原料的产量不够，需要进口，因此国家实行计划控制，而棉纱还比较容易买到。但是棉纱做出来后的东西在国内没有市场。在上海开会期间，与上海的一家外贸公司交谈中发现可以做棉质外贸服装，经上海进出口公司的介绍，找到浙江外贸进出口公司。当时国内的一些针织服装国有企业，体制比较僵化，思想观念比较落后，外贸公司给的订单，这些企业不想做，由于外贸产品变化比较快，国有企业不愿意适应这种变化。当象山针织找到浙江进出口公司时，外贸公司刚好也需要找到能提供多种产品、反应快的企业加工外贸服装，于是一拍即合。后来，随着业务的不断增长，象山针织开始与外贸公司进行合营，建立了稳定的联系，外贸公司方面的针织订单直接拿到象山进行加工。

Q：您在1982年接外贸服装加工订单时，在技术上是否能够完全达到了客户的要求？

A：当时，我们的技术上确实有一些问题，比如缩水率、色牢度、加工工艺等都存在一定的问题，为了解决这些问题，我们从上海请师傅过来做技术指导。有些问题是我们自己去上海的工厂参观、学习，有些是我们派员工去上海的工厂里进行技术培训，或者请上海的工人过来做短期技术指导等。到1984年的时候，象山就已经有针织企业200~300家了，在象山针织厂外贸服装出口成功的带动下，许多企业也开始转做外贸，开始到广东、上海甚至北京的外贸公司寻找外贸订单。

这样，到1987年内销基本都没有了，都做外贸了，大部分的单子主要都是通过香港的外贸公司出口。

外贸出口的模式一般也是外贸公司提供一个样衣，这边的企业按照样衣采购原辅料，然后进行打样，经客户确认后正式按照样衣的合同进行生产。

Q：象山这么一个比较偏远的地方，是怎么发展起来这么大的针织行业的？

A：到目前为止，象山有专业性的染整企业15家，印花企业60多家，绣花企业20多家，制衣企业900多家，另外，还有一些集染整、印花、绣花、制衣于一体的大型针织企业，如宏利、巨鹰、甬南等，现在针织行业共有规模以上企业达238家，对于象山的针织行业而言，主要的原材料为棉纱，虽然象山本身很少有纺纱企业，但是有来自新疆、山东、湖北、河南的棉纱企业在象山的销售点多达80多家，企业采购棉纱时根本就不用出象山，在家门口都有。即使这里没有现成的纱线，通过这些销售点，将纱线的要求通过电话告诉总厂，三天时间也就运到了，其他的辅料象山也没有生产企业，但都有很多销售店。这里的企业主要从事织布、染整、印花、绣花、后整、制衣等环节。

上海的针织企业、宁波的针织企业当时多属国有企业，架子一般都很大的，而象山这边的针织企业非常吃苦，诚信度很高，同行企业之间相互比较开放，比如一个企业接到一个样衣之后，自己可能没有现成的布料，可以给熟人打个电话，问问有没有符合要求的布料或者染整工艺，或者到周围企业转转，即使熟悉的企业没有所要的布料，本地企业也会提供其他具有布料的企业信息，这样一般都会找到理想的布料或者加工厂家，企业之间的合作意识都比较强。这样，提高了企业的快速反应能力。

Q：象山针织协会在促进行业发展方面起了哪些作用？

A：这里的协会放在政府里面，企业有问题，比如面料等信息，可以直接找到协会，因为协会的领导以前曾经当过厂长，经常到企业去调研，对本地的企业非常熟悉，因此可以为企业提供很多有用的信息，这样，企业有问题时，协会一般都可以帮助找到合适的原材料企业。

Q：本地政府在促进外地合作方面采取了哪些具体措施？

A：本地县政府与上海东华大学建有合作关系，与本地企业联合培养针织人才。同时有两所职业学校，主要培养设计和打样专业技术人才，另外有6家针织职工培训中心，为针织工人提供短期技能培训。

甬南针织最早做袜子和手套，当时主要是内销，在老干当厂长时，给了甬南一批外贸加工订单，这样甬南开始了外贸之路。后来，甬南与澳门南光于1986年成立了合资企业，成为象山第一家合资企业。当时南光之所以找到象山，主要原因在于象山的针织当时已经具备了一定的规模。

现在行业协会与甬南针织协商，让甬南公司的检测中心为本地针织企业提供检测服务，但是费用有一定的规定，同时，政府提供一定的资金支持。

成立了印花制版中心、检测中心、服装设计培训中心。

7. 老K服饰有限公司

（2006-07-06-A）

访谈对象：包国富（董事长）

访谈时间：2006-07-06 下午2：30

老K的发展历程：老K这个公司成立于1984年，开始办厂时属于乡镇企业，起步时全部靠承接上海加工业务。请的是上海的师傅，上海的业务，也就是加工订单，上海的红帮师傅为奉化的服装业培养了大量的技术骨干，为服装业的起步提供了大量的加工业务。老K这个牌子起步其实完全依靠上海，主要是上海服装研究所，当时也是上海品位比较高的一个服装品牌企业，基本上跟上海的培罗蒙处于同一层次。当时上海的服装生意特别好，上海服装研究所主要以服装商场的形式经营服装，老K主要跟他挂靠进行服装加工。另外一些主要的客户是上海淮海路的服装商场、新世界百货公司等。在当时的情况下，主要通过这些红帮老师傅同服装商场取得联系，获取加工订单。加工产品主要是老三件：中山装、西装、大衣。从事这种服装加工一直持续四年，从1988年开始走自己的品牌，走自己的路。从1985年开始就注册了商标，1986年参加全国农林渔业部的评优活动，获得部优产品。从此，老K开始走上了自有品牌之路。刚开始时，主要以河南的郑州为重要的起步窗口，之所以选择河南郑州，主要考虑到上海、浙江这边的服装比较多，而中原一带的人口比较多，通商比较多，而且天比较冷，而那边的大衣、西装服装企业在当时还比较少，所以老K在那里做得比较好。当时在郑州的亚细亚商场，老K是商场里面最好的西装，每天能够销售1000多套，包括中山装、西装和大衣。当时郑州的老百姓都知道老K这个品牌。在当时的情况下，所谓打品牌就是注册自己的商标，参加国家部门的评优活动，以是否获得部优产品为品牌知名度的主要标志。

到了1992年、1993年，开始了两条腿走路。当时国内市场确实很大，但市场有时也存在一定的不稳定性。这样我们开始涉足国外市场，以降低国内市场的风险。同时，也想通过国外市场，提升自己的品位。开始做外贸时，主要是向日本市场提供羊绒大衣，这种羊绒大衣当时的品位比较高、价格比较高，当时做一件大衣要1000多元人民币。

Q：您当时如何找到国外客户的？

A：当时老K这个牌子在国内的知名度比较高。有位日本客户想在中国找一个比较好、比较有名的服装企业，经过试生产，做了几百件，日本客户对质量比较满意，这样就建立了长期的业务关系，业务做得越来越大。

Q：老K最近几年发展的情况怎样？

A：在老K逐步发展过程中，1992年经过了技术改造，投资了1800万元，引进设备、新建厂房。

在刚开始改革开放时，国内服装市场的需求形势确实很好。由于许多方面处于起步阶段，各个方面的发展都还不成熟，企业发展还很不规范，企业之间的三角债比较严重。许多企业不是以销定产，只能从生产能力的角度考虑能够生产多少件服装，大概能销售多少，没有进行准确的定位，企业盲目生产，以产定销，结果给企业带来了很大的包袱。加上服装企业数目迅速增加，应收账款不能及时收回，企业的经营陷入困境。

在1987年的时候，奉化有服装企业700多家，后来只剩下了400多家。当时做服装的时候，大家都一哄而上，因为生产服装门槛低，每家每户架几台缝纫机，几个凳子，基本不需要什么大的本钱，所以可以很快做起来。

老K公司经过几年的风风雨雨，还是发展得比较好。虽然国内市场受到一定的影响，但是中国加入WTO后，在国外市场上的路越来越多，中国这几年正好是一个转型的时间，我们要抓住这个机遇。中国加入WTO之后，在劳动力方面有比较明显的优势，加上服装面料也好、辅料也好，中国的服装制造已经达到了国际水平。

Q：老K是怎么样接到第一笔外加工订单的？

A：从1997~1998年开始，老K就开始到国外去参展。因为在1998年以前，老K的外贸主要依靠日本市场，仅靠日本市场太小，基于扩大欧洲市场的目的，1997年到科隆参展，刚开始时并没有什么效果，第一次没效果，第二次没效果，第三次开始慢慢有效果了。第三次时遇到了意大利一家客户，从这家客户开始做。当时的意大利客户，包括科隆的服装参展企业，不相信中国的服装企业能做出这么高档的服装，他不愿意和我们合作。他觉得你做工也不好，设备也不好，认为中国人没有这种水平。我们就跟他们说，中国现在对服装的质量、工艺都很重视，我们的面料、辅料都已经达到国际水准了。经过我们的介绍之后，他们开始有点动心了。开始先让我们打样，通过一两次打样之后，开始给我们少量的单子。最初的客户给了我们1300套，这是与欧洲客户做的第一个单子，我们做得很认真，做好以后运到意大利，他们不相信这是我们中国服装企业做的服装，对我们的评价很高。这样，我们与意大利客户的业务逐渐做起来了。这家客户已经做了6年的时间了，现在每年我们与他有1000万~1300万美元的业务量，今年可以达到1500万美元的业务量，相当于人民币一亿多元了。到现在为止，与这个客户都保持着很好的合作关系。所以从服装外贸这一块来说，老K还是做得比较早的。

Q：您是怎样让外商改变对您的产品的印象的？

A：最开始时，客户给我们提供样衣，做了之后，觉得我们做得不错，后来就给我们纸样，根据他的工艺生产。这几年，这个意大利客户也介绍不少其他意大利的客户。回想起来，当时我们出去参展时，老外当时不让我们中国企业做，觉得我们做的档次比较低，价格比较低，后来也不愿意向人表明自己卖的服装是中国企业生产的，但是经过这两年做下来之后，这个客户经常拿着衣服问别人，让别人猜测衣服是否是中国企业生产的，很多人都认为我们做的衣服都是意大利生产的，不可能是中国企业生产的，这个意大利客户就将吊牌给别人看——这是中国企业生产的。他说现在他一定要给客人介绍，说我的服装就是中国制造的。

一般的情况是意大利客户提供样布，我们自己到毛纺厂去定制面料，其他的辅料都是我们中国的。

Q：服装这种产品要求的反应速度比较快，怎么与面料商解决时间要求紧的问题？

A：因为我们与面料商有长期的业务关系，是面料商的老客户，所以对老K的面料需求一般会比较及时地提供。主要的面料商在江苏，宁波也有。做外贸竞争也很激烈，采购面料时除了质量外，成本考虑非常重要，你必须控制你的成本，价格高了客户肯定不会同意。

Q：外贸加工除了西装和大衣之外，是否还有其他类型的服装出口？

A：最近也在开始做休闲服装加工，因为意大利这个客户现在除了西装和大衣之外，开始发展了一个休闲品牌，希望生产年轻系列的休闲服装。这类服装在意大利也比较好销，在这个客户的要求下，我们开始生产年轻休闲服装已经有两年了，做下来的反应还比较好。这样对老K也有好处，老K也开始具有了加工休闲装的基础，以后可以做国内市场。在做休闲之前，大衣跟西装的比重大致为8：2，现在大致为70%的西装，大衣大致为10%，20%的休闲装。

Q：面料都会由客户直接指定厂家吗？

A：客户一般不会指定面辅料供应商，由我们根据客户的样衣要求，选择面辅料，然后进行打样，最终由客户确认，然后再进行大货生产。现在因为我们对客户过去的样衣和纸样我们都有存档，客户如果款式稍微动一下，我们都可以帮助解决。但是，国外的客户一般都不会让我们参与设计，因为他们有自己的设计队伍，欧洲的款式、造型等要求与国内相比都差异比较大。

老K从1992年开始两条腿走路之后，特别是从1998年之后，服装出口加工逐渐占据了主导地位。最开始的时候，出口的比重大约为20%，到现在为止，内销大约为10%，外销比重大约为90%。

Q：为什么内外销的比重会发生这么大的变化？

A：这两年国内的品牌服装销售并不很好，特别是正装的品牌服装，也就是大衣、西装这一类正装。现在中国人越来越开放了，穿着也日益向欧美靠近了。特别是一些年轻人，都比较喜欢休闲服装，西装等正装类的国内市场越来越小了。另一方面，有很大一部分团体服装，包括公安、法院、海关、银行、工商、税务等都有职业装，这些人都不再穿西装了，特别是下班以后，大多希望穿休闲类的服装。所以国内市场上纯正的西装，穿的人比较少。这样我们也要随着需求市场的改变而转变，再不转来不及了。这样一来，我们的西装大部分转向了出口。

除了国内的市场变化之外，做出口还有另外一个原因，就是做出口资金回收比较容易，只要我们的东西质量能满足要求，按时交货，货款很快就会到位。做完内销生产之后，有些东西卖不出去，只能积压在仓库里面，资金回收就存在一定的问题。

Q：出口加工，是否提高了企业的技术能力，包括设备、工艺及管理等？

A：效果很明显的，因为我们也有自己的考虑，因为我们国家这两年服装的出口增幅比较大，其实，在加入WTO以前，我们出口到国外的服装，包括欧洲的单子、美国的单子，档次都比较低，附加值比较低，容易引发贸易冲突，我们的量虽然比较大，但金额比较低。这几年我们看到这种情况以后，我们开始在考虑接单时，有意选择一些档次比较高的东西，要求比较高的产品，跟人家没什么冲突的，人家做低档的东西，我做高档的东西，避开与别人进行激烈的价格竞争。所以，在四年之前，我们开始去美国了，在美国我们接了一个单子，专门做羊绒西装，已经做了三年，去参展的第一年没有接到单子，但是第二年开始做了，这一年做了5000件，去年做了3万件，今年客人下了9万件的单子，一共400万美元，现在做得还比较好。2001年的时候，去拉斯维加斯服装展销会参展，认识了这个美国客户。开始没有下单，因为当时季节已经过了，看到我们做的羊绒西装不错，问我们是否有信心，我们说我们来的目的就是想寻找好的客户，我们想做比较高档的东西。他说好，你只要有信心，我们保持合作关系。我们去拜访他，他给我们一件衣服，我们打打样，因为以前我们从来没有做过美国的单子，样衣上有些地方做的不合适，有些地方做的不好，因为美国市场的规格尺寸、技术要求我们不太了解，所以这些问题肯定是会有的。做了两三次，寄过去，客人说可以了。但是他说今年下单的季节已经过去了，我们保持联络。第二年我们又跟他联络，他给了我们5000件，试试看。做下来之后，觉得挺好，做得不错，在市场上销售得很好，以前他的羊绒西装都是在墨西哥做的，后来这个单子逐步转移到了我们这里来了。今年又有美国的一家大公司对我们厂进行考核，进行质量评估，看我们的条件、工人的福利、住宿条件、加班情况等，我们第一年就通过了，这个客户今年给了我们2万8千件，是我们今年9万件中的一个大客户，如果今年做的好，明年的单子可能会翻番。

Q：美国客户所要求的社会责任认证SA 8000对您的企业工人工作条件是否有所改善？

A：作为服装企业，我们也在考虑，通过这么多年的发展，近几年服装企业的工人也比较难招，如果你的条件不好，工资不高，福利不好，住宿条件不好，生产工作的环境不好，对我们的招工可能也有很大的影响。在这些方面，我们也在不断地改进，不断地完善。

Q：为什么会在1992年投入大量的资金改进设备和新建厂房？

A：在1992年之后，我们开始转向外贸，为了提高我们服装的档次和品位，需要改进设备。只有用好的设备，才能生产高质量的服装，保证良好的工艺。

Q：配额招标或配额限制对企业出口有什么影响？

A：配额这一块对我们企业的影响不是很大，因为我们做的服装，需要配额的数量很少，美国市场上我们做的羊绒西装，上衣不需要配额，做套装需要配额，所以我们没有做套装。另外的意大利市场，我们的服装也不需要配额，裤子需要配额，我们每年大概10万条裤子，我们分配了大约有4万条，其他的我们自己再买一点，价格也不高。其他的服装都不需要配额，所以配额对我们的影响还不大。

Q：在前面的介绍中我们知道，您的客户数量相对比较少，每个客户所占据的业务比重相对比较大，您觉得这种集中于少数客户对您存在一定的风险吗？

A：担心我们以前也考虑过，我们与意大利的那个客户已经做了几年了，他每年都有这么多单子给我们做，我们也在考虑，作为一个企业，不能在一棵树或者两棵树上吊着，所以我们也在向其他国家，比如美国、德国寻找新的客户，我们正在努力，正在找。其次，我们与意大利客户也好，与美国客户也好，在信誉上我们都已经有非常良好的关系，我们一般不会轻易放弃这样的客户，另一方面，作为这些客户，我们每年都给他做，而且都做得很好，他们如果再去找一个供应商，很难替代我们。因为服装细节方面的东西比较多，从资料方面，他所有的资料，包括纸样、工艺，在我们公司的电脑里面都有存档。所以，每个客户在做得很好的情况下，如果没有特殊情况，是不会轻易改变供应商的。作为我们来说，我们做的好的客户，我们也不愿去换，如果我们工厂的规模扩大了，我们会去寻找新的客户，或者他不来我们厂生产了，我们也要去寻找新的客户。另外，我们增加新的客户，也是为了两手准备的考虑。

当时建厂的时候，有130多个人，产值当时有800万~1000万元的产值，1986年在做品牌的时候，加工仍然在继续。1986年的时候，产值已经有3000多万元了，工人有280~300人。1997年，工人大概400~450人，产值达到8000万元。2006年可能达到1.8亿元，工人达680~700人。企业发展得相对比较稳定，没有经过什么大起大落。国内市场上，品牌服装也做一点，主要通过专卖店和商场，专卖店现在只有10家，以前有80多家，因为现在国内市场缩小了，所以只能减少营销点，否则肯定要亏了，费用要开支、房租要开支，来来回回的费用也不少，所以很大一部分只能关闭了。这10家都是自己派人经营的直销店，还没有吸收加盟商，打算外贸再做几年，可能以后把国内品牌和意大利品牌合起来做，打意大利品牌，跟客户在宁波买了1000平方米的房子，准备在中国注册一个商标，准备在这边生产销售意大利品牌的服装。

Q：老K这个牌子非常容易被人接受，为什么要放弃这么好的一个牌子，而去重新代理一个意大利的牌子呢？

A：已经在好几个国家注册了老K这个牌子的商标，包括意大利、德国、法国、英国、西班牙、美国、日本。

现在有三块牌子：宁波老K制衣有限公司、奉化市老K贸易有限公司、宁波贝林迪服饰有限公司（与德国合资的企业）。因为女儿在德国读书，希望把德国的市场做起来。1992年主要为贸易公司做加工，大概在1994年注册自营出口企业，2000年申请成立了贸易公司，自己没有做的业务，可以通过外贸公司接单，然后可以外发给别的企业做，一共在本地共有外发企业20多家。

Q：选择外发工厂的标准是什么？客户是否会限制您将业务外发给其他厂商？

A：选择外发工厂时，首先需要考虑外发企业生产的产品质量，如果做得好的话，才可以考虑。因为，如果客户有什么质量问题，肯定会直接找到老K，老K要承担全部责任。为了保证质量，老K会派跟单员监督质量，在外发加工时，为了保证产品质量，一般会提供全部的面辅料，对方只是负责加工。

Q：出口的服装价格变动情况怎样？

A：老K出口的服装，价格肯定在上涨，因为人民币在升值，国家为了进行产业结构调整，出口退税也在降低，价格方面如果我们不考虑的话，企业的压力会越来越大。

Q：企业提高出口价格，客户是否会理解或者接受价格上涨？

A：有的客户会理解，有的客户不理解。现在公司出口的压力越来越大。首先，现在的成本在上涨，如果价格不能相应提高的话，对公司的压力很大。老的产品要提价相对比较困难，但是新产品我们可以跟他要高一点价格，因为新产品没有对比。其实成本上涨客户也是知道的，如果给他说了之后，他不愿提价，实在没办法，我们就可能放弃了。如果出口退税下降两个百分点，像老K这样的企业利润损失一年就200多万元。

Q：这些压力，您有什么考虑？

A：应对这些压力，我们也在考虑。首先，主动与客户沟通，跟客户讲明实际困难。其次，另外开拓新的客户。再次，在适当的条件下，准备到劳动力比较丰富、比较便宜的地方建立新厂。

对于外地办厂，主要的困难在于劳动力的素质存在一定的差距，近几年，我们也找了很多外地工人，但是总感觉这些外地工人在技术上与本地员工存在很大的差距。你无论怎么教，他好像都很难学会，第一次学会了，你再让他做，他可能又做错了，质量没有稳定性，这一点我们感到比较头痛，就怕我们到外地去，那里的员工技术跟不上，影响产品的品质。可能低档次的服装可以在那边生产，但是像西装这样技术要求相对较高的服装，要在那边生产还是存在一定的难度。

Q：那么本地服装工人的技术水平就要比外地员工高？

A：像欧洲人与中国人在整体素质上存在一定差距一样。因为本地员工接触服装制造的时间相对已经有很长的时间，如果再过5年或者10年，内地的员工技术水平肯定也会提高上去。有时与接触的人有关，与成长的环境有关系。

Q：加工的服装档次还可以进一步提升吗？

A：老K又投入了2500万元，引进新的设备，建设新的厂房，因为我们国家目前的服装出口，低档次的相对比较多，而高档次的服装出口相对较少，我们现在已经走到这一步，我们想将我们的品质进一步提高，所以需要新的设备。

Q：有没有考虑过在国外设立销售点，控制销售终端？

A：我女儿在德国读书，现在德国的一家大企业实习，我想让她在这家企业多学点东西，看看人家是怎么管理的。以后想在德国开一家服装公司，我们这边转做服装加工，那边有什么好信息，可以给我们，可以把单子发回国内做，将蛋糕越做越大，这样不会受到客户的限制。中间的这块利润就可以归我们了，我们想请当地退休的业务员为我们经营，将意大利的设计、我们国内的生产结合起来，我们既控制了终端，又具有成本上的优势。假如没有这样一种关系，要直接出去的风险非常大，你投出去之后，可能为别人做了一场。

后 记

本书是笔者在博士论文基础上修改而成的。在成稿付梓之际，首先需要感谢浙江省宁波市政府陈国强副秘书长，没有陈秘书长的帮助，我的博士论文可能很难、甚至永远也无法出版。

在进入北京大学攻读博士学位之前，我曾经在乡村初中从事过五年的教学工作。对于像我这样从小在山窝里长大的人，能够有机会进入北京大学学习，是一个非常难得而宝贵的机遇。三年的学习和生活，也是我人生中一笔宝贵的财富。虽然博士毕业至今已四年有余，但在北大的那些美好时光仍时常浮现在我的脑海。在将博士论文付梓之际，我要感谢北京大学给我提供了一个良好的学习环境。

我要感谢我的导师王缉慈教授。王老师那种对学问的执著精神、渊博的知识以及一丝不苟的学风，既令我由衷地敬佩，又深深地激励着我。在学习和论文写作过程中，正是王老师无数次的点拨和细心指导，才使我在一次次的迷茫中有了新的方向，最终得以完成这十多万字的毕业论文。王老师不仅在学习上给予了我精心的指导和教诲，她还像一位母亲，在生活上给予了我无私的关爱和支持。

感谢环境学院的各位老师。感谢周一星教授、柴彦威教授、吕斌教授、孟晓晨副教授、贺灿飞副教授、曹广忠副教授在学习期间和论文开题、写作过程中给予的指导。

感谢王缉慈教授的产业集群研究小组。小组中的师姐童昕博士、师兄朱华晟博士、魏守华博士、张辉博士不仅为我树立了良好的榜样，而且在学习和生活上也给予了我大量的支持和帮助。同时也要感谢林涛、宋加平、陈倩倩、殷晰寅、张锦芬、仁宝、卢洋、梅丽霞、张晔、潘峰华、王敬甯、李鹏飞等师弟、师妹及同学，与这些小组成员频繁的交流和合作，令我获得了许多非常有益的启示和帮助。

感谢宁波市政府办公厅的陈国强副秘书长、宁波服装协会的张晓峰秘书长、宁波大学的李光龙老师、奉化服装协会的阮华成会长、象山针织协会的干国华秘书长，以及众多受访企业的领导，所提供的支持和帮助。他们（特别是陈国强先生、张晓峰先生）不仅在宁波调研过程中提供了大量的支持和帮助，而且在交流中给予了许多有益的启发。

感谢同学欧雄博士、赵群毅博士、白磊博士、卫欣博士、彭建博士、金晓哲博士、王勇博士及其他朋友在攻读博士学位期间给予我生活和学习上的帮助。

感谢匿名评阅人及答辩委员在论文评审中提出的宝贵修改意见。

感谢我现在的工作单位——中国浦东干部学院给了我一份稳定的工作，为我提供了一个宽松的学术环境，使我毕业以后，能够在工作之余继续安心做研究，令本书得以修改出版。

最后，感谢我的父母三十多年来对我的抚养和关怀。感谢我的妻子龚发梅女士，她不仅在我攻读博士期间给予我生活和精神上的巨大支持和鼓励，使我得以完成学业，而且至今仍鼓励我静心向学。感谢两岁半的宝贝女儿谭未止，她成长中的每一点进步，让我明白了已成年的我更需要有一颗好奇且好学的心。

谭文柱

2011-10-17

于上海浦东绿川新苑